es 1713
edition suhrkamp
Neue Folge Band 713

Die in diesem Band versammelten Texte umfassen Fragen, Probleme, Erscheinungen im ersten Jahr der deutschen Einheit. Dem Blick auf die Mitgift eines Staates, in dem *Marx und Parkinson* eine merkwürdige Verbindung eingingen, folgen Betrachtungen zum Hier und Jetzt der deutsch-deutschen Dinge, die sich unversehens in deutsche Dinge verwandelt haben. Der *Kulturaustausch*, durch die politische Öffnung ins Weite gesetzt, zeigt Neigung, sich in selbstgemachte Grenzen einzuzäunen; *Jugendfragen* ergehen an Sinn und Bedeutung eines den Jüngeren längst entrückten Phänomens, des Nationalstaates. *In der Utopie zu bestehen* zeigt sich schwieriger, als sich selbst und andere Wirklichkeiten ins Utopische zu setzen. Rückblicke fallen ein: auf das Politbüro, dieses von Grund auf konspirative Gremium; auf die merkwürdigen Vorstellungen, die die Avantgarde des Proletariats sich von der Intelligenz, auch von ihrer eigenen, machte, und auf die Kunst eines Staates – der DDR –, die, wo sie Staatskunst war, deswegen nicht Unkunst sein mußte. *Friedrich und Iljitsch*, der eherne Reiter und der granitene Bannerträger, zeigen sich dem geschichtlichen Blick als ein Paar, dem das nördliche Deutschland endlich entronnen ist; so können wir, nicht nur im inneren Berlin, neue *Staatsräume* ins Auge fassen. Sie werden Zeit brauchen, um zu wachsen.

Von Friedrich Dieckmann sind zuletzt erschienen: *Die Geschichte Don Giovannis* (Insel Verlag, 1991) und *Glockenläuten und offene Fragen* (edition suhrkamp 1644).

Friedrich Dieckmann
Vom Einbringen

Vaterländische Beiträge

Suhrkamp

edition suhrkamp 1713
Neue Folge Band 713
Erste Auflage 1992
© Suhrkamp Verlag Frankfurt am Main 1992
Erstausgabe
Alle Rechte vorbehalten, insbesondere das
der Übersetzung, des öffentlichen Vortrags
sowie der Übertragung durch Rundfunk und Fernsehen,
auch einzelner Teile.
Satz: Fotosatz Otto Gutfreund GmbH, Darmstadt
Druck: Nomos Verlagsgesellschaft, Baden-Baden
Umschlagentwurf: Willy Fleckhaus
Printed in Germany

1 2 3 4 5 6 – 97 96 95 94 93 92

Inhalt

Vorspruch	7
Marx und Parkinson	12
Die Schwierigkeit zu siegen	27
Vom Einbringen	33
Kulturaustausch	47
Wir Wilden	52
Jugendfragen	54
In der Utopie bestehen	67
Ambivalenz der Übergänge	82
Dumme Geschichten	96
Die Kunst des Grundkredits	111
Konspiration mit der Vormacht	128
Die Deutschen und die Nation	150
Preußens Begräbnis	170
Das Rußlandhaus	174
Friedrich und Iljitsch	190
Staatsräume im Innern Berlins	195
Vom Volksstaat	229
Zwischenzeiten der Geschichte	243
Nachweise	250

Vorspruch

> Was ist des Deutschen Vaterland?
> So nenne endlich mir das Land!
>
> *E. M. Arndt, 1813*

»Was ist des Deutschen Vaterland?« fragte Ernst Moritz Arndt 1813 und ging die deutschen Länder durch. »Ist's Preußenland? Ist's Schwabenland? Ist's, wo am Rhein die Rebe blüht? Ist's, wo am Belt die Möwe zieht?« »O nein«, lautete die Antwort, »sein Vaterland muß größer sein.« Nachdem die vierte und fünfte Strophe bis nach der Schweiz und Österreich ausgeschweift waren, fand die sechste und letzte nach dringlich erneuerter Frage die unanfechtbare Antwort: Sprache und Musik bilden das Vaterland der Deutschen. Daß das Reich der Muttersprache das wahre Heimatland sei, hatte angesichts der von Napoleon verordneten Auflösung der alten Reichs-Föderation schon Schiller bekundet. Fünfzehn Jahre später ist die deutsche Musik dazugekommen; der Vers, in dem Arndt diese Einsicht bekundet, gehört nicht eben zu den stärksten: »...so weit die deutsche Zunge klingt / und Gott im Himmel Lieder singt.« Ob Gott im Himmel auch dieses Arndtsche Lied gesungen hat, steht dahin; Gustav Reichardt gab ihm 1825 eine Tongestalt, die kühn von A- nach C-Dur modulierte, um in lang gehaltenen Noten zu verkünden: »...und gib uns rechten deutschen Mut, / daß wir es lieben treu und gut.« Was auch kein großer Vers, aber jedenfalls kein Fehler ist.

Arndts imperativer Schlußvers: »Das ganze Deutschland soll es sein!« war kriegerisch beflügelt; im Jahr der Völkerschlacht galt es, eine prekäre, noch ein Jahr vorher undenkbare Koalition aus Preußen, Österreich und den Staaten des Rheinbunds zusammenzuhalten, um jenen Napoleonischen Imperialismus abzuwehren, der zur Niederwerfung Rußlands Truppen aus fast allen deutschen Ländern ausgehoben hatte. Hundertdreißig Jahre später unternahm ein wahnsinniger Desperado den gleichen Feldzug unter entgegengesetzten Vorzeichen. Das von keiner andern Idee als der der Kolonialsklaverei bestimmte Unternehmen endete in einer Staatskatastrophe, aus der drei deutsche Nachfolgestaaten hervorgingen: Österreich, die Bundesrepublik Deutschland und die Deutsche Demokratische Republik.

Daß die deutsche Sprache und die deutsche Musik des Deutschen Vaterland seien, war eine Antwort, die unter den Bedingungen dieser neuen Partialität mehr denn je galt und doch eines Tages nicht mehr ausreichte – eines schönen und unerwarteten Tages, als sich herausstellte, daß die Sowjetunion »das ganze Deutschland«, falls es sich in die 1945 neugezogenen Grenzen füge, nicht mehr als potentiellen Feind, sondern als aktuellen Freund ansehen werde. So ist der deutsche Nationalstaat neu erstanden – nicht als Kriegsfolge, wie alle früheren Nationalstaaten, sondern als Friedensfolge. Diese einzigartige Konstellation macht den Deutschen, nachdem sie genutzt ist, schwer zu schaffen. Es gibt Anstalten, den der neuen Nationalstaatswerdung fehlenden Krieg gleichsam nachzuholen, indem man jenen kalten Krieg der fünfziger Jahre zurückimaginiert, der spätestens im Jahre 1961 zu Lasten der deutschen Staatseinheit verloreging. Das Verfahren mag die Beschwerden und Diskrepanzen des Vereinigungsprozesses vorübergehend überdröhnen. Dennoch ist es kurzsichtig – ein neues Glied in jener Kette von Selbsttäuschungen, die die im Lauf der Geschichte liegende Existenz eines starken und selbstbewußten deutschen Nationalstaats immer wieder politisch ad absurdum geführt haben. Der neue Selbstbetrug mag für unschuldiger gelten als der Tirpitzsche Flottenwahn, der in das Desaster des Ersten Weltkriegs führte,

Die Mauer wird abgetragen (März 1990, Potsdamer Platz).

oder die deutschnationale Emphase, auf deren Wogen Bürgertum und Adel, Klerus und Militär 1933 eine Verbrecherbande ins Reichskanzleramt hievten. Es ist aber zu bedenken, daß alle Geschichten deutschnationalen Selbstbetrugs klein angefangen haben.

So ist die Arndtsche Frage heute dringlicher denn je. Die nachstehenden Texte, die zwischen dem Sommer 1990 und dem Herbst 1991 entstanden sind, zum Teil noch unter der Obhut des Berliner Wissenschaftskollegs, dem der Dank des Autors für vielfache Anregung und wahrhaft förderliche Arbeitsmöglichkeiten gilt – die nachstehenden Texte vermessen sich keiner Antwort; nur die Wirklichkeit selbst kann diese geben. Sie stecken das Feld der Frage ab, indem sie einigen Themen nachgehen, die im ersten Jahr der neuen Einheit nahelagen. Der Begriff der Nation wird in Betracht gezogen mitsamt den *Jugendfragen*, die die junge westdeutsche Generation an ihn stellt – eine Generation, die sich an dem deutschen Weststaat genügte und den östlichen deutschen Staat oft nur dem Namen nach kannte. Von dem Erbe dieses Staates, in dem *Marx und Parkinson* eine innige Verbindung eingingen, ist unter verschiedenen Blickwinkeln die Rede. Es ist ein zwiespältiges Erbe, das sich nicht von einer Seite fassen läßt; jedem Versuch, das zu tun, wird die Wirklichkeit immer wieder aus der Hand gleiten.

Rückblicke ergeben sich: auf das Politbüro, dieses von Grund auf konspirative Gremium, dessen Akten allmählich ans Licht kommen; auf die merkwürdigen Vorstellungen, die die Avantgarde des Proletariats sich von der Intelligenz, auch von ihrer eigenen, machte; auf die Kunst eines Staates – der DDR –, die, wo sie Staatskunst war, deswegen nicht Unkunst sein mußte. In einem Gemeinwesen, das von der Kunst Bestätigung erwartet, wird das Ausbleiben der Bestätigung ebenso wie deren Eingehen oder Umgehen eine politische Bedeutung haben. Hier ist alles Politik, erst recht deren Verweigerung – ein Spannungsfeld ergibt sich, das anders anspannt als die Anforderungen des Marktes und keineswegs kunstferner.

In den Nachruf auf Preußen, zu dem eine weithin begangene Grablegung Anlaß gab, schrillt eine Alarmsirene: Staatsstreich in Moskau. Der Autor, den in vollem Lauf befindlichen Ereignissen auf der schwankenden Spur, sieht am Ende den großen Dsershinski stürzen und meint wenig später, daß das neue Berlin sich den steinernen Lenin leisten könne, schon um vor dem Wiedergänger gefeit zu sein. *Friedrich und Iljitsch*, der eherne Reiter und der granitene Bannerträger, betonverstärkt, zeigen sich dem geschichtlichen Blick als ein Paar, dem Deutschland endlich entronnen ist. So können wir, und nicht nur in einem Berlin, das aus der Warteschleife in eine neue Verantwortung gesetzt ist, neue *Staatsräume* ins Auge fassen. Es wird Zeit brauchen, sie Gestalt werden zu lassen. Jenes Brachland, das sich dem Auge des Betrachters zwischen dem alten Preußischen Landtag und dem Brandenburger Tor darbietet, gibt das angemessene Bild einer Lage, die alle Anzeichen von Verwirrung trägt. Überall laufen die alten Linien ins Leere, und der Versuch, sich auf noch ältere Linien zurückzuziehen, kommt aus dieser Verwirrung. Die neuen Linien werden auf diesem Brachland zu ziehen sein. Das Niemandsland zu seiten einer von vielen Spechten in rastloser Feinarbeit zerhackten Mauer zeigt sich als das wahre Utopia. In ihm zu bestehen ist die nur zu konkrete Aufgabe. Hier ist des Deutschen Vaterland.

Berlin-Treptow, 3. Februar 1992   *F. D.*

Marx und Parkinson oder
Preußens Verwandlungen

I

Das westdeutsche Fernsehen hat seine Wetterkarte wieder geändert. Vor etwa zwei Jahren hatte man den Europa-Ausschnitt, den sie zeigte, nach Westen erweitert; außer den beiden deutschen Staaten war ein großes Stück Westeuropa in Sicht gekommen. Das war insofern deklamatorisch, als nach wie vor, obschon nun verkleinert, nur das deutsche Wetter im Bild erschien – eine Bildschirmgeste im Vorfeld des westeuropäischen Binnenmarkts. Hat das Wetterkartenzeichen die deutschen Dinge des letzten Jahres vorangetrieben? Kein Zweifel: die ökonomische Totalintegration Westeuropas unter Einschluß der Bundesrepublik, unter Ausschluß des östlichen Mitteleuropas hätte die deutsche Teilung besiegelt; der Graben, der hier ausgebaggert wurde, wäre nicht mehr zu überwinden gewesen. Neben andern Bildern folgen die deutsch-deutschen Begebenheiten des Sommers und Herbstes 1989 dem Slapstick-Bild von dem Manne, der, aus einem Gully auftauchend, mit dem Griff seiner Krücke nach dem Fuß eines andern hangelt, der ihm zu entlaufen droht.

Modernisierung war die Aufgabe, die in dem Rahmen des alten Systems auch deshalb nicht zu lösen war, weil ein Regime, das sich auf Armeen statt auf Wähler stützt, eben deshalb zu schwach ist, Preise und Leistungen in ein kommensurables Verhältnis zu setzen. Die Normalisierung der deutsch-deutschen Staatsbeziehungen seit 1972 hatte die SED-Führung dazu gezwungen, den Lebensstandard der Bevölkerung wesentlich zu erhöhen; zugleich waren die von Ulbrichts Neuem Ökonomischen System eingeführten Ansätze einer Wirtschaftsreform unter dem Druck der *Breshnjewschtschina* wieder aufgegeben worden. Beides führte zu einer Situation, in der der Staat immer mehr davon lebte, daß er über seine Verhältnisse lebte; er wußte das und wußte zugleich, daß er es nicht ändern konnte, ohne sich aufzugeben. So war der Zusammenbruch von langer Hand programmiert.

Er ist nach strikt marxistischen Kriterien vor sich gegangen. Die herrschende Klasse, die darum nicht minder herrschende Klasse war, daß sie als weitverzweigte bürokratische Klasse in Erscheinung trat, verbrauchte einerseits einen zu großen Teil des Nationaleinkommens und erwies sich andererseits als unfähig, die gesellschaftliche Arbeitsteilung in einem modernen Anforderungen genügenden Sinn zu organisieren; von beiden Seiten her erwies sie sich als parasitär. Dabei hatten die Jagdschlösser von Leuten, die eine Mauer erst um sich gebaut hatten, ehe sie sie um alle bauten, und zuweilen die Anwandlung verspürten, ihr in die Weite von Jagdgefilden zu entgehen, die auch nur eine andere Form von Gefängnis waren – dabei hatten diese Landhäuser und Mufflongehege eine bloß symbolische Bedeutung. Sie standen gleichnishaft für den riesigen Anteil ebenso unproduktiver wie ressourcenverschlingender Arbeit in allen Bereichen des Staats- und Wirtschaftsapparats: Leerlauf auf allen Ebenen, bei großer Betriebsamkeit und gesicherten Bezügen.

Dies war der eigentliche Mehrwertverzehrer, polypengleich am Mark des Gemeinwesens saugend – parasitär nicht sowohl aus Mangel an Moral als aus Mangel an Effizienz; nur fallierenden Firmen sieht man auf die Spesen. Der Untergang des SED-Regimes ist ein klassisches Beispiel für die Gültigkeit des Parkinsonschen Gesetzes, das sich hier eben deshalb an einem ganzen Staatswesen exemplifizierte, weil der ganze Staat wie eine Firma betrieben wurde. Man weiß, daß Lenin in der Arbeitsweise der Deutschen Reichspost ein Vorbild staatsmonopolistischer Wirtschaftsorganisation sah; es paßte zu dieser Herkunft, daß der oberste Wirtschaftslenker der

DDR ein ehemaliger Reichsbahninspektor war. Die ganze Wirtschaft, der ganze Staat wie *eine* Firma – und hinzu kam *die* Firma, die sinnigerweise *die Firma* genannt wurde. Sie erlag demselben Parkinson-Prinzip (C. Northcote Parkinson hat es 1957 in der Betriebssatire *Parkinson's Law* dargelegt) wie die übrigen Teilstrukturen des Gesamtmonopols. Bei aller Entrüstung, die über die flächen-, das heißt gesellschaftsdeckende Arbeitsweise dieser Organisation laut wird, übersieht man leicht, daß gerade diese übermäßige Ausdehnung die Ineffizienz und schließlich den Untergang der Institution bewirkt hat. Viel zu viele Leute sammelten viel zu viele Informationen über viel zu viele Leute und taten dies nicht in Abwehr wirklicher Gefahren, sondern vorab, um ihre eigene, stark privilegierte Existenz zu rechtfertigen. So ist eben das, was im Winter 1989/90 aus dem Stadium der Ahnung in das des Wissens trat: das ungemessene Wachstum einer Informationsbürokratie, die aus Mangel an wirklichen Aufgaben immer mehr Scheinaufgaben an sich riß (die Akten des Suhler Bezirkskommandos haben dies unlängst dargelegt*), zur Ursache ihres Untergangs geworden.

Dazu stimmt, was unter dem Andrang immer neuer Enthüllungen gleichfalls leicht übersehen wird: daß in demselben Maß, wie die Behörde quantitativ anwuchs, die Furcht vor ihr deutlich abnahm. Auch westlichen Beobachtern fiel auf, wie außerhalb der strikt kontrollierten Medien niemand mehr ein Blatt vor den Mund nahm, was die Kritik der Staatsmisere anbelangte. Offenbar nahm die Behörde selbst höchsten Ortes kein Blatt vor den Mund in betreff der ihr freigebig mitgeteilten Misere – auch dies verhallte folgenlos. Wenn man nun hört, daß die ebenso allmächtige wie ohnmächtige Behörde in den letzten Jahren dazu überging, in Gruppen, die auf die Reform von Staat und Gesellschaft drängten, Mittelsmänner einzuschleusen, die weder als Provokateure noch als über-

---

* S. die Fallstudie von Thomas Kleine-Brockhoff in: *Die Zeit*, 25. Mai 1990, S. 11.

wachende Informanten verpflichtet waren, sondern ausdrücklich dazu, die Arbeit dieser Gruppierungen voranzutreiben, um sich Vertrauen zu erwerben und Spitzenpositionen zu gewinnen*, so wird bis zur Komik deutlich, wie eine Organisation, die sich durch Hypertrophie zur Unwirksamkeit verurteilt hatte, zugleich energisch ihre Selbstliquidation in die Hände nahm. Der von allen realen Zwecken abgelöste Eifer des Informationssammelns ging so weit, die (nicht nur physikalisch relevante) Heisenbergsche Unschärferelation – also die Verfälschung der Messung durch den Vorgang des Messens – zu überspielen und den Agenten zu ungestörtem, nicht störenwollendem Mittun freizusetzen, um wirklich stichhaltige Ergebnisse zu gewinnen.

Nicht nur hier liegen Schrecken und Komik dicht beieinander. Sie tun es auch, wenn man hört, wie eine fünfzehnjährige Schülerin bei der durch Demonstranten erzwungenen Öffnung der Dresdner Staatssicherheitszentrale im Dezember auf den Aktenbogen einer Siebenjährigen stieß, die einem Spitzel (war es die Lehrerin?) dadurch aufgefallen war, daß sie in der Schule Westkleidung getragen hatte – zu einer Zeit, da unter der Ägide derselben Sicherheitsorganisation durch Valutashops und Apartheidhotels die Westmark längst als zweite Währung in Kraft war. Wenn eine Behörde ein ganzes Gemeinwesen infiltriert, kommt sie objektiv in den Fall, nur noch gegen sich selbst ermitteln zu können. Die leviathanische Schlange des Großen Apparats beißt sich dann in den eigenen Schwanz – sie frißt sich mit Parkinsonscher Gesetzmäßigkeit vom dicken Ende her auf. Vor weniger als zwei Jahren stürzten Sicherheitsbeamte während eines Fußballspiels auf zwei Zuschauer zu, die ein Transparent entrollt hatten, auf dem – nichts stand. Von diesem Moment an hätten die Köpfe dieser Behörde begreifen müssen (vielleicht begrif-

---

* Vgl. Hans Schwenke, *Mielkes Befehl 6/86 und die Überlebensordnung des MfS* (*Neues Deutschland*, 9./10. 6. 1990, S. 6), sowie *FAZ*, 28. 6. 1990.

fen sie es wirklich), daß ihr Spiel verloren war. Wenn man nichts mehr zu sagen braucht, um auszudrücken, was alle denken, läuft die Gewaltverwaltung ins Leere; sie hat sich ins Aus manövriert. Es war folgerichtig, daß sie in dem Augenblick aufgab, als einige zehntausend Leipziger an der örtlichen Zwingburg vorüberschritten und – nichts sagten. Denn die ersten Leipziger Oktoberumzüge waren fast wortlos. Erst, als die Wirkung der leeren Tafel, die unsichtbar über ihnen stand, sich als durchschlagend erwies, fand sich der Satz, sie zu beschriften. Es war wider alle Revolutionsüberlieferung kein imperativer, negativer, elliptisch verkürzter Satz, kein »Nieder mit...!« oder »Stürzt das...!« Es war eine Feststellung bar aller Polemik, syntaktisch komplett, von rein faktischer Art: »Wir sind das Volk.«

II

Den Grundwiderspruch der so abgetretenen Gesellschaftsformation hat Kurt Biedenkopf unlängst auf die Formel gebracht, daß unter hierarchischen Bedingungen nur ein beschränktes Maß an gesellschaftlicher Koordination zu leisten sei. Er sagte es am Rand einer von der Stiftung Bertelsmann nach dem Potsdamer Schloß Cecilienhof – dem Ort der Dreierkonferenz vom Sommer 1945 – einberufenen Tagung zu Fragen der »Kulturnation Deutschland« (daß Deutschland ein Land und keine Nation sei, war dem Veranstalter nicht aufgefallen), und es war wie eine Bekräftigung dieses Aspekts, als der Mainzer Politologe Werner Weidenfeld in der Diskussion anmerkte, wie die hochentwickelte Arbeitsteilung und Arbeitskoordination der modernen Wirtschaft auf einem Höchstmaß an zivilisatorischem Vertrauen beruhe: dem Vertrauen darauf, daß der andere tut, was er tun muß, damit der Produktionsprozeß nicht ins Stocken kommt. Ohne Vertrauen sei schon die Geldwirtschaft nicht möglich, sondern nur der Tausch der einen gegen die andre Ware, mit dem Messer in der Hand und wechselseitigem Ergreifen und Loslassen im gleichen Moment. Damit war zugleich ein Erklärungsgrund dafür aufgewiesen, warum eine hierarchisch-zentralistische Gesellschaftsorganisation bei Koordinationsoperationen höherer Ordnung versagen muß: indem sie diesen Vertrauensvorschuß ziviler Gesellschaften verweigert und ihn durch ein System verdeckter und offener Überwachung ersetzt, das Kräfte lähmt und bindet, auf deren Freisetzung es gerade ankäme.

Nach Marx entstehen Revolutionen, wenn die Produktionsverhältnisse zur Fessel für die Entwicklung der Produktivkräfte werden, die sich »in ihrem Schoß« gebildet haben. Auch in der DDR hat die Entwicklung der Produktivkräfte das System der Produktionsverhältnisse gesprengt. Nur: diese Entwicklung vollzog sich nicht in dem Land, dessen Produktionsverhältnisse nun stürzen, sondern in dem Nachbarland, das ins Uneinholbare zu entschwinden drohte. Die feudale Gesellschaft mit all ihren Einschränkungen und Anmaßungen gab immerhin den Rahmen für die Entwicklung einer bürgerlichen Produktionsweise ab, die sich »im Schoß der alten Gesellschaft« – so Marx in dem berühmten Vorwort zur *Kritik der politischen Ökonomie* – bildete, um diese Gesellschaft durch ihre übermächtigen Potenzen von innen her zu sprengen. Soviel feudal-absolutistische Züge dem real entwickelten Sozialismus auch zukommen: in diesem Hauptpunkt unterscheidet er sich von der älteren Formation. Das wiederum hängt damit zusammen, daß er nicht mit, sondern entgegen der Marxschen Theorie in Existenz getreten war, nicht als eine Gesellschaftsform, die sich hochentwickelte Staaten geben, um ihre Produktivität reicher und menschlicher zu entfalten, sondern als eine Regierungsweise, um unterentwickelte Länder kurzfristig – und auf ähnlich barbarische Weise wie die sklavenhandelnden Stammländer des Kapitalismus – zu industrialisieren.

So wenig der in politische Existenz tretende Sozialismus selbst dem Marxschen Modell vom Wechselspiel zwischen Produktivkräften und Produktionsverhältnissen entsprochen hatte, so wenig tut es nun sein Zusammenbruch. Dasselbe Mittel, das sich als geeignet erwies, agrarisch rückständige Länder in historisch kurzer Frist in Industrieländer zu verwandeln, führte, so zeigte sich spätestens Ende der sechziger Jahre, über das erreichte Ziel nicht hinaus. Es war selbst nicht entwicklungsfähig – eine Sackgasse des Einholens, das einmal von Überholen träumte. Es ist darum, daß nun die Völker und Staaten des Imperium Sovieticum von der Wartburg bis Kamtschatka mit leeren Händen in die neue Zeit eintreten – leer nicht sowohl an Gütern als an der Erfahrung einer fortgeschrittenen Produktionsweise, wie sie sich in der Zeit der absoluten Monarchien immerhin auszubilden vermocht hatte.

Dies macht die eigentliche Armut der Lage aus; es ist zugleich die Erklärung dafür, daß der revolutionäre Herbst in der DDR keine eigenständigen politischen Strukturen hervorgebracht hat. Daß die intellektuelle Opposition, die von Oktober bis Dezember 1989 den Gang der Dinge bestimmte, sich politisch laienhaft und programmatisch ungerüstet, sowohl machtunwillig wie machtunfähig erzeigte, war nur die Folge und Außenseite des Umstands, daß »im Schoß« der monopolsozialistischen Gesellschaft keine Schicht, keine Klasse herangewachsen war, die sich als Träger ökonomischen Fortschritts auswies. Die Intelligentsia war von der realsozialistischen Gesellschaft in eine viel zu abhängige und isolierte Lage gebracht worden, um in der Situation der Krise eine mehr als moralische Initiative ergreifen zu können; sie zeigte sich dazu fähig, die morschen Gerüste zum Einsturz bringen zu helfen, nicht, etwas Neues aufzurichten. Denn dieses Neue hatte sich in der Realität der Gesellschaft nicht gebildet.

So kommt nun über ein Volk, dem man mit Recht nachrühmt, sich selbst befreit zu haben, die neue Ordnung nicht anders als zu Anfang des 19. Jahrhunderts der Code civil im Gefolge der napoleonischen Truppen – und in der westdeutschen Trizone die Parteiendemokratie im Gefolge der Westalliierten. »Gedenke der Brüder, die das Schicksal unserer Trennung tragen!« lautet seit vierzig Jahren eine Giebelinschrift des Bremer Marktplatzes und gab zu der Frage Anlaß, wieso denn die westdeutschen Brüder (und Schwestern) das Schicksal der Trennung *nicht* trügen; offenbar ging es nicht um das Schicksal, sondern die Folgen der Trennung. Nun kommen die Brüder und Schwestern, die die Folgen der Trennung nicht trugen, über die freigewordene DDR als ein America secunda, das die Einwohner mores et leges lehrt und von den Qualitäten und Strukturen, die das Land des erfahrenen Sozialismus aufweist, nur die romantischen erhaltenswert findet. Aber auch die kosten Geld oder hindern das Geld, und so geht es am Ende, wie es die Klassiker beschrieben haben: »Die uralten nationalen Industrien sind vernichtet worden und werden noch täglich vernichtet. Sie werden verdrängt durch neue Industrien, deren Einführung eine Lebensfrage für alle zivilisierten Nationen wird, durch Industrien, die nicht mehr einheimische Rohstoffe, sondern den entlegensten Zonen angehörige Rohstoffe verarbeiten und deren Fabrikate nicht nur im Lande selbst, sondern in allen Weltteilen zugleich verbraucht werden. An die Stelle der alten, durch Landeserzeugnisse befriedigten Bedürfnisse treten neue, welche die Produkte der entferntesten Länder und Klimate zu ihrer Befriedigung erheischen. An die Stelle der alten lokalen und nationalen Selbstgenügsamkeit und Abgeschlossenheit tritt ein allseitiger Verkehr, eine allseitige Abhängigkeit der Nationen voneinander. Und wie in der materiellen, so auch in der geistigen Produktion.« Man findet nicht leicht wortmächtigere Fürsprecher des Wirkens der Bourgeoisie als die Verfasser des Kommunistischen Manifests.

III

Das ist die ökonomische Seite des Prozesses. Und die politische? Die historische Stunde versammelt Auspizien aller Wende- und Krisenzeiten deutscher Geschichte in den letzten zwei Jahrhunderten. Manche denken an 1871. Aber dem sich bildenden Bund deutscher Länder ist eben kein Krieg, sondern Frieden vorausgegangen; auch ist nicht Preußen, sondern der Rheinbund seine bestimmende Macht. Dessen Kanzler aber gleicht Bismarck nur von weitem. Eben das läßt uns hoffen: er wird ersetzbar sein. Das Reich von 1871 scheiterte an der Unersetzlichkeit seines Gründers.

Andere berufen Erinnerungen an die Revolution von 1848. Aber daß dreihundert deutsche Intellektuelle zehn Monate lang über eine Verfassung diskutieren, während die alten und schon geschlagenen Mächte sich geruhsam wiederherstellen, wird allem Anschein nach nicht stattfinden. Daß keine Verfassung so gut ist, daß man sie nicht weiter verbessern, vor allem: mit neuen Erfahrungen anreichern könnte, und daß dazu eine Verpflichtung besteht, die in diese Verfassung, nämlich in ihren letzten Artikel, selbst eingeschrieben ist, steht auf einem andern Blatt, das es aufzuschlagen gilt.

Weniger wird an das Jahr 1918 gedacht und was nach ihm kam. Damals wurden Millionen kaisertreuer Untertanen aus den Gewißheiten ihres Staatsglaubens gerissen und nachmals um Ersparnisse und Lebenssicherheit gebracht. Eine Räteregierung wurde nach dreimonatiger Existenz durch eine parlamentarische Regierung abgelöst, die das von der Machtpolitik des alten Regimes hinterlassene Finanzdesaster auf das ganze Volk abzuwälzen hatte. Zehn Jahre später genügte eine Krise der Weltwirtschaft, um dies alles in die Katastrophe ausgehen zu lassen.

An das Jahr 1945 wird manchmal zuviel gedacht; die Parallelitäten sind begrenzt. Sie sind es auch gegenüber dem Jahr

1918: Nie ist ein deutscher Staat (und dieser dauerte immerhin fast so lang wie das Hohenzollern-Reich) friedlicher abgetreten als die Deutsche Demokratische Republik. Er ist als der Friedensstaat abgetreten, als der er angetreten war; sein Antifaschismus allerdings zeigt sich im Lichte der Ambivalenz. Früh lag die Formel nahe: daß, wenn die westdeutsche Republik von dem Nazistaat den kapitalistischen Inhalt geerbt habe (die Monopole der Rüstungsindustrie blieben weitgehend erhalten), so die DDR die totalitäre Form. Diese deutsche Republik, die man weder ostdeutsch nennen kann (Ostdeutschland ging ja verloren), aber mitteldeutsch auch nicht, da sie nun eben im Osten Deutschlands liegt, ging, die Lehre der Weimarer Republik beherzigend, in der die alten kaiserlichen Beamten den neuen Staat unterminiert hatten, noch vor ihrer Gründung den Weg der antifaschistischen Revolution und ersetzte in Justiz, Schulwesen, Wirtschaft, Verwaltung alle Cadres der Hitlerpartei, ohne darüber zu einem strukturell demokratischen Staat zu werden; sie verscherzte dies, als ein Jahr nach ihrer Gründung die beiden Hauptmächte – Besatzungsmacht und Einheitspartei – keine Parteienwahl zuließen. Die Bundesrepublik zog die Lehre aus dem Weimarer Scheitern nicht, sie beließ die alten Beamten, darunter viele sehr belastete, in ihren Ämtern, bei ihren Pensionen und entwickelte zugleich demokratische Strukturen, die sich unter den Bedingungen strikter außenpolitischer Einbindung und ökonomischer Prosperität als stabil erwiesen. Sie sollten, nun auf das ganze Deutschland angewandt, stark genug sein, manches Unzuträgliche zu tragen, das sehr viel zuträglicher ist als das, was der Rheinbund-Staat sich (und andern) nach dem Krieg zu integrieren zumutete.

So gut wie gar nicht wird der Jahre 1806 und 1807 gedacht, und das nimmt wunder. Hatte nicht auch die DDR ihren Friedrich Wilhelm III.? Vor allem hatte sie ihren gründlichen preußischen Zusammenbruch angesichts fehlenden russischen Rückhalts und erdrückender westlicher Übermacht.

Danach kamen die preußischen Reformer endlich zum Zuge. Aber nicht lange; die Macht des Westens trat auf den Plan und setzte die preußischen Reformer wieder ab; sie brauchte Vollzugsbeamte, keine Vaterlandsfreunde. Die Reform-Patrioten wandten sich daraufhin gen Rußland; mit den Stäben russischer Heere kehrten sie fünf Jahre später zurück. Die heutige Situation unterscheidet sich von jener auch darin, daß die russischen Armeen *schon* da sind, indem sie *noch* da sind.

IV

Die Erinnerung ist nicht abwegig. Zu den mannigfachen Aspekten, die die deutsch-deutsche Lage, die man seit Shelesnowodsk*erstmals wieder die deutsche Lage nennen kann, bündelt, gehört der des preußischen Staates. Daß dieser 1945 untergegangen sei, wird niemand finden können, der die DDR von innen kannte. Der alte Staat hatte, auf sehr beschränktem Raum, eine tiefgreifende Verwandlung erfahren, der sozialen Basis, territorialen Ausdehnung, ideellen Fundierung nach. Er vermeinte selbst lange Zeit, daß es ihn nicht mehr gäbe, bis er eines Tages hinter vorgehaltener Hand entdeckte, daß er nicht untergegangen, sondern nur transformiert sei, und alsbald nicht nur den reitenden Friedrich wieder auf seinen Platz berief, sondern auch die Deutsche Staatsoper wieder von Fridericus Rex APOLLINI ET MUSIS gewidmet sein ließ. Die alte Giebelinschrift hatte man 1955, nachdem sie gerade wiederhergestellt worden war, aus politischen Gründen entfernt; seit 1987 prangte sie wieder in frischem Gold.

Wesentliche Elemente einer Staatsraison, die tiefere Wurzeln hatte als die Kommandostruktur der Komintern, hatten

---

* Dem Ort der deutsch-sowjetischen Konferenz im Kaukasus, auf der zwischen Gorbatschow, Kohl, Shewardnadse und Genscher Mitte Juli 1990 die Weichen für den Moskauer Friedensvertrag des 12. September gestellt wurden.

sich erneuert und einem Staatsgebilde, das als Staat einer nationalen Minderheit auf konträre Weise so künstlich war wie der alte preußische Staat mit seinen zerstreuten Territorien und seiner ethnischen Vielfalt, das innere Gerüst gegeben. Mit dessen Hilfe gelang es, den ökonomischen Untergang, der sich schon 1976 abzeichnete (die Biermann-Affäre war sein drastisches Vorzeichen), über mehr als ein Jahrzehnt in einer Weise zu fristen, daß nicht nur westliche Beobachter und Besucher über die Haltlosigkeit der Lage getäuscht wurden, sondern in gewissem Umfang auch die eigene Bevölkerung. Wenn ein Staat, der offenbare Mißwirtschaft treibt, es über eine lange Zeit hin aus Ordnungssinn unterläßt zusammenzubrechen, nimmt die sich fortspinnende Misere den Anschein des Naturwüchsigen an – auch für die, die sie verschulden. Das führt dann auf Untergänge von gleichsam lautloser Gewalt.

Was hier eine Spätphase ähnlich stabilisierte wie den preußischen Staat in den zwanzig Jahren nach dem Tod Friedrichs II., tat dies erst recht in der Gründerzeit. Ohne das preußische Fundament, dessen ideologisches Vorzeichen von Hegel auf Marx umgestellt worden war, hätte es der Staat DDR, die *Saxoborussische Sozialistische Republik*, niemals auf vier Jahrzehnte bringen können. Die Rheinbund-Republik setzte lange auf seinen Untergang; sie hatte die Amalgamierung des aufgedrückten (und zugleich abgewandelten) Sowjetsystems mit preußischen Elementen und Regulativen bei weitem unterschätzt. Sie zu *über*schätzen, wie es nachmals geschah, war ein Irrtum, aber kein Fehler; es war eine der Voraussetzungen der Revolution.

Die preußische Geschichte, mit der wir es, auf die DDR blickend, zu tun haben, ist preußisch-sächsische Geschichte. Die beiden historisch lange antagonistischen Staaten waren durch das Ende des Zweiten Weltkriegs in einer Weise verklammert worden, die Thomas Mann schon 1934 in Betracht gezogen hatte. Der »Zerfall des Reiches« stand ihm als »für die Deutschen selbst und für die Welt glücklichste Lösung« vor Augen (Tagebuch vom 9. April 1934); er stellte sich ihm als eine Verselbständigung des katholischen Südens dar »bei preußisch-sächsischem Bolschewismus«.

Was sich 1989 begab, war auch das Ende des sächsisch-preußischen Zwangsbündnisses, das bei sächsischer Dominanz (die Invasion sächsischer Parteibeamter nach Berlin war ein Indiz dafür) in der Ulbricht-Ära funktioniert hatte und das zerbrach, als sich das sächsische Element, unvertreten im zentralen Büro, vernachlässigt in seinem wirtschaftlichen und kulturellen Bestand, unter Honecker an den Rand des Ganzen geschoben fühlte. Sachsen und Thüringen werfen sich nun mit einiger Verve dem Rheinbund in die Arme, dem sie schon einmal angehörten; was aus dem preußischen Kernland wird, ist weniger gewiß.

Noch aber ist das Ganze unter dem Dach einer zerbröckelnden Staatsmacht beisammen, und ihr neuer Leiter zeigt sich, mit hugenottischer Prädestination, von so altpreußischem Habitus, daß es parodistisch erscheinen müßte, wenn es nicht völlig authentisch wäre; es fehlte bloß noch, daß er die Flöte bliese. Der Mann, der dem SED-Staat eine Existenz als Rechtsanwalt, noch dazu im Bereich politischer Verfahren, abgewann, zeigt seine Widerständigkeit nun auf weiterem Feld, gegenüber andern Kontrahenten; hallendes Gezeter umbrandet seine Ratschlüsse und kann ihn nicht irremachen in seiner Entschlossenheit, den transformierten Preußenstaat nicht »surrender unconditionally«, sondern zu genau definierten, vertraglich gesicherten Bedingungen in das größere Ganze einzubringen.

Es war die fundamentale Misere des nach dem Krieg erst als Sowjetische Besatzungszone und dann als Deutsche Demokratische Republik wiedererstehenden Neu- und Kleinpreußens, zwischen zwei antagonistischen Großmächten, der russischen Militärmacht im Osten und der westdeutschen Wirtschaftsmacht im Westen, nur einen geringen, von beiden

Seiten angefochtenen Spielraum zu haben. Dieser hätte sich entscheidend vergrößert, wenn die Adenauer-Republik sich Ende der fünfziger Jahre zu den ihr von der DDR offerierten konföderativen Bedingungen hätte entschließen können. Dann wäre für den andern deutschen Staat vermutlich ein österreichähnlicher Status herausgekommen; mit der Anerkennung der DDR wäre die der Oder-Neiße-Grenze verbunden gewesen und damit für die Sowjetunion der Grund entfallen, das Land dem Modell des Sowjetstaats zu unterwerfen. Nach der Verweigerung dieser Offerte und der danach kaum noch vermeidbaren Grenzabschließung wurde die Bindung an die östliche Vormacht bald wieder ausweglos; ein Jahr nach Chruschtschows Sturz zeigte sich dies an einem schwerwiegenden kultur- und wirtschaftspolitischen Rückschlag ebenso wie an der Totalverflechtung mit der rückständigen Sowjetwirtschaft. Der Vorsitzende der Staatlichen Plankommission, der zwei Jahre vorher eine wirksame Wirtschaftsreform auf den Weg gebracht hatte, nahm sich damals in Voraussicht der langfristigen Folgen das Leben.

Mit der durch das welthistorische Format seines Führers gebändigten und kontrollierten Auflösung des bolschewistischen Staates zerbrach auch dessen westlichstes Glacis; da die eine Übermacht den kleinpreußischen Staat losläßt, fällt er zwangsläufig in die Arme der andern. Das bedeutet deutsche Staatseinheit, in Rheinbund-Form und mit vertraglicher Rückversicherung an Rußland. In Shelesnowodsk, zu deutsch Eisenwasser, ist zum Erstaunen der Welt und zur Bewegung aller, die deutsche Politik jemals mit wachem Gefühl erfahren haben, die Quadratur des Zirkels geglückt: ein mit Rußland befreundetes, an den Westen gebundenes neues Deutschland. Die Deklaration von Shelesnowodsk setzt eine historische Zäsur; bedeutet sie den endgültigen Untergang Preußens? Der zähe und gewissermaßen wortlose Widerstand, den der leitende Urpreuße dem Verschlucktwerden des ihm anvertrauten Staates entgegensetzte, die Finesse, mit der er einer auf Angliederung ausgelegten Situation den konföderalen Akt abtrotzen wollte: die Bildung der neuen Nationalversammlung aus zwei gleichzeitig, aber getrennt gewählten Parlamenten deutet darauf, daß ein Spannungsfeld, das bisher zwischen souveränen Staaten verschiedener Wirtschaftsform ausgetragen wurde, sich nun zwischen Bundesstaaten von krisenhaft ineinandertaumelnder Ökonomie herstellt.

Die Neugründung der Nachkriegsländer, die sich im Oktober in Landtagswahlen manifestiert, wird nicht lange Bestand haben; die Territorien, die hier wieder entstehen, sind gegenüber den großen der Bundesrepublik so klein, daß sie in dem neuen Gesamtstaat dieselbe Rolle spielen werden wie bisher die Bezirke innerhalb der DDR. Es ist wahrscheinlich, daß der Süden der DDR – Sachsen und Thüringen – und ihr preußisch-mecklenburgischer Norden in nicht zu ferner Zukunft je ein Land bilden werden, um sich im künftigen Bundesverband zur Geltung zu bringen. Man kann den künftigen Verwandlungen Preußens mit Spannung entgegensehen; schon die Landtagswahlen des Oktober, mitten in einer Wirtschaftsoperation, die mit den nichtproduktiven auch die produktiven Erzeugniszweige des Landes in den Strudel des Untergangs reißt, sind für Überraschungen gut. Sollte Berlin nicht Regierungszentrale des neuen Gesamtstaates werden, wird es sehr fraglich sein, ob die Agglomeration des übermächtigen Rheinbundstaates mit seinem preußischen Kompagnon gelingt. Besser noch wären Erfurt oder Leipzig. Der Umzug so vieler Politiker würde den Städten guttun. Mehr noch den Politikern.

Juli 1990

Die Schwierigkeit zu siegen

I

Das Wort eines Freundes ist mir im Ohr, der zu Zeiten der diplomatischen Anerkennung der DDR durch die nichtsozialistischen Staaten prophezeite: Die letzte Regierung, die die DDR anerkennen werde, sei ihre eigne. Er setzte den Satz in den letzten Jahren in ein Präsens-Perfekt, das keinem Futurum mehr Raum bot: »Die letzte Regierung, die die DDR noch nicht anerkannt hat, ist ihre eigene.« Der Umstand, daß die Führung des Landes es ihrem Volk gegenüber niemals zu politischem Selbstbewußtsein, zu einer politischen Sprache gebracht hat, markiert die Spur ihres Untergangs. Noch – und erst recht – die internationale Gleichberechtigung, die nach mehr als zwanzigjährigem Bestand dieses kleindeutschen Staates ganz Europa, einschließlich der Bundesrepublik, anerkannte, machte diese Regierung hilflos; noch die Tatsache, daß alle Kräfte, von denen politisch manifester Widerspruch ausgehen konnte, seit langem ausgeschaltet waren, der politischen wie der sozialen Basis nach, gab den Verantwortlichen kein Selbstvertrauen ein.

Die Frage war immer, ob das behebbar sei. Die Künstler des Landes – und nicht nur sie – meinten es lange Zeit; es war die Voraussetzung ihrer nicht nachlassenden Versuche, es vermittels der Kunst mit den Widersprüchen der Wirklichkeit aufzunehmen. Wußten es die Führer von jeher besser? Die Entwicklung des letzten halben Jahres hat Honecker und Ulbricht rückwirkend recht gegeben. Beide knebelten – der eine zu Zeiten der Hallstein-Doktrin mit groben, der andre zu Zeiten verbriefter KSZE-Koexistenz mit verfeinerten Mitteln – jene Teile der Intelligenz, die sozialistische Politik mit

Wahrheitssinn, mit einem öffentlich werdenden Problembewußtsein, also auf politisch reife Weise betrieben sehen wollten. Die diese Politik verantworteten, wußten offenbar, daß das nicht möglich war. Sie waren ratlos gegenüber ihrem eigenen Sieg. Und sie fürchteten an den Intellektuellen eben dies: daß sie durch Demokratisierung dem System Glaubwürdigkeit, Vertrauenswürdigkeit geben wollten – etwas, das dieses System ihrer beschränkten, aber tiefblickenden Einsicht nach nicht vertrug.

Mit Akribie und Emphase geht man derzeit der kulturpolitischen Katastrophe des 11. ZK-Plenums vom Dezember 1965 nach. Wohin es führt, wenn man die sozialistischen Intellektuellen, statt sie zu unterdrücken, auf Tribünen stellt, von denen aus sie zum Volke sprechen, zeigt sich an dem Gang der letzten Monate. Einen »Betriebsunfall« nennt Heiner Müller die Grenzöffnung des 9. November. Aber auch er hat am 4. November die Tribüne bestiegen. Ein Betriebsunfall? Es ist merkwürdig, daß sich das 11. Plenum (es fand vom 15. bis 18. Dezember 1965 statt) dem Gedächtnis der Nachwelt einzig durch seine kulturpolitischen Verheerungen eingeprägt hat; die dort beschlossenen wirtschaftspolitischen Veränderungen standen jenen in nichts nach. Ulbrichts NÖSPL – das Neue Ökonomische System der Planung und Leitung der Volkswirtschaft – wurde damals zu wesentlichen Teilen preisgegeben; die Volkswirtschaft der DDR lieferte sich durch langfristige Verträge der technisch rückständigen Sowjetwirtschaft aus. Das geschah am 3. Dezember; am gleichen Tag nahm sich Erich Apel, der Urheber von NÖSPL, damals Vorsitzender der Staatlichen Plankommission, in Voraussicht der langfristigen Folgen das Leben. Kurz zuvor hatte Leonid Breshnjew seinen ersten Staatsbesuch in Berlin gemacht; die neue, neostalinistische Führung der Sowjetunion hatte dafür Sorge getragen, daß der westliche Vorposten des Lagers Gleichschritt hielt. Eine Abhängigkeit folgt der andern. Ich sehe jenen Berliner SED-Chef vor mir, der sich, frisch in das mächtige Amt berufen, den Schriftstellern der Hauptstadt zeigte und, als ihn zwei betagte Genossen, verdiente Alt-Kundschafter der Weltrevolution, auf die Stimmung der Jugend und das Vorbild Gorbatschows hinwiesen, in jäher Bedrängnis in die Worte ausbrach: »Aber wir wissen doch, ohne die Sowjetunion können wir uns keine vier...« Er brach ab, sich gleichsam die Hand vor den Mund haltend.

II

Die Herrschaft, die die sowjetische Besatzungsmacht im Bund mit den deutschen Kommunisten nach 1945 in der sowjetisch besetzten Zone errichtete, war *die Diktatur der Opfer*. Beide Teile, der sowjetrussische und der deutschkommunistische, konnten und durften sich so fühlen: als die Beauftragten der Toten, Ermordeten, Gefolterten des Naziregimes. Und sie herrschten so, vor allem um Macht und Vorteil, weniger um Vertrauen und Wirksamkeit bemüht. Daß es die Opfer, jedenfalls die Vertreter der Opfer, waren, die hier nach der Macht griffen, machte sie vor sich selbst und vor andern unangreifbar; es legitimierte sie gegenüber sich selbst und den Beherrschten, die sie immer auch selber waren. Eine Herrschaft im Namen der Toten und darum – eine tote Herrschaft.

Man hat bei der Honecker-Axen-Sindermann-Equipe noch spezielle Gründe ihres politischen Versagens angeführt. Kein Zweifel, daß diese drei – und noch viele andere in bestimmender Position – durch lange Gefängnis- oder Lagerhaft geschädigt waren. Die Haftpsychose prägte ihren Umgang mit der Macht in einem ganz spezifischen Sinn; sie reproduzierten die Haftsituation sowohl an sich selbst, den ghettoisierten Leitern, wie an der Bevölkerung, der weiträumiger eingemauerten als die Herrschenden selbst. Kurt Hager, der ein Dritteljahrhundert Kultur-, Bildungs- und Wissenschaftspolitik der SED zu verantworten hat, verstieg sich, als

Fernsehreporter ihn im November 1989 in der Wandlitzer Wohnzone befragten, zu der Bemerkung, er fühle sich nun wieder wie anno 40 im britischen Internierungslager. Der Vorgang der Selbstinternierung, der seine eigene Wohn- und Lebensweise wie die seiner Mitverschworenen seit Jahrzehnten bestimmte, war außerhalb seines Bewußtseins.

Wenn man die besondere biographische Prägung einiger Leiter der DDR-Politik derart in Betracht zieht, hat man allerdings zu bedenken, daß das Lenin-Stalinsche Ursystem dieselben Strukturen hervorbrachte. Die der DDR wurzelten primär nicht in der besonderen Erfahrung ihrer Leiter, sondern in dem sowjetischen Muster – nichts Originäres, sondern eine (sogar vielfach gemilderte) Kopie. Die Mauer war keine spezifische Einrichtung des deutschen Kommunismus. Sie war die Grundverfassung der Sowjetgesellschaft von dem Zeitpunkt an, da Lenin die russische Grenze schloß. Indessen: auch die Gründer der Sowjetunion waren Haft- und Verbannungsgeschädigte von den Anfängen ihres politischen Lebens an. Daß sie wenig mehr als zu siegen (oder unterzugehen) vermochten, hängt damit zusammen. Unmittelbare biographische Erfahrung gab ihnen jenen hierarchisch-militärischen Begriff von Politik und politischer Organisation ein, der dazu taugte, die Macht zu ergreifen, den Bürgerkrieg zu gewinnen und in historisch kurzer Frist Industrialisierung durchzusetzen, mit einem ähnlich großen Anteil von Sklavenarbeit wie in den westlichen Ländern bis ins 19. Jahrhundert hinein, nicht aber, kommunikative Strukturen aufzubauen, die über dieses Ziel hinausreichten und aus dem Selbstbewußtsein des Sieges den Frieden zu organisieren vermocht hätten.

Wenn die Parteiarmee gesiegt hatte, mußten ihr neue Feinde geboten werden, damit das System nicht zusammenbrach. Dmitri Wolkogonow, der neue sowjetische Stalin-Biograph, beschreibt es als pathologisches Phänomen, wie Stalin, als der Klassenfeind nicht nur geschlagen, sondern gar nicht mehr vorhanden und auch alle sogenannten Parteifeinde ausgerottet waren, daranging, alle diese neu zu erfinden. »Stalin«, schreibt Wolkogonow*, »bediente sich der Idee des Klassenkampfes als Rechtfertigung des ewigen Kampfes. Als die Großgrundbesitzer und Kapitalisten beseitigt worden waren, fand er noch eine ›Klasse‹, die liquidiert werden mußte – die Kulaken. Und als es schließlich keine offensichtlichen Klassenfeinde mehr gab, stellte er die Formel auf, daß es sie immer geben würde. Sogar, als er sich der Ergebenheit des ganzen Volkes sicher sein konnte, wollte er sich nicht beruhigen. ... Im Jahr 1948 sprach Stalin wieder von Trotzkisten, Menschewiki, Sozialrevolutionären, Anarchisten. Es gebe Versuche, die Grenze zu überqueren; einige Schriftsteller schwiegen, als würden sie gegen die Alleinherrschaft protestieren wollen.«

Das Pathologische war, in den Gegebenheiten des einmal geschaffenen Systems, zugleich das Rationale; sonst hätte es sich nicht halten können. Stalin erfand Feinde nach Willkür, aber nicht aus Willkür; er erfand sie, um sich an der Macht zu erhalten. Das Phänomen des fiktiven Gegners – eines Feindes, den man erfindet, um die eigene Machtausübung zu rechtfertigen – lag auch der Herrschaft der Nationalsozialisten zugrunde. Die Juden waren ebenso ein fiktiver Feind wie die Kulaken; damit eine Partei – der Name zielt auf den Teil, nicht das Ganze – sich das Ganze subsumieren kann, bedarf sie der Konstruktion des Volksfeindes. Er liefert den Vorwand ihres Anspruchs, für das Ganze zu handeln.

Als Honecker zur Macht kam und sich das Verhältnis zu dem westdeutschen Nachbarstaat normalisierte, ging der SED-Führung ein für den eigenen Machterhalt wichtiger Feind verloren. Den Verlust wettzumachen, kam sie darauf, einen neuen Klassenkampf zu erfinden, und beseitigte die quantitativ geringen, aber ökonomisch effizienten Bestände

---

* Dmitri Wolkogonow, *Stalin. Ein politisches Porträt*, Düsseldorf 1989, S. 689.

einer teils privaten, teils halbstaatlichen Industrie.* Der Sieg gegen den unvorhandenen Feind war ihr sicher; danach blieben nur noch die Kunstschaffenden und die Jugendlichen – zwei zur Unabhängigkeit neigende Volksgruppen – als Herde der Gefährdung übrig. Gesiegt wurde immer, und immer war, bei der Biermann-Affäre wie bei dem Großangriff auf die Jugendlichen mit dem Schwerter-zu-Pflugscharen-Zeichen, eine Schwächung des Staates die Folge; es zeigte sich: unter den Bedingungen des atomaren Patts und der von ihm erzwungenen Friedenspolitik konnte man nicht zu Stalin zurückkehren. Dies allmählich realisiert zu haben gehört zu den Verdiensten der zu Ende gegangenen Ära; es führte geradewegs auf ihren Untergang. Er war systemimmanent; die Intellektuellen wirkten als sein Katalysator. Ist man ihnen darum jetzt im Westen so gram? Es lebte sich dort so bequem mit der festen Mauer im Rücken.

Juni 1990

---

* Wie nah die beiden deutschen Staaten trotz des kalten Kriegs der Ideologeme ihrer ökonomischen Struktur nach im zehnten Jahr ihrer Existenz noch beieinander waren, belegt eine auf DDR-Quellen beruhende Aufstellung des ungarischen *Welthandbuchs* von 1962 (ed. Sándor Radó). Es gibt für 1959 die Zahl der Unternehmen in der DDR mit 16 791 an; davon sind zu diesem Zeitpunkt nicht einmal die Hälfte (48,5 %) staatlich oder halbstaatlich (zwischen diesen durchaus differenten Eigentumsformen wird nicht differenziert). 46,5 %, also 7812 Unternehmen, werden als kapitalistisch, also in Privatbesitz befindlich, geführt, 4,0 % als »kleingewerbliche Produktionsgenossenschaften«. Der Anteil des staatssozialistischen Sektors am gesellschaftlichen Gesamtprodukt betrug 1958 erst 68,2 % – eine Ziffer, die die Sonderstellung der DDR im Rahmen der Staaten des Warschauer Pakts deutlich macht.

Vom Einbringen

I

Die deutsche Sprache erlaubt mit Sicherheit nur eins einzubringen: die Ernte. Die Ernte dieses Spätsommers ist der deutsche Frieden, die deutsche Einheit. Wir bringen sie gemeinsam ein. Was kann sonst noch eingebracht werden? Von einem Einbringen ist immer wieder die Rede, das anderes als die gemeinsame Ernte des Friedens meint, nämlich den Beitrag der DDR zu dem neuen Deutschland, ihre Mitgift gewissermaßen – außer und zu dem Akt einer von den alten Mächten friedlich-duldsam, verwirrt und schuldbewußt hingenommenen Selbstbefreiung. Die Frage nach dieser Mitgift, diesem Beitrag ergeht von westlicher Seite selten mit Ernst; zu sicher ist man sich, die Zeche einer Einheit, einer Freiheit bezahlen zu müssen, die bisher einzig die DDR-Bürger bezahlt haben, mit dem Verlust aller – der in- wie der ausländischen – Absatzgebiete ihrer Wirtschaft, dem ein zunehmender Boom der westlichen Industrie entspricht.

Der Unmut (oder die Ironie), womit die Frage nicht selten ergeht, findet Anhalt an der Verdüsterung manch exponierten DDR-Kommentators. War es nicht Stefan Heym, der in der Wahlnacht des 18. März, voller Enttäuschung über das auf den Umsturz, nicht die Umbildung des Bestehenden hinauslaufende Ergebnis, erklärte, von nun an sei die DDR nur mehr eine »Fußnote der Weltgeschichte«? Weltgeschichte ist ein dehnbarer Begriff; er hängt von der Größe des zeitlichen Abstands ebenso ab wie von der Dicke der Kompendien, die den Stoff ausbreiten. Ich glaube, noch die Geschichtsschreiber des vierten Jahrtausends werden zur Beschreibung jenes Staates, den ein westdeutscher Kanzler vor seiner Anerkennung in den Rang eines »Phänomens« erhob (und wahrhaftig, das war er), ebensowenig mit einer bloßen Anmerkung auskommen wie zur Beschreibung des Hohenzollernreichs.

Mit ihm hat die Deutsche Demokratische Republik, die nun vollzieht, was ihre ursprüngliche Bestimmung, ihr in ihre Gründungsverfassung eingeschriebener Ursprungssinn war: aufzugehen in einem einheitlichen, demokratischen, friedliebenden Deutschland*, eine verblüffende Ähnlichkeit des historischen Rhythmus. Beider Geschichte zerfällt in zwei Teile von annähernd gleichem, sich auf zwei Jahrzehnte bemessendem Umfang, die von kontrastierenden Führergestalten beherrscht werden. Die eine, Gründerzeit vertretende hält den Staat zusammen, die andere, sich des unzeitgemäß gewordenen Vorgängers – Bismarcks im einen, Ulbrichts im andern Fall – entledigend, verschleudert aus einer Mischung von Harmoniebedürfnis, Illusionismus und Großmannssucht die Substanz des Staates und sein preußisches Erbe. Das geht mit einer Bonhomie einher, die den modischen Akzent nicht verschmäht; brillierte Wilhelm II. in immer neuen Uniformen, so prägte sich Erich Honecker seinem Volk durch eine Art heller Sommeranzüge ein.

Die Differenz beider Staaten zeigt sich an der differierenden Form ihres Untergangs. In seiner Auflösung blieb das Hohenzollernreich seinem Ursprung treu, der ein kriegerischer, kriegshafter war. So auch die DDR, ihr Abtreten von der Bühne der Geschichte vollzieht sich nach dem Gesetz ihres Antretens: als ein revolutionärer und friedlicher Akt. Der von einer Revolutionsideologie bestimmte Staat endet durch eine Revolution und bleibt dabei Friedensstaat – es ist wirklich ein Phänomen. Die Schöpfung der Nachkriegszeit, die der Sicherung eines Friedens diente, der auf Deutschlands bedingungsloser Kapitulation beruhte, wird überflüssig in

---

* Artikel 1 der Verfassung der DDR lautete bis 1968: »Deutschland ist eine unteilbare demokratische Republik; sie baut sich auf den deutschen Ländern auf. ... Es gibt nur eine deutsche Staatsangehörigkeit.«

dem Augenblick, da der wirkliche Friede sich herstellt – nicht früher und nicht später. Wir sehen im Fernsehen die Soldaten der DDR-Armee ihre Uniformen für immer in den Spind hängen und sehen zur gleichen Zeit amerikanische Soldaten ihre Giftgasgranaten massenweise und unter äußersten Vorsichtsmaßregeln aus Westdeutschland abziehen. »Go home, Ami! Ami, go home!« (mit dem Akzent auf der Silbe go) begann der Refrain eines heiteren, obschon asymmetrischen politischen Liedes von Eisler und Busch aus dem Jahre 1949. Das geschieht nun, und der Russki zieht mit. Übrig bleibt der Frieden, übriggeblieben ist – Deutschland.

Nie ist ein deutscher Staat friedlicher abgetreten als dieser, der sich von Anfang an als Friedensstaat begriff. Bei dieser Vokabel überdröhnte die propagandistische Lautstärke einen Realgehalt, der unverkennbar war. Er ergab sich nicht aus der theoretischen Konstruktion eines monopolkapitalistischen Imperialismus, sondern aus den Umständen und Ergebnissen des Kriegsendes, aus der von den beiden am meisten getroffenen Staatsvölkern, dem russischen und polnischen, mit ausdrücklicher Billigung der westlichen Siegermächte vollzogenen Abtrennung (und Entvölkerung) von vier preußischen Provinzen* von dem deutschen Staat, dessen militärischer Kapitulation am 5. Juni 1945 seine Auflösung folgte.** Insofern kann von Wiedervereinigung in einem staatlichen Sinn jetzt tatsächlich die Rede nicht sein.

Die Abtrennung eines Viertels des vormaligen, durch den Krieg verbrecherisch aufs Spiel gesetzten Staatsgebiets konnte durch eine deutsche Regierung damals nicht besiegelt werden, da es eine solche Regierung nicht gab. Wenn es sie gegeben

---

* Sie nahmen 24,4 % der Fläche des Deutschen Reiches von 1933 ein und umfaßten 14,6 % der Bevölkerung.
** »Auf die völlige Niederwerfung und Ausschaltung eines Staates durch Krieg läßt sich der Begriff der ›debellatio‹ anwenden. Das Reich als politisch-historische Größe hatte aufgehört zu bestehen.« (Karl Dietrich Erdmann, *Das Ende des Reiches und die Entstehung der Republik Österreich, der Bundesrepublik Deutschland und der Deutschen Demokratischen Republik*, München ⁵1990, S. 38.)

hätte – hätte sie einen entsprechenden Vertrag unterzeichnet? Es gab vier Jahre später in dem Ein- und dem Dreizonenstaat zwei deutsche Regierungen, die man nach einer ganzen Reihe von Kriterien unterscheiden konnte; im Blick auf die zu gewinnende – oder weiter zu verspielende – deutsche Einheit unterschieden sie sich wesentlich unter *einem* Aspekt: dem der Grenzanerkennung. Die des großen deutschen Staates, der sich *Bundesrepublik Deutschland* nannte und sich damit eine Saturiertheit zuschrieb, die er außenpolitisch strikt verleugnete, verweigerte diese Anerkennung beharrlich und auf allen Ebenen staatlicher Bekundung: im Bundestag, vor dem Bundesverfassungsgericht, in diplomatischen Noten. Anders der kleine deutsche Staat: er vollzog die Grenzanerkennung 1950 in einem Regierungsabkommen, gegen das (so Knaurs Lexikon, München/Zürich 1956, Sp. 1135) die Regierung und der Bundestag der Bundesrepublik »feierliche Verwahrung« einlegten. Damit schrieben diese Institutionen die Existenz der beiden Teilstaaten für anderthalb Generationen fest.

Versteht sich: es ist, auch nach einem so verlorenen, so geführten, so angezettelten Krieg keine Kleinigkeit, auf ein Viertel des Staatsgebiets zu verzichten. Es ist auch nicht sicher, ob eine Anerkennung der neuen deutschen Ostgrenze durch die Bonner Regierung damals sofort die staatliche Einheit bewirkt haben würde. Aber sie hätte uns, richtig eingesetzt, die Mauer erspart und einer für eine Übergangszeit verbleibenden DDR (alle Hauptmächte waren damals an ihrem Bestehen interessiert) einen nach außen *und innen* österreichähnlichen Status ermöglicht. Die Chance wurde vertan, indem sie verworfen wurde, ehe sie erkundet worden war. Der Deutschen Demokratischen Republik fiel die Aufgabe zu, die Bewohner der Bundesrepublik vor dem nachdrücklich bekundeten Anspruch ihrer eigenen Regierung zu schützen, die Nachkriegsgrenzen zu revidieren. Es ist nicht anders: die Bewohner der DDR hielten den Kopf hin für eine von Grund auf unredliche Politik. Denn Adenauer wollte ja gar nicht die

Grenzrevision; er wollte den starken deutschen Weststaat. Und er benutzte die Grenzfrage lediglich dazu, Wählerstimmen zu binden und den rheinischen Teilstaat vor der deutschen Staatseinheit abzuschirmen. Man kann das wohl Machiavellismus nennen. Nicht die Bürger der BRD, aber die der DDR haben die Unkosten dafür beglichen. Im Verhältnis dazu nimmt sich die anstehende Sanierungs-Billion eher bescheiden aus.

So bringen die Bürger der Deutschen Demokratischen Republik vor allem dies in die deutsche Zukunft ein: die vertraglich sichergestellte deutsche Ostgrenze. Versteht sich: sie haben sie nicht allein bewirkt. Aber sie haben sie ausgebadet. Den politischen Vollzug dessen, was mit der Betongrenze von 1961 auch den vernageltsten Köpfen allmählich klar wurde: daß nämlich ohne Anerkennung aller bestehenden Grenzen sich nichts verändern werde auf deutschem Boden, hat die westdeutsche Sozialdemokratie im späten – verspäteten – Bund mit den Freien Demokraten geleistet; es entzog der deutschen Teilung ihre Substanz. Es entzog überdies der DDR die ökonomische Substanz, denn die Aushöhlung des Feindbilds, die Brandts und Scheels Ostverträge über das SED-Regime verhängten, die Nötigung zur Normalisierung der Beziehungen zu dem siamesischen Riesenzwilling BRD, zwang die SED-Führung, den Lebensstandard der Bevölkerung in einer Weise anzuheben, die im Rahmen der gegebenen Wirtschaftsordnung nur durch Schulden (Valutaschulden) und wirtschaftliche Auszehrung zu bezahlen war. Man lebte fortan – es war der wesentliche ökonomische Unterschied zu der Ulbrichtschen Gründerzeit – auf Pump und folglich auf den Untergang hin.

Daß die Regierung Kohl/Genscher auf dem so gelegten, von CDU/CSU unter Aufbietung aller Kräfte bekämpften Friedensfundament weiterbaute und der Außenminister mit sicherem politischen Instinkt in Gorbatschow sofort den Mann grundlegenden Wandels erkannte (das tat auch Erich

Honecker), ist ein Hauptverdienst. Zu Gorbatschows Zeiten übernahm nicht nur diese Regierung, sondern – Gorbatschows Empfang in der Bundesrepublik zeigte es 1989 – ein ganzes Staatsvolk den Grundpfeiler der DDR-Politik: deutsch-sowjetische Freundschaft. Die Frage, was die DDR, außer Trabi-Halden und den Aktenkilometern des Emm-effess, in die deutsche Einheit einbringe, ist falsch gestellt. Die Frage ist: Was *hat* sie eingebracht? Sie hat die Grundsätze jeder rationalen preußisch-deutschen Politik eingebracht: Frieden, Ausgleich, Kooperation mit Rußland. Sie hat diese Grundpfeiler eingebracht, indem sie von der westgebundenen, westverpflichteten Bundesrepublik übernommen wurden; das war notwendig das Ende der DDR. Sie war überflüssig geworden.

II

So auch in anderer Hinsicht: Die DDR bringt nicht ein, sie hat eingebracht. Daß Wirtschaft und Politik und Geistesleben der Bundesrepublik sich imstande zeigten, von dem kleinen, sich nach dem Krieg in antifaschistischer Revolution umstülpenden Nachbarn wesentliche Anregungen aufzunehmen, wurde zu einem Element ihrer zunehmenden Überlegenheit – und daß das Umgekehrte der DDR *nicht* gelang (unter Honecker, der die unter Ulbricht immerhin noch geduldeten Formen privaten Wirtschaftseigentums bei seinem Machtantritt beseitigte, weniger denn je), entschied über ihre progredierende Unterlegenheit. Die hochentwickelte Sozialgesetzgebung der Bundesrepublik wäre ohne das konkurrierende staatssozialistische Modell vermutlich lange nicht so zielstrebig entwickelt worden, wie dies in den fünfziger Jahren geschah; dasselbe gilt von den der freien Wirtschaft zunehmend implantierten Instrumenten staatlicher Regulierung und von gewerkschaftlichen Mitbestimmungsmodellen. Eben dies hat den Wettstreit der Systeme schließlich entschieden: daß das westliche System im Rahmen (und kraft des Rahmens) einer pluralen politökonomischen Struktur sich als elastisch erwies gegenüber jenen Orientierungen, die das östliche zu Maximen seiner Ordnung erklärte: Wirtschaftslenkung, Sozialgesetzgebung, Mitbestimmung. *Überholen ohne einzuholen* – war es Ulbricht oder Chruschtschow, der diese Losung Ende der fünfziger Jahre für den Monopolsozialismus ausgab? Was dieser proklamierte, ohne es wirklich (oder auf rationale Weise) zu leisten, tat das kapitalistische System einfach; es überholte, ohne ihn einzuholen, den Sozialismus auf den drei Hauptfeldern seiner eigenen Programmatik.

Das war ein »Einbringen« nicht in einem mechanisch-montierenden oder botanisch-aufpfropfenden, sondern in einem dialektisch-dynamischen, prozessualen Sinn, der sich nach dem Mauerbau, in den sechziger Jahren, dann auch auf geistig-kulturellem Feld begab. Die DDR hatte, bei allem Druck, der auf ihrem Kulturleben lag, es verformend und terrorisierend, in den fünfziger Jahren einen geistigen Vorsprung, der auf der aktiven Bewältigung des vom Nazismus hinterlassenen intellektuellen Trümmerhaufens beruhte. Daß die Protagonisten dieser marxistisch fundierten Kulturrevolution dem Staat gegenüber nach 1956 fast alle in eine tiefgreifende Krise kamen, liegt zutage, aber die Voraussetzung dieser Krise war, daß sie alle erst einmal da waren. Nach 1961 ist die Stafette der antifaschistischen Kulturrevolution an die intellektuelle Jugend der Bundesrepublik übergegangen; die außerparlamentarische Opposition war ihr wirksamer Träger. Hier wurde etwas aufgenommen und weitergetragen, was die DDR, nicht zuletzt dank des Stromes bedeutender Remigranten, von ihrer Gründung an in die deutsche Kultur eingebracht hatte, und wenn bei dieser jugendlich-ungestümen Marxismus-Aneignung von seiten der Studentenbewegung in politischer Hinsicht fast alle die Fehler noch einmal gemacht wurden, die die DDR an sich erfahren hatte (der

Unterschied war: bei der Studentenbewegung blieben sie auf dem Papier), so zeugt das nur von der Erfahrungsdifferenz, die sich zwischen beiden Volksteilen schon vor der Errichtung der Mauer aufgetan hatte; es ändert nichts an dem Grundsätzlichen des Vorgangs. Daß die Bundesrepublik ein Staat wurde, der den Charakter des Restaurativen verlor und von der linken Intelligentsia auch über den zweiten Machtwechsel – den von 1982 – hinaus in so hohem Maß akzeptiert werden konnte, daß sie für ihre Staatstreue sogar eine eigene Vokabel: Verfassungspatriotismus, erfand, war wesentlich das Verdienst dieser neomarxistischen Jugendbewegung der sechziger Jahre, die nicht politisch-direkt, aber kulturell vermittelt bestimmend wurde.

III

An diesem und manchem andern Gesellschaftsprozeß hat die Existenz der DDR ihren prozessual vermittelten Anteil; sie hat ihn in das nun mit Recht gesamtdeutsch zu nennende Potential eingebracht. Wandel durch Annäherung – die sozial-liberale Formel hat politisch funktioniert, als ein Abbau von Feindbildern, die für die Staatsform des Monopolsozialismus schwerer zu entbehren waren als für die ihm pluralistisch entgegnende. Aber auch die umgekehrte Formel hat sich in ihrem Sinn erwiesen: Annäherung durch Wandel; es war ein mit jenem andern verschränkter Prozeß.

Was aber, außer dieser geschichtlichen Dauerinfluenz und seinem akuten ökonomischen Ruin, bringt das nun jäh im großen Ganzen aufgehende Kleinpreußen akut und unmittelbar in dieses Ganze mit? Dies heute anzugeben hieße den Gang der Geschichte vorhersehen zu wollen. Gerade die im westlichen Deutschland umgehende Heftigkeit der Abwehr, irgend etwas zu »übernehmen«, zeugt von der Furcht, nicht zu bleiben, was man unter den Konditionen der Spaltung und also in gewisser Weise auf Kosten der Deutschen in der DDR geworden war.

Einbringen als Übernahme, als das Aufpfropfen von Vorschriften, Funktionsmodellen, Bürokratismen, Gesetzeswerken ist just das, was dem Volk der DDR-Deutschen gerade widerfährt. Diese Deutschen haben wesentlich sich selbst einzubringen, als ein den Regeln der Geldwirtschaft systematisch entfremdetes, von einem andern Zeitgefühl geformtes, durchaus eigenartiges Völkchen, dessen derzeitige Verfassung zwischen Erhobenheit und Bedrückung nicht sowohl schwankt, sondern beides zugleich ist. Alle können auf einmal nach Paris fahren, aber sehr viele haben keine Arbeit mehr oder fürchten, sie zu verlieren – die manisch-depressive Disposition zeigt sich als sozialpsychologisches Gesamtphänomen und sollte analytisch-therapeutisch, nicht polemisch behandelt werden. Indem sie in dieser zwiespältigen Verfassung, der die der westdeutschen Brüder und Schwestern anders gespannt erwidert, sich selbst einbringen, einführen, einbeziehen, bringen sie auch eine Reihe von Gewohnheiten, Erfahrungen, sogar: Errungenschaften mit, die man nicht voreilig mit dem Stigma der Rückständigkeit belegen sollte. Die Abstempelung des langjährigen Nachbarn zum eingemeindeten Exoten, der in den gegen wirksame Außenerfahrungen psychologisch-monetär (und also noch wirksamer als vermittelst Beton) abgesperrten Seelenfrieden des Wirtschaftswundervolkes einbricht, ist kein Zeichen von Selbstbewußtsein, sondern das Gegenteil davon.

Eine Lebensgewohnheit der sechzehn Millionen (vieler von ihnen) ist soeben mit Hilfe der Firma Reemtsma gerettet: die Zigarettenmarke Cabinet, zwanzig Stück zu 3,20 M – eine der Säulen, auf denen Staat und Gesellschaft ruhten. Von einem andern fundamentalen Gebrauchsartikel kann man nur hoffen, daß er Gnade findet bei dem sich einkaufenden Großkapital; es ist der Klebstoff Duosan, dieses unentbehrliche Requisit des DDR-Alltags – einer der Leime, auf die man nicht ging, wenn man ihn zum Kitten benutzte, verwerfungsfreies Verbundmittel einer ganzen Sozietät. Man kann es empfehlen, fünfzig alte Pfennige die 33-ml-Tube.

Auch hier wird, falls dieses oder jenes Feuilleton sich nicht dagegen aufbäumt, das West-Geschäft vermutlich seine Chance erkennen; auf einigen andern Gebieten wird es sich zögerlicher gebärden. Die sozialökonomisch interessanten Strukturen des Landes zeigen sich auf einem Feld, das von der staatsmonopolistischen Organisationsweise ebenso weit entfernt ist wie von der privatkapitalistischen. Eben darum wurde dieses Feld in der Ära Honecker geflissentlich vernachlässigt; es paßte nicht in die politökonomische Gigantomanie des Breshnjewismus. Gemeint ist die genossenschaftliche Struktur; sie hat sich in der alten DDR auf zwei Gebieten bewährt, auf denen die alte Bundesrepublik tiefergehende Erfahrungen immer mit ideologischer Emphase abwehrte: in der Landwirtschaft und in der Medizin.

Zur tiefen Enttäuschung des orthodoxen Wirtschaftsliberalismus haben die Bauern der DDR in den letzten Monaten so gut wie keine Miene gemacht, sich von einer Errungenschaft zu trennen, die ihnen um das Jahr 1960 mit Gewalt übergestülpt wurde: der genossenschaftlichen Produktionsweise. Um sie unter neuen Rahmenbedingungen erhalten und umbilden zu können, suchen sie Anhalt in Frankreich, wo kooperative Produktionsformen sich unter EG-Bedingungen seit langem bewährt haben: französisch-mecklenburgische Allianz zur Bewahrung eines Strukturelements, das kein staatssozialistisches, sondern, wenn man so will, ein originär-sozialistisches ist: die Kooperative als autonome und überschaubare, von gleichberechtigten Teilhabern kollektiv verantwortete Produktionseinheit. Auch auf dem Gebiet ambulanter medizinischer Betreuung hat sich eine im Wesen – nicht in der juristischen Auslegung – genossenschaftliche Struktur über Jahrzehnte hin, bei zunehmend schlechter apparativer Ausstattung, bewährt: die der Poliklinik als eines Arbeitsverbunds von Fachärzten verschiedener Disziplinen. Sie wird neu zu fundieren und in vielem zu verbessern sein; sie aus ideologischem Dogmatismus (den gibt es auch – und gerade – bei Wirtschaftsliberalisten) zu verwerfen und zu zerschlagen besteht kein Anlaß. Es wäre ein Kulturverlust, nicht anders als die von der SED geübte Dogmatisierung der poliklinischen Organisationsform gegenüber der privaten ärztlichen Niederlassung.

Ein Kultur- und Gesellschaftsverlust von weitreichenden Folgen wäre auch und erst recht die Eliminierung der Grundlagen jener nicht rhetorisch-emphatischen, sondern praktisch eingreifenden, sozial realisierten Emanzipation, die das Leben der Frau auf dem Gebiet der DDR seit langem bestimmt. Die Frauen haben und hatten es in der DDR gewiß nicht leichter – sie hatten es vielfach schwerer als in der Bundesrepublik; die Freiheit, mit der sie sich in Gesellschaft und Familie bewegten, war hart erarbeitet, durch eine Doppelbelastung in Beruf und Haushalt, die oft die Grenze des Tragbaren überschritt. Aber die Freiheit ist auch ein Wert, und es scheint nicht, als ob die Frauen der DDR von ihm lassen wollten, um in die alte Rolle der bloßen Familienbesorgerin in ihrer Abhängigkeit vom Mann und Ernährer wieder einzutreten.

Natürlich: diese Emanzipation hatte ihre ökonomischen Ursachen (sie lagen zu einem erheblichen Teil in der niedrigen Arbeitsproduktivität der Industrie, die alle Kräfte zu mobilisieren zwang), und sie hatte ihren sozialökonomischen Preis; er bestand in den Unkosten eines umfassenden Systems staatlich-betrieblicher Kinderbetreuung im Schul- und Vorschulalter. Das alles wird nicht so zu übernehmen sein, wie es war. Aber man sollte sich hüten, es mit der Miene des Siegers im Kampf ideologischer Dogmen einfach abzutun. Die Brisanz der Frage zeigte sich kürzlich (und wird sich wieder zeigen) in der Heftigkeit des Streits um den bundesdeutschen § 218. Das Für und Wider, das hier aufs neue entbrannte, hat Züge eines

Scheingefechts; worum es in Wahrheit geht, sind sozial- und bevölkerungspolitische Fragen. Die Befürworter des genannten Paragraphen wären fundamental unglaubwürdig, wenn sie nicht zugleich für die Übernahme jener sozialen Sicherungen einträten, die in der DDR jeder alleinerziehenden Mutter (und nicht nur ihr) den Kindergarten- und Schulhortplatz und die eigene Krankschreibung bei Krankheit des Kindes (bis zu sechs Wochen im Jahr) sicherten. Dasselbe gilt für die Gegner des § 218. Der Streit wird in seinem Kern gegenstandslos, wenn er dazu führt, gemeinsam die Müttersicherungen der DDR aufzunehmen.

Das ist auch bevölkerungspolitisch geboten, und es hatte, jedenfalls bei der Einführung des bezahlten »Babyjahrs« in der Ära Honecker, in der DDR auch dieses bevölkerungspolitische Motiv. Hochentwickelte Konsumgesellschaften sind ihrer Natur – ihrer Naturferne – nach nicht kinderfreundlich; sie sind darum langfristig vom Aussterben (dem Umkippen der Alterspyramide) bedroht. Es ist eine Frage nationaler Selbsterhaltung, einen großen Teil des Staatshaushalts in eine aktive Mütterförderung zu investieren. Abrüstung macht die Mittel dafür frei.

Moralisch akzentuierte (und vielfach so debattierte) Fragen geben sich als wesentlich soziale und finanzielle zu erkennen. Keine moralische Frage, sondern ausschließlich eine soziale und finanzielle ist der Haushaltstag, den die DDR-Frauen zu ihren Rechten zählen: der vom Betrieb bezahlte eine Arbeitstag im Monat, den die berufstätige Frau im Interesse ihrer Haushaltspflichten freinehmen kann. Kämpfen die westdeutschen Gewerkschaften für einen Haushaltstag der bundesdeutschen Frauen? Dies zu tun, scheint in vieler Hinsicht dringlicher als die allgemeine 35-Stunden-Woche, die mehr Männern als Frauen zugute käme.

IV

Man kann so fortfahren. Das neue Deutschland kann von der alten DDR nicht lernen, wie man das Geld verdient. Aber es kann da und dort von ihr lernen, wie man es sinnvoll ausgibt. Die westdeutsche, schlechthin: die westliche Gesellschaft ist mehr als alles andere eine Auto-Gesellschaft. Das Wort selbst: *automobil*, selbstbeweglich, korrespondiert dem demokratisch-marktwirtschaftlichen Gesellschaftsbegriff; der Gebrauchsgegenstand, den es bezeichnet, bedünkt wie dessen technische Umsetzung und Verkörperung. Die Grundlagen dieser Autogesellschaft – das billige Erdöl, die Gratis-Luft – sind im Schwinden begriffen; ihr Ende steht nicht bevor, aber es ist absehbar. Für den heraufdämmernden Zustand der Verknappung ist der von einer Mangelgesellschaft geschulte DDR-Bürger, so heftig er jetzt nach den Mitteln und Symbolen der Überflußgesellschaft, auch und vor allem nach dem Auto, greift, besser gerüstet als der der Bundesrepublik. Lebt dieser aus den Bedingungen – den Zwängen und Möglichkeiten, Tugenden und Untugenden – der Angebotsgesellschaft, so jener aus denen der Nachfragegesellschaft, die andersartige Lebenshaltungen ausprägte. Sie werden schnell verdrängt sein, ohne doch ganz verlorenzugehen, und könnten in einer nicht allzu fernen Zukunft ihren Nutzen erweisen.

Am Überflüssigen zu sparen, mit – relativ – wenigem auszukommen: es sind Gewohnheiten, die auch dann wertvoll sind, wenn eine verfehlte Ökonomie zu ihrer Ausbildung zwang. Sie war verfehlt in Struktur und Funktionsweise, nicht durchaus in ihren Zielstellungen. Die DDR war das Land, wo Autos sehr teuer und Wohnungen sehr billig waren. Sieht man einmal davon ab, daß die teuren Autos technisch veraltet und kaum erhältlich waren und für die Wohnungen das gleiche galt, so ist dies Verhältnis *im Prinzip* besser, als wenn Wohnungen teuer und Autos billig sind. Es ist vor allem dann besser, wenn – was in der DDR nie geschah – der öffentliche Verkehr in die Lage versetzt wird, das Auto weitgehend zu ersetzen. Die richtigen Vorgaben ökonomisch und technisch sinnvoll ins Werk zu setzen, ist eine Zukunftsaufgabe, in der zwei Lebenshaltungen, Lebensgewohnheiten, die jetzt jäh aufeinandertreffen, eine Synthese eingehen könnten. Denn die Autogesellschaft wird höchstens noch so lange bestehen, wie die DDR bestanden hat. Die neue deutsche Republik hat etwa so lange Zeit, sich auf eine veränderte Welt einzustellen, wie Honecker sie bei seinem Machtantritt hatte.

Wird sie sie zu nutzen wissen? Die Bürger der alten DDR haben denen der alten Bundesrepublik eine Erfahrung jedenfalls voraus: die von der Hinfälligkeit staatlicher Ordnungen, die alles für ihre Sicherheit und nichts für ihre Zukunft tun.

16. September 1990

Kulturaustausch

Wenn vom Einbringen die Rede ist, wird zuweilen auch die Kultur in Betracht gezogen; es geschieht selten und auf eher ironische (oder gar feindselige) als wirklich nachfragende Weise. Wer es, beispielsweise, unternimmt, das Urheberrecht der DDR mit dem im September 1965 fast gleichzeitig erlassenen der Bundesrepublik zu vergleichen, und dabei zu Ergebnissen kommt, die den gängigen westlichen Ansichten zuwiderlaufen, erntet wohl den Hinweis: »Waren die Zeiten politisch auch die Hölle, so lebte man als Objekt des Urheberrechts doch paradiesisch. Zwei Drittel Honorar gab's bei Büchern vor der Drucklegung, keinem Satz durfte ein Haar gekrümmt werden.«* Das ist natürlich Nonsens, erstens an sich und zweitens in bezug auf jenen Aufsatz.** Weder waren »die Zeiten politisch die Hölle«, noch lebte »man« (wer ist dieses »man«, Hermann Kant oder Thomas Rosenlöcher, Horst Drescher oder Harry Thürk?) »als Objekt des Urheberrechts paradiesisch«. Auch war es sehr wohl möglich, Sätze zu krümmen, obschon nicht an den Haaren. (Es gibt haarige Sätze; gibt es Sätze mit Haaren?) Nur: es war nach dem Urheberrecht der DDR nicht zulässig (und nicht Praxis), das hinter dem Rücken des Autors zu tun.

Man könnte hier ins einzelne gehen und hätte dann fast eine Geschichte der DDR-Literatur. Ich gehe nicht ins einzelne und erzähle nicht die Geschichte von Peter Hacks' Gedichtband, der jahrelang liegenblieb, nicht wegen seiner ingrimmigen, aber wohlverschlüsselten politischen Zustandsbeschrei-

---

* Thomas Assheuer, *Zeitschriften-Rundschau*, in: *Frankfurter Rundschau*, 1. 9. 1990.
** Friedrich Dieckmann, *Die schönen dicken Zeitungen*, in: *Glockenläuten und offene Fragen*, Frankfurt am Main 1991. Siehe auch *Transatlantik*, Heft 8/1990.

bungen, sondern weil *ein* Distichon – es enthielt eine gefühlte Laudatio Walter Ulbrichts – der Genehmigungsbehörde untragbar schien und der Autor, der es sich leisten konnte, nicht bereit war, dasselbe wegzulassen, was dem Band, unter uns gesagt, nicht eben geschadet hätte. Nur der Autor hatte darüber zu befinden; er befand, daß die zwei Verse, der Hexa- und der Pentameter, in den Band gehörten, und keine Instanz war befugt, dieses sein Votum zu erschüttern oder zu unterlaufen; sie war (die Instanz) nur imstande, den ganzen Band zu blockieren. Gibt es hier etwas einzubringen? Es gibt jenen Passus in das gesamtbundesdeutsche Urheberrecht einzubringen, der den Autor explizit vor jeglicher Veränderung seines Textes sicherstellt, die nicht seine ausdrückliche Einwilligung hat. Das West-Recht hat hier einen Gummiparagraphen, das Ost-Recht zeigte sich ehern – es bedeutete einen Literatur-, nicht zugleich einen Existenzvorteil.

Daß die westdeutsche Feuilleton-Gesellschaft so wenig Neigung zeigt, solche Details überhaupt wahrzunehmen (und ein nicht beliebiger Politiker wie der Graf Lambsdorff vom Rednerpult des Bonner Bundestages ungerügt die Nonsens-Behauptung aufwärmen darf, die Mitglieder des Schriftstellerverbands der DDR seien »staatsbesoldet« gewesen, das heißt, sie hätten als Verbandsmitglieder ein Gehalt oder ein Fixum bezogen), ist nicht anders als mit Gefühlen eines unterschwelligen Neides zu erklären. Ich habe diesen Neid vor Jahren einmal in freundlich-expliziter Form wahrgenommen: als ich einem Münchner Literatur-Redakteur von dem politischen Skandal erzählte, den Volker Brauns an der literarischen Öffentlichkeit der Bundesrepublik fast spurlos vorübergegangener *Hinze-Kunze-Roman* ausgelöst hatte. Jahrelanges Liegenbleiben des Buches, schließlich das von dem Chef-Landes-Verleger Höpcke mit vielfachen Absicherungen (spezielles literaturwissenschaftliches Nachwort, Minister-Artikel in der *Weltbühne*) gewagte Erscheinen; dem folgend Entrüstungswogen nicht nur im Politbüro, sondern quer durch den ganzen Parteiapparat; nichtöffentliche Sonderkonferenz des einschlägigen ZK-Instituts gegen das Buch auf Weisung des ZK-Sekretärs Hager; gelinder Tadel des Staatschefs wegen dieser Konferenz gegenüber dem Institutsdirektor, einem berüchtigten Literaturproskribenten, der sich einige Zeit später unter rätselhaften Umständen das Leben nimmt; Parteirüge für den für die Freigabe des Buches verantwortlichen Buchminister; Absetzung seines unmittelbar zuständigen Stellvertreters; zu allem dem das Phänomen, daß die Hintergrundfigur des Buches, ein tribunenhaft unbekümmertes, hemdsärmlig-trinkfreudiges Mitglied des Höchsten Rates, bald nach dessen Erscheinen politisch so endet, wie es der Roman beschrieb. (Die Politik – sicheres Krisenvorzeichen – begann, sich nach der Literatur zu richten.) Ich erzählte dies alles mit dem Ton der Klage, der Entrüstung, des Protestes – mein Münchner Freund hörte es mit offenem Munde. Er entnahm der Geschichte nur eins: die ungeheure Bedeutung, die dieser Staat der Literatur beimaß. Sie erfüllte ihn mit Gefühlen eines von Neid nicht freien Respektes, fast: einer Sehnsucht.

Die DDR-Literatur ist reich an solchen Stories; sie werden ihrer Geschichtsschreibung noch jahrelang Stoff bieten. Soeben hat der Aufbau-Verlag Erwin Strittmatters Tagebuchnotizen über seine Arbeit am dritten Band des Romans *Der Wundertäter* und den Parteiwiderstand gegen das Manuskript veröffentlicht. Auch hier erhellt die Literatur als Staatsangelegenheit ersten Ranges; der oberste Bücherherr des Landes, der Sekretär Hager, stellt dem Autor die Veröffentlichung in Aussicht, falls es ihm – dem Genossen Hager – gelänge, »Verbündete im Politbüro« zu finden. Das ist, als ob Herr Schäuble im Bonner Kabinett Komplizen finden müßte, um – sagen wir – das Erscheinen eines neuen Romans von Günter Grass zu ermöglichen.

Der Neid einiger westdeutscher Feuilleton-Lenker über so exzeptionelle Bedingungen darf sich in Grenzen halten: es besteht keine Gefahr, daß sie sich als übertragbar erweisen. Wo die Mauern fallen, fällt auch die Bande, von der sich Kunst und Literatur, mit mehr oder weniger präzisem Stoß, mit mehr oder weniger Effet, Drall, Finesse, in der alten DDR abstießen – die Bande einer Staatsbeschaffenheit, die von einer doppelten Besetzung bestimmt war, durch eine Besatzungsmacht, deren anhaltende Präsenz sich gerade der Strittmatter-Geschichte (von 1979) abnehmen läßt, und durch eine Gesellschaftstheorie, die rein deduktiv und apologetisch funktionierte und deren einzige öffentlich kenntliche Rückkoppelung zur Realität die literarisch-künstlerische war: eine ständige Herrschaftsstörung.

Das ist vorüber, und so darf der inwendig wühlende Neid der leitenden Leser eines Literaturlandes verblassen, dessen Bücher keine Chancen haben, zu Staatsaffären zu werden – das ist ihr Glück (und ihr Unglück). Was Bestand haben wird von Kunst und Literatur des kleinpreußischen Nachkriegsstaates, kann nur der langsam und sicher sinternde Diskurs der Zeit ans Licht bringen. Man weiß: alle großen Literatur- und Kunstepochen der Geschichte unterstanden Zensurverhältnissen. Die Œuvres, die uns diese Zeiten denkwürdig machen, entstanden in Wechselwirkung mit jener Schranke, das Werk Goethes und Schillers nicht anders als das Shakespeares oder Henry Fieldings, der anfing, Romane zu schreiben, als der Staat ihm das Stückeschreiben verbot. Der Umkehrschluß: von Zensurverhältnissen auf die Entstehung großer Kunst, ist weniger zwingend; das zeigt sich schon an dem Österreich der Kaiser Franz und Ferdinand, mit dem die DDR lebhafte Ähnlichkeit hatte. Wer liest, wird sehen! Und so wenig die DDR-Kunst ihre *hoch*literarische Kontrollbehörde einbringen kann, so wenig kann sie die trivialliterarischen Barrieren und all jene Schutzvorkehrungen mitbringen, die die Bürger des Landes vor Pornographie und Gewaltpropaganda, vor Drogen und Aids, vor tödlicher Autobahnraserei und unbeschränkter Nikotin-Reklame bewahrten. Das kriegen wir, ob wir mögen oder nicht, nun alles auch. Die Freiheit, zeigt sich, ist unteilbar. Sie ist, wie Ralf Dahrendorf treffend bemerkte, keine milde Gabe, sondern eine, die wehtut.*

Er fügte hinzu: »Die Welt steht am 2. Juli vor einem der größten ökonomisch-konstitutionellen Experimente, die es je gab, und die Bürger der DDR sind die Versuchskaninchen.« Ein Experiment folgt dem andern. Dieter Schröder schrieb nach dem Moskauer Friedensvertrag des 12. September 1990 in der *Süddeutschen Zeitung* von dem »Prozeß der Neubildung einer deutschen Nation«. Er hat ganz recht: dem Adenauer-Experiment der Auflösung eines Nationalbewußtseins folgt das Kohl-Genscher-Experiment seiner Neubildung. Das Volk der Deutschen in der DDR nimmt an diesem, das es selbst in Gang setzte, lieber teil, als es sich jenem einst unterzog.

September 1990

---

* Ralf Dahrendorf, *Eine Mark für Deutschland*, in: *Merkur*, Juli 1990, S. 582.

Wir Wilden

Es ist Post gekommen. Der schwarz-rot-gold dekorierte, in Bonn als »eilige Dokumentensendung« aufgegebene Brief stammt von einem schwäbischen Lotterieeinnehmer; zusammen mit einer »kurzfristig reservierten Losnummer« teilt er mir, nicht etwa als nackten Vordruck, sondern in persönlicher Anrede, die freudige Nachricht mit: »Herzlichen Glückwunsch, Herr Dieckmann! Ab heute können auch Sie bei der größten Klassenlotterie der Welt Millionär werden. ... Nutzen Sie Ihre Chance! Erst vor kurzem wurden zwei meiner Kunden von einem Tag zum anderen Multi-Millionäre. Sie können schon bald der nächste sein, Herr Dieckmann!«

Wahrscheinlich ist die Summe der Torheit in jeder Gesellschaft ungefähr die gleiche. Die Dummheit der Mauer und die Dummheit eines Achtzylinders, der bei einem Wolkenbruch mit aufgeblendeten Scheinwerfern und 150 Stundenkilometern auf der Autobahn überholt, sind beide exzentrisch; allerdings: mit der letzteren kommt man schneller voran. Jede Gesellschaftsordnung entwickelt die ihr eigene Form des Blödsinns und eine ihm spezifisch entgegnende Abwehrkraft, einen volks- und verhältniseigenen Humor. Der unserer Alten Welt war hochentwickelt und zeigte sich für Außenstehende oft undurchdringlich. Für die Neue Welt sind wir durch Loriot von langer Hand gerüstet. Den fanden wir bisher einfach komisch. Nun gilt es zu entdecken: Es gibt diese Welt wirklich.

So kommt es, daß mir in neuerer Zeit ein von meinem Vater gern gebrauchtes Wort häufiger einfällt als früher – eine Sentenz, die vermutlich einem Kolonialroman alter Zeiten entstammte und in dem Ausruf bestand: »Wir Wilden sind doch bessere Menschen!« Das ist ein Satz mit mehrfachem Boden. Erstens meint er, was er sagt; zweitens setzt er voraus, daß der, welcher es sagt, sich zu dem, an den es gerichtet ist, so verhält wie einst der Indianer zum Weißen Mann. Die dritte Pointe besteht darin, daß es der Satz eines Trivialromans ist, und eine vierte könnte man darin finden, daß der, der ihn sprach, wenig Ähnlichkeit mit einem Wilden hatte.

Die Lage ist nur zu beschreiben mit Sätzen, die mehr als einen Boden haben. Aber gerade die scheinen derzeit nicht stark im Umlauf zu sein. Statt dessen ertappe ich mich dabei, eine im *Pennymarkt* erworbene Pizza anzubeißen und in den Ausruf auszubrechen: »Mmmh! Und nur zwei Mark neunundvierzig!«

Postskriptum

Eine gebildete Redakteurin hilft mir auf die Sprünge: es ist kein Kolonialroman, es ist von Seume, aus dem Gedicht »Der Wilde«, das da anhebt: »Ein Kanadier, der noch Europens / übertünchte Höflichkeit nicht kannte / und ein Herz, wie Gott es ihm gegeben, / von Kultur noch frei, im Busen fühlte...« Aber wie wird aus dem prosaischen Satz ein fünffüßiger Trochäus? Durch das Wörtchen »Seht«:

> Ruhig lächelnd sagte der Hurone:
> »Seht, ihr fremden, klugen, weißen Leute,
> Seht, wir Wilden sind doch beßre Menschen!«
> Und er schlug sich seitwärts in die Büsche.

September 1990

Jugendfragen

I

Daß die Jugend der westdeutschen Republik sich durch die jähe Erweiterung ihres Staatsgebiets überrumpelt und bei der Entscheidung darüber übergangen fühlt, ist nur zu begreiflich. Daß sie ihr Befremden äußert, wie in der Kollektivbekundung der beiden Göttinger Autoren*, ist hilfreich, es zu überwinden, und selbst schon so gemeint. Jede Äußerung, die die eigene Befindlichkeit innerhalb eines Prozesses, dessen außen- und militärpolitische Seite man – nach vierzigjähriger Verschleppung des Friedens mit Deutschland – als Blitzfrieden beschreiben kann und dessen innenpolitische Seite als das Gegen- und Seitenstück zu der historisch nicht sehr erfolgreichen Einverleibung Elsaß-Lothringens nach 1871 erscheint (was damals Borussifizierung heißen konnte, stellt sich nun als Rhenanisierung dar) – jede Äußerung, die die Befindlichkeit des einzelnen bei der überstürzten und sich überstürzenden Angliederung des lange ausgesonderten, immer beanspruchten Ost-Landes offenlegt, leistet, wenn dies auf rationale und kommensurable Weise geschieht, einen Beitrag zur Bewältigung dieses Prozesses.

Dessen katastrophische Komponente ist vermutlich niemandem klarer gewesen als denen, die ihn in Gang setzten. Sie meinten, das Risiko eingehen zu müssen, um sich nicht vor der Geschichte und ihrem eigenen Grundgesetz zu blamieren. Denn diejenigen, die jetzt ein verfassungspatriotisches Lamento anheben, vergessen, daß die westdeutsche Republik

---

* Jörg Gutberger und Frank Lübberding, *Offener Brief an die alten Männer*, in: *Blätter für deutsche und internationale Politik*, Heft 11/1990, S. 1376-1383.

gar keine Verfassung besaß, sondern ein der Beglaubigung durch eine Volksabstimmung oder ein Verfassungsparlament von jeher entzogenes Grundgesetz; sie vergessen ferner, daß dieses Grundgesetz nicht den westdeutschen Teilstaat, sondern einen gesamtdeutschen Nationalstaat intendierte. Die Gründer des Trizonenstaates von 1949 hatten am Anfang und am Ende salvatorische Klauseln in ihr Gesetzeswerk eingebaut, um zu verhindern, daß das von ihnen auf den Weg gebrachte Gebilde sich jemals als saturiert, als sich selbst genügend begriffe – eine Sicherung gleichsam vor dem eigenen Erfolg. Es ist nicht erinnerlich, daß Verfassungspatrioten jemals eine politische Bewegung inauguriert hätten mit dem Ziel, das Grundgesetz einer sich von jeher mit gesamtnationaler Prätention *Bundesrepublik Deutschland* nennenden Republik in die Verfassung einer *Deutschen* (oder West-Deutschen) *Bundesrepublik* umzuwandeln. Insofern ist die da und dort umgehende Verwunderung über neueste Auswirkungen der so beschaffenen Staatsdefinition, die nach dem Grundlagenvertrag mit der DDR durch ein Urteil des Bundesverfassungsgerichts noch einmal bekräftigt wurde, unstichhaltig; man hatte wesentliche Elemente der eigenen Staatsbeschaffenheit so sehr verdrängt, daß man es nicht einmal für nötig hielt, gegen sie anzugehen. Das durch das (und wie das) Grundgesetz vor jeder Volksbefragung sichergestellte Vereinigungsgebot hatte vierzig Jahre lang nichts ausgerichtet; so hielten es viele, bei anhaltender Selbsttäuschung über die Situation in der DDR, für gleichsam von selbst erledigt. Diese zwiefache Wahrnehmungsstörung erweist sich nun nach ihrem Wesen: als Irrtum. Natürlich hätte jedes Bestreben zur Veränderung der nationalstaatlichen Selbstdefinition der Bundesrepublik mit einer grundsätzlichen Veränderung der Verhältnisse in der DDR verknüpft sein müssen. Wenn das Staatsvolk der BRD in die Lage versetzt worden wäre, sich als *ein* deutscher – statt als *der* deutsche – Staat eine Verfassung zu geben, so hätte auch das Volk der DDR dazu instand gesetzt werden müssen, sich frei und rechtsstaatlich selbst zu bestimmen. Das war unter SED-Verhältnissen unmöglich – und als sie wichen, war es zu spät. War es von jeher zu spät? Das politbürokratische System fungierte offenbar als Garant der deutschen Einheit; insofern es erst im Stadium seines Bankrotts bereit war, sich zu beheben, ließ es keine andere Alternative als die grundgesetzlich festgeschriebene zu.

Daß deren rechte Fassung – in Artikel 146 – verfehlt wurde, ist mit Recht als grundgesetzwidrig angemerkt worden. Dabei waren Motive sehr unterschiedlichen Charakters am Werk, machtpolitische und realpolitische, platt-ideologische mit deutlich konterrevolutionärer Ambition und solche eines konkreten Notstandsbewußtseins. Eine gleichberechtigte Vereinigung nach Artikel 146 hätte vorausgesetzt, daß die DDR sich demokratisch und ökonomisch stabilisiert hätte, und natürlich: an beidem hatte die Bonner Regierung kein Interesse, vor beidem hatte sie augenscheinlich Angst. Eine andere Frage ist, ob beides möglich gewesen wäre. Die Frage führt in die Geschichte zurück, in die Adenauer-Ära, die genau studieren sollte, wer sich, wie Gutberger und Lübberding, als »wahrer Enkel Adenauers« fühlt, aber auch zu dem Scheitern Chruschtschows, für das es *zwei* Daten gibt: 1956 und 1964.

Unstichhaltig ist auch der Affront gegenüber dem Nationalstaat; er vergißt, daß Europa nach wie vor fast durchweg nationalstaatlich organisiert ist. Wo in einem Staat verschiedene Nationalitäten aufeinandertreffen, wie in Spanien, in Belgien, in Großbritannien, schwelen und explodieren fast überall gefährliche Krisenherde; einzig die siebenhundertjährige Schweiz macht eine Ausnahme. Ihr Gegenbild ist die Sowjetunion; der große multinationale Staat offenbart sich in unseren Tagen als riesige Zwangsmaschinerie, die, wie die ganze Gesellschaft, nur mit Gewalt zusammenhielt – unhaltbare Nachfolgekonstruktion eines Kolonialreichs, das auch nach der kommunistischen Revolution einzig auf dem Regime der Hauptnation beruhte. Noch gibt es in Europa keine real existierende Alternative zum Nationalstaat; was es gibt, ist eine enge ökonomische und sicherheitspolitische Verflechtung althergebrachter Nationalstaaten mit der Perspektive auf einen gesamteuropäischen Bundesstaat, der vermutlich instabiler sein wird als der jetzige Nationalstaatenbund, in den sich das vereinigte Deutschland einfügt. Eben weil Europa sich nur als ein Bund von Nationalstaaten definieren kann, war die deutsche Vereinigung auch unter europäischem Aspekt unumgänglich.

Daß der Dreiviertelnationalstaat BRD eine Alternative zum Nationalstaat vorstelle, war ein ideologischer Schein, der auf der Verkennung einerseits der Staatsgrundlagen, andererseits der Befindlichkeit der DDR-Deutschen beruhte. Beide Verkennungen hatten Verdrängungscharakter; dessen gewahr zu werden ist ein notwendig schmerzhafter Vorgang. Er ist es namentlich für die in dem stabilisierten Provisorium aufgewachsene Jugend, die des Nationalstaats entraten zu können glaubte, indem sie ihren Staat – die BRD – mit dem Nationalstaat identifizierte; das suggerierte ja schon dessen Name. Ich glaube, das geflissentliche Wegsehen von dem Nachbarn DDR, das Sich-Vormachen, man habe mit Amsterdam mehr zu tun als mit Leipzig, nur weil man leichter dorthin kam, hing damit zusammen, daß man in dieser Illusion nicht beirrt sein wollte. Jede genauere Wahrnehmung des deutschen Nachbarn hätte die Bestimmung des eigenen Ortes erschüttern müssen; man vermied diese Wahrnehmung und fuhr – nach Amsterdam.

II

Nun bricht die Neubestimmung des eigenen Ortes von außen herein – in dieser Lage ist nichts wichtiger als die Artikulation der Befindlichkeiten, gerade auch der Jugend-Befindlichkeiten. Darum auch war der Diskussionsbeitrag, in dem Frank Schirrmacher, der junge Chef-Literaturkritiker der *Frankfurter Allgemeinen Zeitung*, auf einer Potsdamer Kulturtagung der Bertelsmann-Stiftung im Juni 1990 sein Angstgefühl gegenüber der plötzlichen Ost-Erweiterung seiner bundesrepublikanischen Heimat mit ihrer »gelassenen Angebotsvielfalt« artikulierte und diese Angst gleichsam als Quelle der Feuilleton-Aggressionen namhaft machte, mit denen sein Blatt – und er selbst – sich mehrfach hervorgetan hatte, um soviel produktiver als diese Feuilleton-Explikationen selber, in denen ein Empfinden, das als subjektives für sich selbst einstand, sich auf schiefe Weise objektivierte. Man verfehlt die Wirklichkeit, wenn man das eigene Befinden auf Verhältnisse extrapoliert, mit denen man sich nie ernsthaft befaßt hat – nicht, weil eine dicke Mauer dagegenstand, sondern weil man es nicht für der Mühe wert hielt, sie zu durchdringen. Eigentümliche Paradoxa wirken auf die einigungsverstörte Psyche des deutschen Westmenschen ein; sie zeugen von Unsicherheit auch in der Beurteilung der eigenen Welt, von der unterschwelligen Sorge, daß deren Widersprüche durch die Verbindung mit einem andersartigen – und hochbedürftigen – Land aufgehen könnten. Wenn ein von Finanzkraft und Exportüberschüssen strotzender, sozial und politisch allgemein als musterhaft angesehener Wirtschafts- und Gesellschaftskörper die Einverleibung des schwachen, zugrunde gewirtschafteten Teils mit geistigen Angst- und Abwehrgebärden begleitet, so scheint eine tiefliegende Unstimmigkeit des eigenen Weltempfindens von dem nationalen Vorgang berührt und aufgestört zu sein.

Die Äußerung der beiden jungen Göttinger Autoren ist von solchen Gebärden insofern frei, als sie sich fast ausschließlich mit sich selbst, der eigenen Lage beschäftigen. Nur im Vorübergehen blicken »die wahren Enkel Adenauers« auf den Nachbarn, der nun realiter zu dem Mitbürger geworden ist, der er grundgesetzlich immer war; dabei fällt immerhin die Einsicht ab: »Die DDR zahlte für unseren politischen Fort-

Berlin-Mitte, Ohmstraße Ecke Rungestraße, Februar 1991.

schritt einen hohen Preis.« (Gutberger/Lübberding, S. 1382) Egozentrik ist das Vorrecht der Jugend, die um ihre Identität und deren Stabilisierung immer noch ringt und dazu neigt, auf sich selbst zurückzublicken, wo es gälte, anderes (und andere) ins Auge zu fassen. Durch Politik und Geschichte jäh dazu gebracht, sich ins Weite zu setzen und aus einem Weiteren zu begreifen, setzt sie sich eher ins Enge und Gewohnte; es ist eine ebenso vorläufige wie natürliche Reaktion. Manch scharfer Blick fällt auf »die alten Männer«, die versuchen, »uns ihre Vergangenheit als unsere Zukunft zu hinterlassen«, aber kein einziger auf die Jugend der alten DDR, die eine Staats-, eine Heimatberaubung erlebt, im Verhältnis zu der die von der westdeutschen Jugend empfundene Bagatellcharakter trägt. Der Blick zurück geht ins Leere. »Auf die Idee, nach Magdeburg zu fahren, verfiel aus unserer Generation kaum einer. ... Unsere terra incognita hieß DDR. Es war mehr Ausland als die Niederlande. Ausland im Sinne von unbekannt.« Und nun? »Wir werden schlicht zusammengeschmissen« – mit Leuten, die »für uns letztlich so wichtig oder unwichtig [sind] wie andere außerhalb unseres ›Provisoriums‹ Bundesrepublik lebende Menschen auch.«

Seltsames Volk, das einmal auszieht, sich Europa vom Atlantik bis an den Kaukasus zu unterwerfen, und ein andermal den deutschen Nachbarn flugs vergißt, so daß eine neue Jugend mit der verstörenden Neuigkeit überrascht wird: Wir sind ein Volk. Das eine hängt mit dem andern zusammen: Partikularismus als die Kehrseite des Imperialismus (und umgekehrt). Das hier zutage tretende Bewußtsein ist kein Spezifikum der Nachgeborenen; es war schon in den fünfziger Jahren manifest – eine Mauer des Vergessens, des Übersehens, die errichtet war, ehe die Betonmauer greifen konnte. »Und da drüben«, sagte anno 1959 die siebzehnjährige Mitreisende zu mir, als der Zug auf hessischer Seite an der Wartburg vorüberfuhr – »und da drüben liegt nun schon Rußland.« Das war ganz ernst gemeint, so wie das Wort der schwäbischen

Dame, neben die ich nahe Stuttgart einmal zu sitzen kam. Sie begann die Konversation mit der Frage: »Sind Sie zum ersten Mal in Deutschland?«

Die junge Generation hat die Nationverdrängung, die eine Geschichtsverdrängung ist, von der älteren geerbt. So konnte es zu der Doppelwirkung der Mauer kommen, zu dem merkwürdigen Phänomen, daß das Bollwerk nicht sowohl die, denen es Welt und Nation ersichtlich versperrte, mit dem Vergessen der andern schlug, sondern weit mehr diese andern, für die die Sperre bei einiger Bemühung durchlässig war. Der DDR-Jugend war die Bundesrepublik eine terra clausa, keine terra incognita. Vom Westen aus war es umgekehrt. In Weimar traf ich kürzlich eine West-Bürgerin, die zum ersten Mal dort war und sich wie vor den Kopf schlug: Warum bin ich nicht früher einmal nach Weimar gefahren?! Es war ja möglich, obschon nicht *so* einfach wie die Fahrt nach Paris.

Mit denen, die so fragen, wird das neue, gemeinsame Deutschland leichter zu bauen sein als mit denen, die ihr Befinden auf den Satz stellen: »Dieser Bruch mit der Vergangenheit wird für uns durch die deutsche Teilung symbolisiert.« (S. 1381) So daß es dann fast als eine Frage des politischen Bewußtseins erscheint, *nicht* nach Weimar gefahren zu sein. Der Satz ist nicht so gemeint; er ist seiner Unschärfe nur nicht inne.

III

Das Befremden der westdeutschen Jugend über das, was ihrem Staat widerfährt, beruht auf der Überraschung, daß ein Stück bedruckten Papiers, Grundgesetz genannt, dessen erste und letzte Worte sie für antiquiert und irreal gehalten hatte, sich in einer bestimmten Situation als wirksamer erwies denn der dicke Beton, vor dessen immerhin möglicher Durchquerung sie empfindsam zurückgestutzt war. Die Überraschung, die Erschütterung der DDR-Jugend geht tiefer. Sie hat in ihrem wachen Teil einen ernsthaften Versuch gemacht, sich den Staat anzueignen, den ihre Großväter schon ihren Vätern, erst recht ihr selbst vorenthalten hatten, und sie erlebt nun, daß der exzentrische Erfolg, der der kollektiven Anstrengung beschieden war, auf wenig mehr als den Austausch von Vormächten hinausläuft. Die durch undurchdringliche Institutionen sowohl vermittelte als verborgene Vormundschaft einer fremdsprachigen Macht zeigt sich gegen die einer eigensprachigen eingewechselt. Jene setzte in ein Enges, das das Festlegende, aber auch das Umhegende war, diese setzt in ein Offenes, das das Entbergende ist. Nachdem man gerade angefangen hatte, sich als Subjekt jenes Absurd-Umgreifenden zu fühlen, das sich Staat nannte, erfährt man sich mehr als Objekt denn je zuvor. Der alte Staat hatte immerhin Angst vor der Jugend, der er die Welt vorenthielt. Der neue verfügt über ein wirksameres Disziplinierungsmittel als jener: Arbeitsentzug. Subversive Akte schrecken ihn nicht, sie sind seinem Funktionsmechanismus einbegriffen. Mit vielen andern setzt er auch kriminelle, asoziale, psychotische Potentiale frei; dies gehört so sehr zu seinem Wesen, daß jemand, der eine gewisse Irritation über die Nachricht bekundet, daß in den letzten vier Monaten auf dem Gebiet der DDR mehr Bankeinbrüche verübt worden seien als in den vier Jahrzehnten zuvor, mit dem Hinweis zum Schweigen gebracht wird: Daran sähe man nur, daß die alte Währung nichts wert gewesen sei. Ein nicht geringer Teil der jüngeren DDR-Jugend hat schon während des revolutionären Winters das zwingende Gefühl gehabt, daß nur eine Fremdbestimmung gegen die andere ausgetauscht werde; der Anteil der Nicht-Wähler war im März bei den Jugendlichen besonders hoch. Er hat sich bei den Landtagswahlen des Herbstes – den ersten Landtagswahlen seit vierundvierzig Jahren – im Ganzen dramatisch erhöht; ein Drittel der Wahlberechtigten fühlte sich in zugespitzter politischer Situation durch die zur Wahl stehenden Parteien so wenig vertreten, daß sie der Wahl fernblieben.

Mit Mitteln des Theaters hat Lope de Vega vor vierhundert Jahren eine merkwürdige Geschichte erzählt. Sie handelt von dem Dorf Fuente Ovejuna, das unter der Tyrannei seines Grundherrn seufzt, eines Frauenräubers, der alle Bauernmädchen als sein sexuelles Eigentum ansieht und die widersetzlichen von seinen Knechten im Wald vergewaltigen läßt. Zugleich ist er ein Gegner des neuen, absoluten Königtums, das die Willkürherrschaft der Granden einzugrenzen sucht, und gehört – er ist Großkomtur des Ritterordens von Calatrava – zu den Führern der königsfeindlichen Bürgerkriegspartei. Das Maß ist voll, als er wieder einmal gewaltsam das Recht der ersten Nacht einfordert; das Dorf empört sich gegen seine Herrschaft und verwirft die Alternative, die ein Regidor aufstellt: »Mein Vorschlag wär, wir wandern alle aus.« Von den Mädchen des Dorfes geführt, stürmen die Bauern das Schloß und lynchen den Herrn und seine Zutreiber. Der König im fernen Madrid ist einen gefährlichen Gegner los, aber die Nachricht vom Sieg des Volkes über seinen Zwingherrn freut ihn so wenig, daß er eine Strafexpedition aussendet, um den Anführer der Revolte dingfest zu machen. Das halbe Dorf, bis herab zu den Kindern, wird unter Foltern verhört, aber auch die Zehnjährigen sagen auf die Frage, wer es gewesen sei, nur eins: »Fuente Ovejuna«. Das ist die Wahrheit; es war ein spontaner Aufstand, ohne Führer und Organisation. Dem König wird das Ergebnis berichtet, er erläßt dem Dorf, das eine Abordnung entsandt hat, um sich seiner Obhut zu unterstellen, weitere Bestrafung und nimmt es gnädig in treuhänderische Verwaltung. Bedurfte es dazu der Massenfolter? Die Kollektivbestrafung der Selbstbefreier hat die Welt wieder eingerenkt; sie hat die durch den Aufstand erschütterten Herrschaftsverhältnisse *als solche* wiederhergestellt. Daß die Bewegung im Ganzen auf der Bahn des historischen Fortschritts liegt, ist dabei unverkennbar.

In unsern zivilisierten Zeiten, unter den Bedingungen einer ebenso ausgebreiteten wie abstrakten Kommunikativität, vollzieht sich die Dialektik von Herrschaftserhalt und Herrschaftsveränderung in andern, milderen Formen. Den tyrannischen Kleinfürsten zu entthronen genügt es, wenn höhere Mächte ihren Spruch schon gefällt haben, ihn virtuell und verbaliter anzugreifen, falls dies nur hinlänglich viele tun; die Neudisziplinierung der anarchisch-siegreichen Bevölkerung aber operiert mit dem vergleichsweise sanften Instrument einer jähen Entwertung aller Gewerbstätigkeit. Das soziopsychische Schema ist gleichwohl merkwürdig verwandt. Und natürlich: Formen, Mittel, Bedingungen der Produktion haben sich in vier Jahrhunderten weit mehr verändert als die inneren Strukturen von Herrschaft.

Die Revolutionen in dem sowjetisch beherrschten Teil Europas zeigen es einmal mehr: Die, welche sich Freiheit erstreiten, können in ihr nicht bestehen. Es ist, als ob sie eine Seifenblase in Händen hielten: bunt, schillernd, zum Zerplatzen bestimmt. So werfen sich, in veränderter Besetzung, Herrschende und Beherrschte nach einem kurzen, seligen Moment der Losgelassenheit einander aufs neue ingrimmig in die Arme. Die westliche Jugend, auf die der Widerschein dieser Ereignisse fällt, kann dies als das erste historische Ereignis ihres Lebens verbuchen. Vielleicht hilft es ihr, jenen geschichtlichen Sinn zu entwickeln, den ihr die eigene Welt nur unzulänglich vermittelte. Sie bedarf seiner, um sich in der neuen Lage zurechtzufinden. Das rein gegenwärtige Leben im großen shopping centre, das vielen schon lange verdächtig war, hat sich von einer unvermuteten Seite her als nicht stichhaltig erwiesen. Vielleicht ist das der tiefere Grund der Erschütterung.

IV

Vor fünfzig Jahren lieferte die Antipolitik eines entfesselten Menschenvertilgers Europa zwei transkontinentalen Mächten aus, dem asiatisch timbrierten Rußland und dem europäisch timbrierten Amerika. Rußland, das, zu seinem eigenen Schutz, wie es vermeinte, tief und anhaltend ins Innere Europas vorstieß, zieht sich, von der Last seines Weltanspruchs ausgezehrt, auf sich selbst zurück; es geht den Vereinigten Staaten von Amerika dabei voran. Der Sozialismus, der dem Kapitalismus auf dem Weg zum Abgrund immer den Vortritt lassen wollte, hat sich als die schnellere Gesellschaftsform erwiesen; *Überholen ohne einzuholen* lautete eine sinnige Losung der Chruschtschow-Zeit.

Der Antagonismus zweier Weltmächte war immer auch eine – im Osten eiserne, im Westen elastische – Klammer, innere Widersprüche, statt sie zu lösen, zu negieren. Da die Klammer des Weltkonflikts zerbricht, treten die Diskrepanzen zutage; im Osten ist dies geschehen und geschieht weiterhin; steht es dem Westen erst noch bevor? Ein neuer äußerer Antagonismus macht sich geltend und bedünkt wie eine Widerspiegelung der Binnenprobleme in einem großen Hohlspiegel: im Irak tritt der Nord-Süd-Konflikt auf den Plan, um jene Stelle einzunehmen, die ihm realiter seit langem zukommt. Er erinnert den selbstbewußten Okzident daran, daß die Quelle, aus der sein Reichtum sich speist, in einem Orient sprudelt, zu dessen Bändigung sich ein neues, schwergepanzertes Kreuzfahrerheer soeben in die Wüste gegraben hat. Daß es dabei immer auch um die Herrschaft über Jerusalem geht, ist eine merkwürdige Pointe der Geschichte.

Noch nimmt der fernere Okzident, Amerika, Europa die Last des Einsatzes und der Entscheidungen ab; vermutlich ist es das letzte Mal. Europa nähert sich dem Punkt, da es wieder an sich selbst verwiesen sein wird, den Weltproblemen ohne die Zwischenschaltung von Weltmächten, ohne den Anhalt konfrontativer Großideologien ausgesetzt. Heißt, Europa sich selbst überlassen, es Deutschland überlassen? Der mitteleuropäische Wirtschaftsriese sieht sich durch den Ratschluß der Sowjetunion, in deren Bewußtsein sich »das deutsche Volk, der deutsche Staat« deutlicher erhalten hatte als in dem Bewußtsein der Deutschen selbst, jäh in die Lage versetzt, nicht nur vereint, sondern auch erwachsen zu werden; wie wird er den Schnellkurs bestehen? Vor allem: Wie wird seine Jugend ihn bestehen? Das Insistieren auf einem Verfassungspatriotismus, dem es gelang, den patriotischen Rahmen der Verfassung ebenso zu übersehen wie die Tatsache, daß man gar keine Verfassung besaß, wird ihr dabei nicht helfen; er war das Element einer Selbstgenügsamkeit, der narzißtische Züge nicht fern waren. Die normative Kraft des jeweils Faktischen ist unbestreitbar; aus dem Desaster der deutschen Nationalstaatsgeschichte zu folgern, das so geschlagene Volk müsse ein für allemal unter der Kuratel der Besatzungsmächte verbleiben, war jedoch eine um so waghalsigere conclusio, als sie sich dem eigenen Nachbarn gegenüber blind stellte.

Mündig zu werden ist keine Gewähr, erwachsen zu sein. Aber man wird nicht erwachsen, ohne mündig zu sein. Die Reflexionen der beiden jungen Göttinger machen auf spezifische Weise Mut. Je präziser Ratlosigkeit sich als der Ausdruck akuten Selbstbewußtseins artikuliert, um so größer die Chance, neue Horizonte zu gewinnen. Die alten haben sich überall als zu eng erwiesen.

November 1990

In der Utopie bestehen

Variationen über ein zeitgenössisches Thema

I

Komm! ins Offene, Freund! zwar glänzt ein Weniges heute
 Nur herunter und eng schließet der Himmel uns ein.
Weder die Berge sind noch aufgegangen des Waldes
 Gipfel nach Wunsch und leer ruht von Gesange die Luft.
Trüb ists heut, es schlummern die Gäng und die Gassen
 und fast will
Mir es scheinen, es sei, als in der bleiernen Zeit.

(Hölderlin, *Der Gang aufs Land*)

II

Über den *Abschied von der Utopie* nachzudenken war einen Vormittag lang den Mitwirkenden eines in Weimar tagenden Dichtertreffens* aufgegeben, das vormals deutsch-deutsch hätte heißen müssen und nun einfach ein deutsches Poetentreffen war; offenbar befand man sich mitten in der konkret gewordenen Utopie. Aber nicht so war das Thema und das Fragezeichen an seinem Ende gemeint. Was bedeutete das letztere? Hieß es, daß man den Abschied von der Utopie vielleicht doch nicht zu nehmen habe? Oder meinte es, daß das Thema insofern falsch sei, als man, im Real-Sozialismus lebend, ja eben nicht in der Utopie gelebt habe, sondern in ihrer Negation, der Real-Negation wie der theoretisch expliziten, so daß der Abschied viel früher zu nehmen war? Die Negation des utopischen Moments im Begriff und in der Realität

---
* Am 24. und 25. Oktober 1990.

des real existierenden Sozialismus, der mit dieser seiner Selbstbestimmung bemerken wollte, daß er nicht utopisch, sondern real existiere, also immerhin existiere – diese Negation war das Verbergen einer Wurzel, eines Ursprungs. Der Anstrengung, sie zu verhüllen, entsprach das Bewußtsein, sich von ihr abgelöst zu haben, überlagert von dem Anspruch, sie eingelöst zu haben. Das Problem ist, daß weder das eine noch das andere, weder die Ein- noch die Ablösung gelang, aber der Zusammenbruch des ganzen Gebäudes. Dessen Verwandlung aus der Betonburg ins Kartenhaus ist ein Vorgang, dessen gedankliche und seelische Verarbeitung der Wirklichkeit, die ihn vollzog, noch lange hinterherhinken wird.

Nicht im Zeichen der Utopie, sondern einer »wissenschaftlichen Weltanschauung« hatte die kommunistische Bewegung sich den Weltimperativ von den »Proletariern aller Länder« an ihre Fahne geheftet; mit (und durch) Marx und Engels glaubte sie, die »Entwicklung von der Utopie zur Wissenschaft« vollzogen zu haben.* In dem Maß, wie sie sie verfehlte und statt dessen den Weg von der Utopie zur Wirklichkeit, der Staats-Wirklichkeit der Diktatur des Proletariats als einer Diktatur im angemaßten Namen des Proletariats einschlug, wurde die Erinnerung an die utopische Dimension des kommunistischen Gedankens als zersetzend abgewiesen, bis hin zu jener parteioffiziellen Verurteilung philosophischer Ergründung der utopischen Horizonte menschlichen Denkens und menschlicher Geschichte, die der Lehramtsenthebung Ernst Blochs im Jahre 1957 nachfolgte. Dieses Berufsverbot setzte einen späten Endpunkt unter die Austreibung des Prinzips Hoffnung aus der kommunistischen Bewegung, welche realiter bereits die Stalinsche Konterrevolution – als »bonapartistische Konterrevolution« identifizierte sie Emil J. Gumbel – seit dem Ende der zwanziger Jahre vollzogen hatte.

---

* So Friedrich Engels' Buchtitel von 1883: *Die Entwicklung des Sozialismus von der Utopie zur Wissenschaft*.

Daß der gleichzeitige Sieg der Hitlerschen Konterrevolution, als die größere Gefahr, vielen Sozialisten und auch Bloch selbst den Blick auf das Wesen der Stalinschen Gegenrevolution verstellte, ändert nichts daran, daß Blochs Ontologie des Noch-nicht-Seins schon in den dreißiger Jahren keinen Ort in dem intellektuellen Überbau der Komintern hatte. Sie hatte ihn auch in der DDR nur am Rande der Kultur- und Wissenschaftspolitik der SED, unter jenen gesamtdeutsch-antifaschistischen Auspizien, denen die Gründerzeit der DDR unterstand. Versteht sich, daß Blochs Philosophie keine neue Gesellschaftsutopie war, sondern der großangelegte Versuch, Transzendenz und Immanenz des menschlichen Daseins (und des Seins schlechthin) unter dem Aspekt möglichen gesellschaftlichen Fortschritts miteinander zu versöhnen; die Bewegung der Immanenz war hier als eine hin auf die reale Selbstoffenbarung eines indiziell kenntlichen Transzendenten gedacht. Das Bestehen auf unenträtselten, unabgegoltenen Schichten des Seins, die der Entzifferung kraft und im Verlauf der geschichtlichen Bewegung harren, mußte einer Ideologie von Anfang an als verdächtig erscheinen, die, voll Furcht, ihrer eigenen Hintergründe innezuwerden, Welt und Leben auf die platte Vordergründigkeit eschatologisch gerechtfertigter Machtverhältnisse reduzierte, antiaufklärerisch operierend mit der Ambition von Aufklärung. Mit Recht kam Bloch sich nach seiner Ausstoßung aus dem Leipziger Universitätsleben als ein Reiter über den Bodensee vor. Das Ufer, an das er sich, seinem Staat vorausgehend, rettete, war nicht das, auf das der Ritt gegangen war.

Daß der Weg von der Utopie zur Wirklichkeit statt zur Wissenschaft eine Philosophie der Hoffnung auf die Dauer weder politisch noch ideologisch ertragen konnte, ist plausibel; insofern war Blochs Leipziger Wirken selbst ein Stück konkret gewordener Utopie – ein wirkliches Wunder und begrenzt wie ein solches. Dem Philosophen selbst erschien es noch lange nicht so; er kam sich in den vier Jahren seiner Leipziger Stillstellung durchaus wie Mowgli vor, das in Kiplings Dschungelbuch von Affenhand zwischen Bäumen hin und her geworfene Menschenkind, und wartete, ähnlich den vielen aufrechten Kommunisten in Stalins Lagern, auf die Behebung des Irrtums. Er hatte übersehen (und wohl auch übersehen wollen), daß die Stalinsche Staatsidee einen Kurzschluß – statt der konkreten Vermittlung – zwischen der utopischen Ambition und der sperrigen Wirklichkeit vollzogen hatte; mit Gewalt war eine Staatskonstruktion phantastisch-voluntaristischen Charakters in Existenz, sogar: in reale Existenz überführt worden.

Die Attraktion, die das Verfahren auf viele qualifizierte Protagonisten der Kultursphäre ausübte, hängt mit seiner immanent künstlerischen Komponente zusammen. Der ursprüngliche Ort der Gesellschaftsutopie ist romanhafter Natur: der Staatsroman der Morus, Bacon, Campanella, Andreä und ihrer vielen Nachfolger bis hin zu Goethe und Casanova und darüber hinaus. In diesem Sinn war der autokratisch stabilisierte Kommunismus ein brachial in die politische Dimension überführter Staatsroman; das mußte ihm die Anteilnahme vieler bedeutender Künstler und Kunst-Denker sichern. Der Einsicht, daß die Welt in Unordnung sei, entspricht das Bedürfnis, sie – einschließlich des eigenen Befindens in ihr – in Ordnung zu bringen, und da man sich selbst, wie Hamlet, nicht dazu berufen findet, sie einzurenken, hat es etwas tief Verführerisches, diese Aufgabe an eine Organisation abzutreten, die die nötige Unbefangenheit für das Vorhaben aufbringt. Wenn man der besonderen Beschaffenheit dieser Unbefangenheit dann innewird und sich, unter dem Druck besonderer Umstände und besonderer Möglichkeiten, zu einem Handeln verbindet, das wirksam wird, ist es allemal zu spät, als daß nicht zuletzt *beide* Kontrahenten, Hamlet und König Claudius (und die Königin und Ophelia und Polonius und Laertes), niedergestreckt am Boden liegen und Fortinbras, der Mann von draußen, der King von nebenan mit den alten Ansprüchen und frischen Kräften, nur noch aufzutreten braucht, um das entblößte Reich in Besitz zu nehmen.

Man kann diese Konstellation konkretisieren. Daß die Kulturschaffenden der Hauptstadt der Deutschen Demokratischen Republik am 4. November 1989 dazu kamen, das Claudius-System zu stürzen, hatte zwei exzeptionelle Voraussetzungen: erstens die nackte, massenhafte Brutalität, mit der sich die Sicherheitskräfte der Stadt am 7. und 8. Oktober in die Nachfolge der SA gestellt hatten; zweitens die Aufgabe dieser Machtdemonstration am 9. Oktober, das phänomenale Zurückweichen der hochgerüsteten Schläger-Armee unter dem Druck eines strategisch-übergreifenden Konzepts, das nicht das eigene war. Hamlets Schritt zur Tat konnte von beiden Voraussetzungen her nicht früher erfolgen. Er kam dennoch zu spät, um etwas anderes heraufführen zu können als die Erscheinung Norwegs. Daß in dessen Gefolge ein paar degenbewehrte Güldensterns auf den Plan traten, die es pflichtgemäß dünkte, den auf dem Schlachtfeld liegenden Hamlets, sofern sie noch Lebenszeichen von sich gaben, nachstoßend endgültig den Garaus zu machen, gehört um so mehr zu den Kuriosa am Rand der Begebenheiten, als der Degen nicht aus Stahl, sondern aus Gußeisen war und wenig mehr ausrichtete, als den damit Angestoßenen das Gefühl zu geben, daß sie, insofern jemand nach ihnen stach, noch am Leben waren.

Wer aber, in all diesen Rollenspielen, war der *alte* Hamlet, der von Claudius ermordete König? War er der König Utopia, den sein Bruder, der Realpolitiker, ohrträufelnd hingemeuchelt hatte, um die Partei, Hamlets Mutter, ungestört zu besitzen? Als Geist hatte der alte Dänemark überdauert, als Geist war er erschienen; mit Recht hatte der treue Horatio bei der Erscheinung bemerkt:

> Wie dies bestimmt zu deuten, weiß ich nicht;
> Allein soviel ich insgesamt erachte,
> Verkündets unserm Staat besondre Gärung.

Versteht sich, daß es auch unter Fortinbras gärt; zieht der gemordete König wiederum auf?

Nichts natürlicher, als daß die hingestreckten Hamlets, wachgekitzelt von den Galanteriedegen im Fortinbras-Gefolge, zu der Erscheinung aufblicken, als könne sie noch einmal ins Leben treten. Doch der alte Hamlet kommt geradewegs aus dem Fegefeuer.

Mit der Einsicht Ernst zu machen, daß der Weg zur Realisierung der Staatsromane ins Leere führte, nämlich prinzipiell und nicht, weil es der falsche Weg oder der falsche Roman gewesen wäre, fällt vielen schwer; statt dessen geht die Neigung um, nach einem neuen, schöneren Staatsroman Ausschau zu halten. »Der Mensch fühlt sein Bedürfnis nur zu sehr« – es geht auf Überschreitung des eigenen Ich und der erfahrenen Welt mit all ihren selbstzerstörerischen Mängeln. Schillers Hoffnungswort: »Zu was Besserm sind wir geboren« sucht neuen Anhalt gerade »im Munde der Guten und Besten«, denen die Warnungen der »Worte des Wahns« gelten (denn es sind ja niemals die platten, stumpfen Geister, die sich am Gegebenen nicht genügen); das Verlangen geht um nach einer neuen Utopie als einer neuen Tafel, die Sehnsucht nach Welt- und Selbstverbesserung darauf zu malen. Da das alte Projekt, Dänemarks Staat, scheiterte, blickt man sich nach einem andern um, das man, um nicht wieder irregeführt zu werden, von vornherein als utopisches, also irreales, bezeichnet. Diese Sehnsucht ist sehr ernst zu nehmen und der Drang, sie lediglich dadurch zu berichtigen, daß man die Tafel neu beschriftet, auch: indem man das Realitätsflüchtige daran aufweist. Das zu tun heißt nicht, die Wirklichkeit in ihrem So-Sein bejahenswert zu finden. Aber *als Wirklichkeit* ist sie anzunehmen, ehe man die Kategorien des Möglichen und Notwendigen in Bewegung setzt.

Natürlich ist das schiefe utopische Denken, als ein Denken, das statt von der Wirklichkeit von Vorstellungen über diese ausgeht, nicht eine Eigenart jener Intellektueller, die man »links« zu nennen pflegt. Es gibt auch die Utopie des Pluralismus und ihr Umschlagen ins Emphatisch-Ideologische bei einer Art Liberaler, die den Hegelschen Weltbegriff auf ihre Weise vom Kopf auf die Füße stellen, indem sie die Weltgeschichte, statt beim Weisheitsregiment preußischer Könige oder proletarischer Sekretäre, in der freien Marktwirtschaft bei sich selbst angekommen finden. Die Hegelsche Freiheit erscheint hier als Einsicht nicht sowohl in die Notwendigkeit als in die Beliebigkeit. Da die Hegelsche Notwendigkeit in den Händen der Politbüros auch immer nur eine Machtbeliebigkeit war, berühren sich die feindlichen Brüder an einem entscheidenden Punkt ihres Weltverhältnisses. Ob man sein Sach explizit auf Nichts stellt oder auf die Eroberung des Goldenen Zeitalters, ist in der Sprache der Macht nur scheinbar ein Unterschied.

Wie ihre einstigen Gegenfüßler auf der kommunistischen Seite stellen die Apologetiker dieser andern rechten Ankunft ihre Maximen um so unnachgiebiger auf, als deren Haltlosigkeit vor aller Augen liegt. Es ist offenkundig, wie wenig eine sich nach dem Profitgesetz selbst regulierende Wirtschaft imstande ist, jenen Problemen Genüge zu tun, die ein mit der Atombombe in gebieterischer Konkretheit über die Menschheit hereingebrochenes Gattungsbewußtsein ins Blickfeld bringt. Der Zusammenbruch des *imperium sovieticum* sollte nicht den Blick dafür trüben, daß die Krise *der* Ideologie, nicht nur einer Ideologie, das Wesen der Situation ausmacht. Die Stunde des Realismus hat geschlagen; ob der Mensch gemacht ist, sie auszuhalten, ist die bange Frage, die über dem gründlich veränderten Ganzen schwebt.

II

Die Neigung, ein neues Land Utopia mit der Seele zu suchen, um es in Wirklichkeit wieder zu verfehlen, genauer: um die Wirklichkeit wieder zu verfehlen, ist um so größer, als die wirkliche Aufgabe eine ganz andere ist: es gilt, dem Utopia

Ohne Trennwand: der Berliner Bahnhof Friedrichstraße (Februar 1991).

standzuhalten, in dem wir mitteninne sind. Nicht, Utopien zu entwerfen, ist das Gebot der Zeit, sondern in der Utopie zu bestehen. Denn die Wirklichkeit selbst hat utopischen Charakter angenommen, sie hat es auf vielen Ebenen und in mancherlei Gestalt. Nachdem so viele Sperren gefallen sind, weichen nun auch die riesigen Stahlplatten, die erst vor einigen Jahren, als das Zeichen endgültiger Aussichtslosigkeit, in dem Bahnhof Berlin-Friedrichstraße installiert wurden, um den erlaubten Bahnsteig, auf dem alle Züge von Osten kamen oder nach Osten fuhren, bis obenhin von dem verbotenen Teil abzuschirmen, auf dem die Fahrt nach Westen ging, von Westen kam. Eine Grenze, die jeder abends im Fernsehen leichthin überspringen konnte, sollte am Ort des wirklichen Verkehrs ins auch optisch Unübersteigliche und damit ins Unkenntliche, Unsichtbare wachsen. Nun öffnet sich, über alle Bahnsteige hinweg, wieder der Blick von einer Glaswand zur andern – offene Welt auch an diesem Knoten- und Schnittpunkt aller Schienenstränge der Stadt, diesem Ganglion mit den vermauerten Eingängen, den abgetrennten, aber als solche fortbestehenden Wegen; sie gehen nun wieder in eins.

»Komm! ins Offene, Freund!« – der Hölderlin-Vers, eine begrenzte Situation in den existentiellen Imperativ steigernd, ist gerade schwingend genug, solche Erfahrung mit Namen zu nennen. Aber will es uns nicht zugleich, wie dem Dichter, *fast* scheinen, »es sei, als in der bleiernen Zeit«? »Denn nicht wenig erfreut, was wir vom Himmel gewonnen, / wenn ers weigert und doch gönnet den Kindern zuletzt«, sagt sich der Dichter auf seinem *Gang aufs Land*, um sorgend fortzufahren: »Nur daß solcher Reden und auch der Schritt' und der Mühe / wert der Gewinn und ganz wahr das Ergötzliche sei.« Die Menschenmassen, die den geöffneten Bahnhof durchfluten, sind kein utopisches Volk und können es nicht sein; die Trivialität des Alltäglichen holt die großen Zeichen, die großen Momente notwendig ein. Dann erscheint die utopische

Macht, die mit den Mauern zugleich die Welt aufhob, die diese, als eingrenzende, setzten, wohl gar als die Furie des Verschwindens.

Es geschieht, wovon wir jahrelang nur zu träumen wagten: die hochgerüsteten Giganten lassen die klirrend bewehrten Arme sinken, um einander in dieselben zu fallen; sie werfen ihre unbezahlbaren Waffen weg, und der mit dem noch katastrophaleren Defizit ist froh, wenn ihm der Gegner von gestern seine modernsten, teuersten, geheimsten Kampfflugzeuge gegen ein Entgelt abnimmt. Das Surreale geschieht, an den Maßstäben langer Jahre gemessen – Inversionen, Konversionen einer Lage, die so lange währte, daß das Absurde sich als das Normale antrug. Für das alltägliche Dasein aber verwandelt sich das Grundstürzend-Neue alsbald in andersartige Nöte, Probleme, Anforderungen. Natürlich: das Vernünftige geschieht immer erst, wenn Widervernunft alle Mittel aufgezehrt hat, die die Vernunft brauchte, um sich im Wirklichen zu befestigen; ratio erscheint allemal als der letzte Ausweg der Mächtigen. Es ist dieser Umstand, der das Hochgefühl für das Wirklich-Werden des Unglaublichen dämpft und begrenzt. Schnell verliert sich das erinnernde Gefühl für die negative Seite des Potentials Möglichkeit, als das sich das Wirkliche überraschend herstellte; es war ja immer auch noch die absurde Steigerung des Absurden denkbar. Daß sie ausblieb, indem Vernunft die Zügel anzog, daß eine riesige Sicherheitsarmee sich die Order gab (und die Order erhielt), stillezuhalten, um ihre Entmachtung nicht zu gefährden, bleibt, als das Vermeiden des Aberwitzes, ein Mirakel, so problembeladen sich die Lage der Gesellschaft danach auch darstellt.

Zu dem Nachdenken über Utopie gehört die Einsicht, daß alle Befreiungen, und gerade die traumhaft-überraschenden, blitzartig einschlagenden, das Hochgefühl, das sie freisetzen, rasch wieder aufbrauchen. Gewohnheit verwandelt »die Gunst des Augenblicks« – ein Schillersches Gedicht heißt so – bald in ein Alltägliches, das sich als ein von neuen Zwängen, neuen Gegebenheiten Regiertes erweist. Nicht der Traum ist teuer, aber das Wahrwerden des Traums, jener »glorreiche Augenblick«, in dem – nach dem Vers aus Beethovens Jugendkantate – »die Menschen ans Licht« stiegen. Er ist es, insofern jene Quantität des Mißbehagens, die in die Aktion der Befreiung umschlug, in der Qualität des neuen Zustands nicht einfach verpufft, sondern materiell erhalten bleibt. Sowenig die Ruinen verschwinden, wenn jene es tun, die sie bewirkten, sowenig verschwindet Herrschaft als Herrschaft; auf dem Alexanderplatz, auf dem im Herbst und Winter 1989/90 kein Panzer auffuhr (es wäre sonst alles vorbei gewesen), stehen nun, Mitte November 1990, die Panzerwagen des Bundesgrenzschutzes.

Nach vielen Seiten wirkt die Gegenwart, die ein Volk hinter sich ließ, als Vergangenheit fort; sie ist der Zukunft als ein Mühlrad um den Hals gelegt, dessen Zertrümmerung eine lange, schwere, halsbrecherische Arbeit sein wird. Befreiung und Freiheit sind verschiedene Dinge; der große Umschlag des umschränkten in das entgrenzte Leben beschreibt, als ein wahrgewordenes und alsbald wieder verdunstetes Utopikum, eine Erfahrung, in der die alten Geschichten von Sisyphos, dem Mann unermüdlichen Fortschritts, und Tantalos, dem Erdenmenschen an der Göttertafel, sowie von den schöpferischen Danaiden als Grund- und Sinnbilder tätig-bewußten Seins schmerzhaft faßlich werden.

III

Was für den historischen Moment gilt, in dem wir uns finden, das *Komm! ins Offene, Freund!* als Befindlichkeit eines ganzen Staatsvolks, das aus einem über Jahrzehnte festgehaltenen Kriegszustand durch den Ratschluß eines überanstrengten Siegers mit auch eigenem Verdienst in den des Friedens, der Freiheit versetzt wird, gilt in weiterem Sinn für die Gesamtheit der zivilisatorischen Lebensbedingungen, die in dem letzten Jahrhundert, von Europa und Amerika ausgehend, die Welt überzogen haben. Sie sind völlig utopischer Natur, die wirklich gewordenen Menschheitsträume alter Zeiten: schrankenlose Bewegung auf der Erde und in der Luft, unbegrenzte Vergegenwärtigung über Räume und Zeiten hinweg, Wunderheilungen am laufenden Band, das künstliche Gehirn, vielen zu Diensten, am Horizont der künstliche Mensch. Auch hier: das Leben ein Traum – mirakulöse Levitation eines Daseins, das noch vor anderthalb Jahrhunderten mit Naturgewalt auf dem Menschen lastete, sich in Gesichten und Geschichten Kunstgefilde erträumter Erfüllung schaffend.

Ernst Bloch hat einmal darauf verwiesen, daß die Lebensgewohnheiten Goethes mit denen zur Zeit der Pharaonen erheblich mehr Ähnlichkeit hatten als mit denen um die Mitte des 20. Jahrhunderts; der Ontologe des Noch-nicht-Seins hatte einen wachen Sinn für die utopische Dimension des real erleichterten Daseins. In ihr zu bestehen, ihre Unkosten abzuschätzen, ihren Segen einzugrenzen, um dem Fluch, der in ihn verwebt ist, zu begegnen, ist die Aufgabe der Zeit; kein überlagernder – und nun als scheinhaft beiseite gelegter* – Konflikt wie der zwischen Monopol-Pluralismus und Partei-Monopolismus in ihrem lange hemmungslosen Wettlauf zum Abgrund hin lenkt mehr davon ab, ihr standzuhalten. Sie ist praktischer Natur und hat nur als konkretes, alle Kräfte, Schichten, Klassen, Nationen umfassendes Projekt eine Chance, nicht als die Unternehmung eines auserwählten Volkes, einer auf ihr besseres falsches Wissen eingeschworenen Schar, der Weltverbesserung zum Leidensanlaß wie zum Herrschaftsvorwand gerät. Die praktische Anspannung, mit der die real gewordene Utopie des technisch omnipotenten Daseins

---

* Scheinhaft insofern, als es sich um zwei kontrastierende Spielarten derselben Raubbaugesellschaft handelte, die ihre Methodendifferenz wechselseitig und mit ungeheuerlichem Aufwand dazu benutzten, sich zu stabilisieren, bis dies für beide unerschwinglich wurde.

jeden einzelnen und die Gesellschaft als Ganzes fordert, geht auf den Schutz der Erde, auf die Rettung des Menschen; sie hat ihn vor seinem eigenen utopischen Vermögen zu retten, das eines der Erleuchtung und Verdunkelung zugleich ist. Fähig, das Unmögliche möglich zu machen, zeigt er sich weder willens noch imstande, die Folgen in Betracht zu ziehen, ganz nach dem Vers jener barocken Luzerner Totentanz-Tafel, die dem Wissenschaftler, als dem Mann der Anfänge, des Novums als des in Wirklichkeit vorgetriebenen Utopikums, ins Stammbuch schreibt: »Philosophieren und hoch studieren / tut viel der gelehrten Leut verführen / die mehr aller Sachen Anfang / betrachten: als den Untergang.« Das klingt reaktionär, aber es legt den Finger auf die immanente Kalamität alles futurisch beflügelten Denkens: die Unmöglichkeit, im Anfang zugleich das Ende zu wissen, zu denken, zu verantworten. Das »Dunkel des gelebten Augenblicks« (Ernst Bloch) liegt auch und gerade über aller utopischen Zündung, dem Fortschrittsinitial.

Um den falschen Gebrauch der Freiheit einzugrenzen, bedarf es des Zwanges, der seinerseits nicht anders kann, als falschen Gebrauch von sich machen. Diese Urspannung, das Urverhängnis des Menschenwesens, das biblischer Botschaft im Bilde des Ur-Paars vor Augen stand, das in der Freiheit nicht bestand, da sie auf Bindung gerichtet war, und das in der Bindung nicht bestand, da sie mit Freiheit verknüpft war, ist in unsern Tagen in zwei Teilen eines Volkes zur Grunderfahrung zwiegespaltenen Seins geworden. Dessen einer Pol zeigte sich im Bild der Mauer als dem Zeichen verabsolutierten Stillstands. Sein Gegenbild ist nicht statisch und darum kein Bild, eher eine Filmszene; es stellt dem Sinnbild des sinnentleerten Stillstands das der sinnleeren Bewegung gegenüber: die regennasse, wolkenbruchumdunkelte Straße, auf der das Großauto mit aufgeblendeten Lichtern in rasender Fahrt den kleineren Wagen überholt. Hier angststarre Statik, dort angstgetriebene Dynamik; hier das stehende Nichts, das sich als Bergendes dünkt, dort das rasende Nichts, das sich in

Freiheit glaubt – die Bilder sind wie die Endpunkte zweier Wege, deren Gabelung im Rückweg nicht aufzufinden ist. Sind sie zu berichtigen, indem man sie aufeinander zuführt? Das Maß, die Balance ist das Ziel, nicht als der utopisch-glückhafte Moment, sondern als die Frucht zielhaft-gegenständlicher Arbeit.

IV

Hölderlin, der seinen Gang ins Offene unter trüb-verschlossenem Himmel unternimmt, treibt seine Hoffnung aufs Äußerste. Ganz wahr, gibt er uns zu verstehen, werde »das Ergötzliche« erst sein, wenn »mit der unsern zugleich des Himmels Blüte« beginne:

Darum hoff ich sogar, es werde, wenn das Gewünschte
    Wir beginnen und erst unsere Zunge gelöst,
Und gefunden das Wort, und aufgegangen das Herz ist,
    Und von trunkener Stirn höher Besinnen entspringt,
Mit der unsern zugleich des Himmels Blüte beginnen,
    Und dem offenen Blick offen der Leuchtende sein.

Himmelsöffnung im Vollzug vollendeter Menschengeselligkeit – der sich dies denkt, den runden Tisch humaner Erfüllung, wendet den utopisch beflügelten Blick auf die Erde zurück, das faßliche Vorhaben:

Nämlich droben zu weihn bei guter Rede den Boden,
    Wo den Gästen das Haus baut der verständige Wirt;
Daß sie kosten und schaun das Schönste, die Fülle des Landes,
    Daß, wie das Herz es wünscht, offen, dem Geiste gemäß
Mahl und Tanz und Gesang und Stuttgarts Freude gekrönt sei,
    Deshalb wollen wir heut wünschend den Hügel hinauf.

Der Dichter, sein Wünschen eben noch auf nichts Geringeres als Himmelsöffnung richtend, wird so erd-, so lebensnah, daß der schlichte Ortsname ihm in den Vers läuft, als müsse es so sein. Worum es aber geht, ist ein Richtfest; vor den Toren der Stadt gilt es, den Grundstein eines Gasthauses zu legen.

Mit diesem, deutet der Wanderer an, ist es wie mit der dem Sommer vorauseilenden Schwalbe: sie macht den Sommer nicht, aber sie ist sein Vorbote; so läßt der Grundstein schon ans Richtfest denken und dann an das fertige Haus. In dem Gedicht, das nie fertig wurde, haben wir vieles beisammen: den engen Himmel als das Zeichen der bleiernen Zeit, den höchsten Anspruch, da »gefunden das Wort und aufgegangen das Herz ist«, und das erreichbare Ziel, ein Haus für alle, zielstrebig erbaut von dem verständigen Wirt für Beherbergte, die »offen, dem Geiste gemäß«, sich an Mahl und Tanz und Gesang freuen.

Nicht nur Himmel und Landschaft und den Einzeln-Mitgehenden, auch die künftigen Gäste setzt das Gedicht wünschend in ein Offenes, das sich nicht abstrakt begreift. Wenn das Bewußtsein höheren Ziels dazu frommt, die faßlichen Ziele mit jenem Überschuß zu durchdringen, der bei Hölderlin in dem Wort vom »menschenfreundlichen Mailicht« aufscheint, das »ein Besseres noch drüber sprechen« soll, so tritt das utopische Moment in einen Sinn ein, der gerade dann fruchtbar bleibt, wenn es, unter lastendem Himmel, um etwas so Simples, Einfach-Zweckmäßiges geht wie den Bau eines Hauses. Viele, denkt sich der Dichter, sollen sich dort heimisch fühlen, in das Offene eines dem Geiste gemäßen Zueinanders gebracht.

November 1990

Ambivalenz der Übergänge

I

Ein amerikanischer Freund fragt brieflich an, wie es um die derzeitige Lage und die künftige Rolle der Intellektuellen in der alten, nunmehr bundesrepublikanisch eingemeindeten DDR bestellt sei. Das heißt viel auf einmal fragen – hinzu kommt die Frage: Wer ist das, die Intellektuellen? Ist es der Kreis derer, die man früher die *Kopfarbeiter* nannte? Doch auch Handarbeiter arbeiten mit dem Kopf – sonst würde ihnen kein Handschlag gelingen. Sollte man also lieber von den *Geistesschaffenden* reden? Aber wo fängt der Geist an – und wo hört er auf? Im Russischen gibt es das Wort *Intelligentsia*, das im DDR-Deutschen schlicht mit »die Intelligenz« übersetzt wurde und dann nicht sowohl eine Eigenschaft als die Zugehörigkeit zu einer Berufsgruppe bezeichnete, die man in wissenschaftliche, technische, medizinische und künstlerische Intelligenz unterteilte: die Wissenschaftler, die Ingenieure, die Ärzte und die Kulturschaffenden.

Wie also, übersetze ich mir die Frage meines amerikanischen Freundes, geht es den Kulturschaffenden der ehemaligen Deutschen Demokratischen Republik? In welcher Lage sind sie, welche Rolle messen sie sich künftig bei? Die Frage ist nicht leichter zu beantworten als die, wie sich der Arbeiter der DDR in der neuen Lage fühlt und welche Rolle *er* sich in dem neuen Deutschland beimißt. Und wenn man die Frage dem Handwerksmeister oder der Sekretärin stellte, so würde man bei ihnen allen ähnliche Antworten finden. Falls sie – der Arbeiter oder der Handwerker, die Sekretärin oder der Schriftsteller – Arbeit haben und dafür bezahlt werden, werden sie ihre Lage befriedigend und mehr als das: verbessert finden. Denn noch sind die Mieten die alten, und auch Elektrizität und Straßenbahn kosten so wenig wie vorher; in den Geschäften aber gibt es mehr und Besseres zu kaufen als früher.

Allerdings: es sind fast alles Waren, die die, welche sie nun für eine neue Währung – die westdeutsche – erwerben können, nicht hergestellt haben, es sind mit einem alten Wort *Kolonialwaren*. Darum sind viele ohne Arbeit oder verrichten nur eine Scheinarbeit, die Kurzarbeit heißt. Auch die Bücher, die der einstige DDR-Bürger seit der Währungsumstellung vorwiegend kauft, sind nur zu einem geringen Teil die der DDR-Verlage und der DDR-Autoren; entsprechend ist die Lage derer, die in diesen und für diese Verlage arbeiteten. Sie unterscheidet sich nicht wesentlich von der Situation der Radiohersteller oder der Seifenproduzenten.

Die Antinomien der Situation sind für alle Schichten die gleichen. Bisher konnte jeder sicher sein, Arbeit zu haben, aber nur in besonderen Fällen war man befugt, »in den Westen« zu reisen. Nun kann jeder fahren, wohin er will, aber sein Platz in der Gesellschaft ist nicht mehr der alte; er will neu bestimmt sein. Und die Gesellschaft selbst ist nicht mehr die alte; sie wälzt sich um in allen ihren Bereichen, Strukturen, Verhältnissen. Wo vormals ein Staat war und eine Hauptstadt mit all ihren Institutionen, ist nun weder ein Staat noch eine Hauptstadt; regionale Bezüge versuchen die Lücke zu füllen. Der Prozeß der Überfremdung, der daraus resultiert, daß alle Gesetze, Verordnungen, Lebensmodalitäten aus einer fremden – der westdeutschen – Welt kommen und denen, welchen sie übergestülpt werden, nichts Eigenes beizusteuern erlaubt wird (sie sind ja *beigetreten*) – der Prozeß der Überfremdung wird ergänzt durch den der Provinzialisierung, durch den Zerfall einer auf das Zentrum, die Hauptstadt orientierten Kultur- und Wirtschaftswelt in regionale Einheiten, Länder genannt, die sich gerade erst bilden und infolge einer sträflich fahrlässigen Gesamtplanung bankrott sind, ehe sie sich nur formiert haben.

Der Zustand ist von völliger Ambivalenz – ein Zustand zwischen dem Alten, das niemand zurückwünscht, und einem Neuen, das das Uneigene, Fremde ist. Das war das Alte auch und erst recht, aber es war es in vieler Hinsicht auf angeeignete Weise; das Neue ist noch nicht angeeignet. Ich lese den Weihnachtsbrief einer Ost-Berliner Arztfamilie von christlicher Herkunft und Bindung – der Mann Facharzt in einem evangelischen Krankenhaus, die Frau Fachärztin in einer Poliklinik, beide parteilos unter den alten wie den neuen Verhältnissen – und finde darin die folgenden Sätze: »Nach der ungeheuren Erleichterung zum vergangenen Weihnachtsfest sind wir in diesem Jahr nicht mehr ganz so mutig unter den rauhen Winden der bundesdeutschen Wirklichkeit. Ihr kraftstrotzendes Selbstbewußtsein scheint uns manchmal umblasen zu wollen. Besinnendes Innehalten ist da offenbar nicht andeutungsweise vorgesehen. In der Adventszeit kostet es uns noch mehr Mühe als sonst, uns auf unsere eigenen leisen Töne zu besinnen. Das Jahr 1990 war an Freiheiten reich; unser Reise-Radius reichte von Loch Ness bis Wien, von Lugano bis Hamburg, von Berlin über Brügge bis London – nachgeholte Reise-Jahrzehnte, mit denen wir unsere spezifische Situation zeitweilig hinter uns lassen konnten, um uns danach wieder hart in einer veränderten Wirklichkeit zu finden. Nach jeder Rückkehr fühlten wir uns weniger zu Hause in diesem Landstrich, der der unsere war mit allen Mängeln, Schlechtigkeiten und Nischen. Wir werden langen Atem brauchen, um wieder richtig gleichgewichtig stehen zu können. Aber wie werden wir mit diesem neuen Gleichgewicht aussehen? Wird es uns gut zu Gesichte stehen?«

Man kann Lage und Selbstgefühl der Intelligentsia der alten DDR – gerade auch derer, die dem Parteiregime fernstanden – kaum besser ausdrücken als mit diesen Brief-Worten. Ein Volk, das mit einer großen Kraftanstrengung auf sich selbst, seinem eignen politischen Willen bestand, ist – unter sich zuspitzenden äußeren Bedingungen – mit der Gefahr einer inneren Entwurzelung geschlagen, deren Folgen nicht abzusehen sind. Kultur hätte in dieser Lage eine bedeutende Funktion. Aber sie ist in denselben Zustand der Verunsicherung, der Entfremdung hineingerissen wie alles übrige; nichts befähigt sie in der neuen Lage zu einer Avantgarderolle.

Schon im November 1989 war zu bemerken: »Die Künstler aber, vordem als einzelne vorangehend, finden sich eingeholt, überholt und dürfen dessen froh sein; von der Spitze der Volksbewegung können sie beiseite treten, um ihr Eigentliches, das ganz anders ist als Politik, neu ins Auge zu fassen: die Kunst.«* Eben dazu wird es noch eine Weile brauchen. Kunst ist Überschreitung der wirklichen, der gegebenen Welt; um dies sein zu können, bedarf sie der Zielhaftigkeit: auf die Zerstörung des falschen und die Begründung eines richtigen Bewußtseins von der Welt hin. Die Kritik des falschen Bewußtseins, der falsch eingerichteten Gesellschaft ist in der DDR vor einem Jahr in einer Weise geglückt, die sich die Kunst des Landes so wenig wie dessen Bürger träumen ließen. Nun steht sie mit leeren Händen vor einer Welt, in der ihr der alte Gegner – das politbürokratische System – abhanden gekommen ist und sich neue Mächte erst bilden. Erst wenn sie sich etabliert haben, wird Gegenwehr wieder möglich sein, denn erst dann ist wieder eine systemimmanente Opposition möglich – die einzige, in der Kultur fruchtbar zu werden vermag.

Eine *prinzipielle* Opposition gegen die sich neu bildende alte Gesellschaftsform ist schon deshalb nicht möglich, weil eben dies – die prinzipielle Gegenwehr gegen eine Gesellschaft, die sich vorab kommerziell, nach Profitgesetzen reguliert – ja der untergegangene Sozialismus war. Dessen Anspruch, die historische Alternative zu dem kapitalistischen System zu sein, hat sich als ebenso trügerisch erwiesen wie die

---

* F. D., *Friedensfeier*, in: *Glockenläuten und offene Fragen*, Frankfurt am Main 1991, S. 59f.

der Perestroika zugrundeliegende Vorstellung, die monopolsozialistische Ordnung sei in sich selbst reformierbar. Gilt es also die schlichte Bejahung der neuen Ordnung der Dinge, die jene alte ist, aus deren Fragwürdigkeit der Sozialismus als das Projekt einer Alternative hervorging? Es gilt sie in Relation zu den Fehlern dessen, was vorher war, zu der exemplarischen Schadhaftigkeit des zusammengebrochenen Systems. Gerade von daher aber erhebt sich die Frage: Wie weiter? Der Sozialismus als gesellschaftskritische Lehre und als politökonomische Formation wäre nicht entstanden, wenn der Kapitalismus nicht immer wieder seine Unfähigkeit demonstriert hätte, den von ihm angefachten technisch-wissenschaftlichen Fortschritt politisch-gesellschaftlich zu bewältigen; das initiale Erlebnis dieser Art war der Erste Weltkrieg. Hat er inzwischen so viel gelernt, daß er der Alternative entraten kann? Daß er mehr von seinem Widerpart gelernt hat als dieser von ihm, ist keine Frage; eben das war sein Vorsprung. Aber er wird nicht genügen. Am Ende eines Jahrtausends, an dem diese beiden gleich siamesischen Zwillingen aufeinander bezogenen Varianten einer rigorosen Expansions- und Naturausbeutungsideologie und ihr ebenso sinnloser wie verbissener Weltherrschaftskampf zu schier unlösbaren Weltproblemen geführt haben, beginnen wir zu begreifen, daß etwas Neues not täte, und wissen zugleich, daß es sich nicht auf dem Wege der Einsicht, der Vernunft, sondern nur aus der Erfahrung des Scheiterns bilden wird. Hat der Untergang des Sozialismus Modellcharakter?

Der Dresdner Lyriker Thomas Rosenlöcher, der 1989 und 1990 ein Tagebuch geführt hat, das unter dem Titel *Die verkauften Pflastersteine* erschienen ist und zu den wesentlichen literarischen Zeugnissen dieser Umbruchszeit gehört, notierte am 6. Dezember 1989 nach einer Massenkundgebung auf dem Dresdner Theaterplatz: »Die Revolution als Einlösung der Utopie zerstört die Utopie gleich mit.« Das ist eine kurze Formel für die Bodenlosigkeit der intellektuellen Lage, die sich aus dem ebenso überraschenden wie trügerischen Sieg der reformsozialistischen Bürgerbewegung im November 1989 ergab. Sie taugte zum Sturz der alten, nicht zur Gewinnung einer neuen Machtstruktur. Diese kommt nun von außen, mit Komplikationen, die kürzlich ein westdeutscher Zeitungsmanager in Worte faßte, der aus Westdeutschland berufene Geschäftsführer eines in Westbesitz übergegangenen Ostberliner Zeitungskonzerns. Der neue Mann beschrieb die Schwierigkeiten, die die DDR-Journalisten mit dem neuen, kommerzorientierten Journalismus haben: »Die Revolution ist vorbei. Wann gewöhnen sich die Leute hier endlich an die neue Ordnung? Wenn der Russe bis zum Rhein gekommen wäre, hätten wir das schließlich auch getan.« (*Der Spiegel*, 17. Dezember 1990)

Das ist ein ebenso knappes wie abgründiges Wort. Von einem DNB-Bürger (DNB – Die Neuen Bundesländer) hörte ich dieser Tage ein ergänzendes; er meinte: »Wenn die neuen Sieger der Geschichte doch wenigstens das Verantwortungsgefühl hätten, das die Engländer oder Amerikaner nach dem Krieg bekundeten!« Gegen einen solchen Stoßseufzer kann man allerlei abstraktes Geschütz und viele positive Einzelbeispiele auffahren. Wie er empirisch trifft, zeigte dieser Tage der Zeitungsbericht über die Lage eines Potsdamer Antiquitätenhändlers (*Der Tagesspiegel*, 23. Januar 1991). Was es bedeutete, gegen die von Polizei und Staatssicherheit massiv unterstützten Monopolansprüche der ausschließlich auf Valutaexport eingestellten Antiquitätenfirma des Schalck-Konzerns einen *privaten* Antiquitätenhandel aufrechtzuerhalten, kann »im Westen« niemand ermessen; dazu müßte man sich vorstellen, wie es wäre, wenn etwa der Esso-Konzern in seinem Kampf gegen die freien Tankstellen sich nach Belieben der Mittel des Verfassungsschutzes bedienen könnte. Dem pedantisch vorsichtigen Potsdamer Peter Mag ist es über Jahrzehnte hin gelungen. Der Lohn des Kunststücks? Eine Hauskäuferin tritt auf den Plan, treibt die Ladenmiete in exzentrische Höhe und stellt einen Hausumbau in Aussicht, der das Antiquitäten-Geschäft gänzlich in die Enge treiben würde. »Da wird diesmal wohl nur noch Flucht helfen«, schließt der Bericht – das Fazit beschreibt keinen Einzelfall. Peter Mag würde dann den Weg gehen, den der Chef jenes monströsen Stasi-Konzerns, der ihm den Garaus zu machen versuchte, schon im Dezember 1989 ging. Nur daß er vermutlich keine Villa am Tegernsee beziehen könnte. Auch würde er schwerlich Gelegenheit haben, in der *Zeit* und zur Hauptsendezeit der ARD seine Lage und seine Ansichten eingehend ins Licht zu setzen.

II

Der gärende Zustand des Übergangs entzieht sich abstrakter Feststellung; man faßt ihn am besten in kleine Geschichten. Ich kam dieser Tage in meinen alten Verlag, dessen Hauptgebiete Theatergeschichte und bildende Kunst sind; auf dem ersteren Feld hatte er eine Monopolstellung inne. Was sich bei vielen Verlagen, die man für volks-, also staatseigen hielt, erst nach 1989 herausstellte, war beim Henschelverlag immer bekannt: daß er Eigentum der Haupt- und Staatspartei war. Ich habe dort zuletzt 1979 ein Buch herausgebracht, die wenigen Exemplare – fünfzehnhundert – waren bald vergriffen, nie gab es eine Nachauflage. Erst jetzt ist mir in den Sinn gekommen, daß auch das durch jene Gesamtplanung verursacht gewesen sein mag, die von der Hauptverwaltung Verlage ausging – jener Buchgenehmigungszentrale, die Robert Darnton, der Kenner absolutistisch gesteuerter Literaturverhältnisse, im Herbst 1990 in *Lettre international* einer Funktionsanalyse unterzogen hat. Die dem Ministerium für Kultur zugehörige Dienststelle verwahrte sich immer dagegen, als Zensurbehörde zu gelten; tatsächlich hat sie keine expliziten Verbote ausgesprochen. Sie erteilte vielmehr Genehmigungen – oder erteilte sie nicht. »Kein Drucker«, hat Robert Darnton ermittelt, »konnte einen Auftrag akzeptieren, der nicht mit einer Druckgenehmigung versehen war, und alle Druckereien gehörten dem Staat.«

Sie gehörten fast alle der Staats*partei*; auch und besonders auf diesem Gebiet war die ebenso schöne wie ökonomisch abstrakte Idee des Volkseigentums pervertiert zu der des Parteibesitzes als einer korporativen Bereicherung, deren Subjekt – die Sozialistische Einheitspartei – ihre Interessen mit denen des Volkes identifizierte, weil sie über die Gesamtheit der Produktionsmittel verfügte. Das war derselbe Trugschluß, wie er in den USA zu dem berühmten Ausspruch führte: »Was gut für GM ist, das ist gut für die Vereinigten Staaten.« Nur daß es in den USA immer noch andere Auto-Konzerne als General Motors gab. Die DDR-Wirtschaft hingegen fungierte im Ganzen als *ein* Konzern – im Besitz der SED.

War die Hauptverwaltung Verlage im Ministerium für Kultur die Zensurbehörde der DDR? Es wäre ungenau, sie so zu nennen. Der Begriff Zensur gewinnt einen Sinn nur gegenüber der Existenz freier Verlage und Redaktionen; die Zensur besteht ihnen gegenüber in einer Kontrolle, die mit der Vollmacht ausgestattet ist, den Druck bestimmter Textstellen (oder ganzer Werke) zu untersagen. Die Behörde des Vize-Kulturministers Höpcke fungierte jedoch als ein Überverlag, eine Holding, die alle DDR-Verlage überspannte und jedes ihrer Produkte, auch jede Nachauflage, planen, befürworten, genehmigen mußte. Übt die GM-Zentrale Zensur aus, wenn sie der Tochterfirma Opel untersagt, ein neuentwickeltes Auto in Serie zu geben oder ein altes Auto weiter herzustellen? Bei genauem Hinsehen wird man bemerken, daß die sich sozialistisch nennende Wirtschaftsordnung nur der Extremfall der monopolkapitalistischen war: Ein Konzern wird stärker als alle andern und saugt diese auf. Nur daß dieses Aufsaugen im Fall des Staatssozialismus kein kommerzieller Vorgang, sondern ein politischer war; er nannte sich – Revolution.

Das Verhältnis der Behörde des Vizeministers Höpcke zu den einzelnen Verlagen der DDR entsprach ziemlich genau dem Verhältnis der GM-Zentrale zu Opel, Cadillac, Buick oder Chevrolet, wobei der Vizeminister aber nur als Mittelsmann, als Relaisstation zwischen der eigentlichen Konzernleitung – der SED-Zentrale – und den einzelnen »Labels« fungierte. Aus dieser Struktur heraus wurden die einzelnen Verlage so etwas wie Fachabteilungen eines Zentral-Verlags, mit eng begrenzter Produktionspalette. Es gab Verlage, die nur ausländische, andere, die nur DDR-Literatur, und wieder andere, die nur ältere deutsche Literatur herausgeben durften. Dieses ganze große, von *einem* Generaleigentümer, der Monopolpartei, gesteuerte Buchwesen zerfällt nun in seine Bestandteile, und es zeigt sich, daß diese nur mit Hilfe westlicher Kapitalgeber existieren können – vorausgesetzt, daß sie den größten Teil ihrer Mitarbeiter entlassen.

Das ist auch dann ein schmerzhafter Vorgang, wenn man die Unhaltbarkeit der Gesamtkonstruktion von jeher einsah. Er ist schmerzhaft nicht nur aus sozialen Gründen. Denn die Teilstücke der unhaltbaren Gesamtorganisation hatten im Lauf der Zeit ein Eigenleben entfaltet, das in deutlichem Kontrast zu dem monströsen Zentralismus stand, der das Ganze regierte. Die Verhältnisse waren absurd, aber sie ermöglichten ein Maß von Konzentration und Gediegenheit der Arbeit; es waren, in all ihrer Verschrobenheit, angeeignete Verhältnisse, das heißt solche, in denen sich eine Balance zwischen den Anforderungen von oben und dem Eigenwillen der Basis hergestellt hatte. Robert Darnton sagt es präzis: »Tatsächlich gab es nicht ein System, sondern zwei: eine formale Struktur, in der die Planung an oberster Stelle stand, und ein menschliches Netz, in dem die Menschen die Regeln umbogen.« In dem Maß, wie die Anforderungen der Konzernspitze diffuser und irrealer wurden, wuchs der geistige Spielraum der Untergebenen – bis zu dem Punkt, da das nicht sowohl falsch regierte als seinem Wesen nach nicht funktionsfähige Gesamtsystem in sich zerfiel. Daß der Gewinn an Freiheit, der aus diesem Zerfallsprozeß hervorging und ihn begleitete, nicht dauern konnte, wird jedem einleuchten, der die Geschichte fallierender Konzerne kennt. Doch war er ein kostbarer historischer Moment.

III

Wird sich der Henschelverlag retten können? Den Verlag nach vielen Monaten wieder betretend, bemerke ich eine erstaunliche Neuerung: man hat ein Literaturcafé gegründet, mit einem Eingang zur Straße hin. An einer Theke gibt es Kaffee und Wein, auf Tischen, in Regalen findet man alte und neue Bücher und kann sie erwerben. Das Unternehmen floriert: »Warum«, seufzt eine Mitarbeiterin, »sind wir nicht schon früher auf die Idee gekommen?« »Wenn man früher auf diese Idee hätte kommen können«, sagt ein Gast streng, »wäre die Wende nicht nötig gewesen.«

Aber wie geht es weiter – im großen Ganzen und hier im Henschelverlag? Wird das Café immer größer und der Verlag immer kleiner werden? Das Verlagshaus liegt an einer Straße, die in dem Vorkriegs-Berlin eine Flanierstrecke der leichten Mädchen und schweren Jungs war. Die lang erloschene Tradition beginnt sich wieder zu beleben; ein Stück Alt-Berlin (hier stehen die Häuser noch wie vor hundert Jahren) findet wieder zu sich selbst. Das ist die Grundsituation dieser Teil-Stadt und des Landes, dessen Hauptstadt sie war: Das Neue, das die Gesellschaft nun überzieht, ist – das Alte, das dieses Land nach dem Krieg emphatisch aufgegeben hatte, weil es *das* Alte war, aus dem der Hitlerfaschismus aufgestiegen war. Die Lektorin, die hinter der Theke steht, hat eine Idee, wie dem Verlag zu helfen wäre; er brauchte, meint sie, bloß eine

Etage des großen Gebäudes an das alte Gewerbe zu vermieten, das früher hier heimisch war und es nun wieder werden will. Theater, Bücher – das sind Institutionen der alten Zeit. Ein Eros-Center – das ist ein Unternehmen mit Zukunft.

Ist dies ein Bild des Ganzen? Auch die kleinen Parteien, die lange von der SED dirigiert wurden und sich nun, unter Auswechslung des Führungspersonals, an die Brust ihrer einstigen westdeutschen Schwesterparteien geworfen haben, besaßen Verlage, zwei die CDU, einen die LDP, die jetzt FDP heißt. Sie können so wenig überdauern wie der große Henschelverlag, und ein mächtiger Helfer bietet seine Hand: der Springer-Konzern. Die Verhandlungen werden hinter dem Rücken der Autoren geführt, im Buchverlag Der Morgen, der nun Morgenbuch-Verlag heißt, haben einige Wind von der Angelegenheit bekommen und öffentlich Alarm geschlagen; daraufhin entschloß sich der Verlag und die Gesellschaft, der er noch gehört (und die gehört noch der LDP, die nun FDP heißt), den Autoren Auskunft über den Stand der Verhandlungen zu geben. Eine merkwürdige Szene: auf der einen Seite drei Schriftsteller, die, in all ihrer Ohnmacht, ein Mitspracherecht einfordern bei der Verfügung über ein Eigentum, das nicht bestünde, wenn sie und ihre Kollegen nicht Texte, Manuskripte geliefert hätten. Und auf der andern Seite die alten Chefs, die vormals den Verfügungen einer Parteileitung, eines Buchministers entsprachen und sich nun nach einem neuen Herrn umsehen, einem finanzstarken womöglich – dem Großkonzern, der die *Bild*-Zeitung herausgibt.

Ich verlasse die Sitzung und sehe in der U-Bahn die Abendausgabe eines der Hauptblätter des Konzerns. Die Schlagzeile bezieht sich auf die zweite Herzoperation des Fürsten von Thurn und Taxis, eines milliardenschweren Großgrundbesitzers im südöstlichen Bayern. Es ist eine unüberbietbare Headline, sie lautet in zentimeterhohen Buchstaben: »2. Herz raus, 3. Herz rein!« Wirklich, die Freiheit hat uns in eine sehr andersartige Kulturwelt geschleudert. Daß sie der unhaltbaren alten sittlich überlegen sei, wissen einige westdeutsche Kommentatoren ganz genau. Es ist beruhigend, das zu hören. Denn es herrscht eine merkwürdige Trauer im Land; ihren Gefühlsgrund kann man auf ein einziges Wort bringen: Enteignung. Der Sozialismus trat in dem durch sowjetische Soldaten unter furchtbaren Opfern vom Hitlerfaschismus befreiten Land einst mit dem Vorsatz an, den Produzierenden Verfügung zu geben über die Mittel und den Ertrag der Produktion. Das geschah nicht, aber die Art und Weise, wie es verfehlt wurde, machte Hoffnung darauf, daß im Scheitern des untauglichen Versuchs etwas von dem zu retten sein würde, was nicht sein Wesen, aber seine Idee ausmachte. Die Hoffnung trog – sie mußte trügen. Aber das zu wissen und vorherzuwissen, ist etwas anderes, als es zu erfahren.

IV

Ich kenne noch eine andre Verlagsgeschichte, sie handelt von der *Zurücknahme* einer Enteignung, nach mehr als vierzig Jahren. Nämlich bei dem Musikverlag Peters, einer alten, renommierten Leipziger Firma, die sich im zwiefachen Nachkriegsdeutschland zwiefach etablierte: als Privatbetrieb in der Nachfolge der alten Eigentümer in Westdeutschland und als erst volkseigener, dann SED-eigener Betrieb in Leipzig. Der westdeutsche Peters-Verlag druckte teure Noten für Westmark und der Leipziger Peters-Verlag druckte – zu den Festpreisen der Vorkriegszeit – höchst erschwingliche Noten für Ostmark. Nun nahm der erstere Verlag den letzteren, der privat geführte den am Stammsitz erhaltenen nach vierzig Jahren wieder in Besitz, mitsamt seinen Notenbeständen. Die aber störten, sowohl die Werke der Klassiker wie die der DDR-Komponisten, darunter vieler bedeutender; es gab von der Leitung der westdeutschen Firma Order, sie zu vernichten. Und damit sich niemand fremdes Gut aneigne, waren die

Vollstrecker des Befehls gehalten, von jedem in Leipzig vernichteten Notenband den Umschlag und die ersten acht Seiten an die neuen Privateigentümer in Frankfurt am Main zu senden.

Es geht bei Revolutionen wie bei Konterrevolutionen niemals ohne Vandalismus ab. Was sich auf dem Gebiet der alten DDR vollzieht, ist Revolution und Konterrevolution zugleich; der Vandalismus wird sich möglicherweise in Grenzen halten. Die Revolution der DDR ist in eine freiwillige Einverleibung ausgegangen, die sich als eine Einheit von Widersprüchen darstellt, wie sie sich kaum je in der Geschichte so hart aufeinandergetürmt haben. Man stelle sich vor, daß die Franzosen des Jahres 1790, statt ihre Verhältnisse weiter umzustürzen, die Engländer ins Land gerufen hätten, um sich ihnen, als dem polit-ökonomisch fortgeschritteneren Staatswesen, anzuschließen, und man wird einen ungefähren Begriff von den Komplikationen in dem Land DDR gewinnen, das am 2. Oktober seine Fahne »eingerollt und verpackt« hat (so lautete der Armeebefehl). Wie sie sich klären oder verwirren, entflechten oder verzwirnen, wird die Zeit lehren, die sich aus zwei Zeiten, zweierlei Zeitzuständen bildet, die in dem endlich vereinigten Land jäh aufeinandertreffen.

In Berlin setzt die Zukunft faßbare Hoffnungszeichen; sie zeigen sich dort, wo Straßen, lange versperrt, wieder ineinander führen und andere sich ins Unterirdische öffnen: mit Bahnhofseingängen, die jahrzehntelang verborgen waren; nun führen sie wieder zu Metro-Zügen. Diese Züge kommen aus Westberlin und durchqueren für einige Stationen Ostberliner, Zentralberliner Gebiet; für zwei, drei Minuten mischt sich der Ostbewohner unter die Menschen des anderen Stadtteils und bemerkt, daß es andere Menschen sind, der gleichen Stadt, demselben Volk, aber einer andern Welt zugehörig. Zwei Stadt-Teile, aus denen im Lauf von vier Jahrzehnten zwei Städte geworden waren, zwei künstliche Städte verschiedener Zivilisation, sind wieder füreinander offen – wie lang wird es brauchen, bis sie wieder eins sind? Die Normalität, in die sie sich gestoßen finden, ist Befreiung und Choc zugleich. Das gilt für das ganze Land, und wenn die politischen Leiter in ihrer rheinischen Ferne fortfahren, die deutsche Einheit als Bagatellangelegenheit zu behandeln, als etwas, das sich wie von selbst ergibt, nachdem einmal die historischen Weichen gestellt sind, braucht man keine besondere Phantasie, um in Betracht zu ziehen, daß die sogenannte Wiedervereinigung sich als ein Mittel herausstellt, die deutsche Teilung zu verewigen. Das wird nicht, wie im Fall Elsaß-Lothringens oder Österreichs, über einen Krieg gehen. Dazu genügt der ökonomisch-sozial-kulturelle Zusammenbruch. Die Bonner Politik hat ihn, als den kürzesten Weg der Gesundung, offenbar einkalkuliert. Was ihr fehlt, ist Vorstellungsvermögen.

November 1990 / Januar 1991

Dumme Geschichten

Der Sozialismus und die Intelligenz

I

Was ein Intellektueller eigentlich sei – die Frage ist offengeblieben; ist sie noch schwerer zu beantworten als die nach der Lage der Kultur in dem einstigen Land DDR. Meint das Wort einen Ehrentitel oder eine Gattungsbezeichnung? Faßt man den Begriff soziologisch-quantitativ und meint damit die Schicht der geistig Tätigen in Kultur, Wissenschaft, Technik, Medizin, Religionsgemeinschaften, Medien, Partei- und Verwaltungsapparaten insgemein oder behält man den Begriff des Intellektuellen jenen vor, die ihre intellektuelle Tätigkeit mit einem Maß von Freiheit und Autonomie durchdrungen haben? Verfährt man so, dann geht die Differenzierung zwischen Intellektuellen und Nicht-Intellektuellen quer durch alle einschlägigen Berufe, in einem Sinn, der sich nicht auf die sozialistische Gesellschaftsordnung beschränkt. Auch in den Redaktionen, Regierungen, Ateliers, Firmenleitungen, Theatern, Universitäten westlicher Staaten gibt es den personellen Kontrast von Angepaßtheit und Unangepaßtheit, von Willfährigkeit und Widerständigkeit, mit vielen Übergängen und Zwischentönen. Es gibt diesen Unterschied seit der Entstehung des Staates und der Künste; seine Erscheinungsformen wechseln, nicht sein Wesen.

Die Kunst, die Wissenschaft geht überall nach Brot, und überall besteht die Gefahr, die das deutsche Sprichwort in den Satz faßt: Des Brot ich eß, des Lied ich sing. Allerdings ist der Abstand zwischen diesen beiden Momenten wesentlich – zwischen dem Faktum, daß die Freiheit auch der sogenannten freien Berufe, freien Künste eine Grenze daran findet, daß ihre Protagonisten in der Regel von dem Ertrag ihrer Arbeit leben müssen, also nicht unabhängig sind von dem gesellschaftlichen Bedarf an ihrer Arbeit, der sich niemals nach den Anforderungen der Freiheit, sondern immer nach denen der gegebenen Gesellschaft und ihrer Machtstrukturen bestimmt, und der Gefahr, daß diese Abhängigkeit umschlägt in die Apologie der Machtgegebenheiten. »Es bildet ein Talent sich in der Stille, / sich ein Charakter in dem Strom der Welt«, sagt Leonore von Este in Goethes Stück von Tasso, dem schwierigen Poeten. Aber auch manche Talente bilden sich in dem Strom der Welt, und manche Charaktere bilden sich in demselben eben nicht. Es gibt einen nicht ganz unbekannten DDR-Schriftsteller, von dem kürzlich ein Hymnus auf das Ministerium für Staatssicherheit zutage trat, der den Beruf des Staatsschützers in all seinen Spiel- und Abarten besang und sich zu einem Vers verstieg, der die Sachwalter der Sicherheit als »Kosmonauten der stillen Erkundung« feierte. Der Höhenflug war die Bruchlandung, die nun vor aller Augen liegt, und wenn man sich entschließt, den Begriff des Intellektuellen nicht als Berufsbezeichnung, sondern im Sinn kritischer Souveränität zu handhaben, wird man zu fragen haben, ob jemand, der sein Talent dazu hergab, das Wirken der Geheimpolizei poetisch zu verklären, und sich auch sonst den Anforderungen der herrschenden Mächte gegenüber willfährig erzeigte, den Namen eines Intellektuellen nicht verwirkt habe.

Die Fragestellung, so berechtigt sie scheint, führt jedoch ins Leere. Casanova, der als Fünfzigjähriger in seine Vaterstadt, aus der er neunzehn Jahre zuvor unter dramatischen Umständen geflohen war, zurückkehren wollte, konnte dies nur um den Preis, sich der Geheimpolizei als Spitzel zu verdingen. Er hat das in seinen Lebenserinnerungen angedeutet und war darum kein minder bedeutender Schriftsteller, daß er sich in einer bestimmten Situation dem Druck der venezianischen Securitate beugte. Doch ist es bezeichnend: die Memoiren enden, ehe er den Heimatboden wieder betritt; der zwölfbändige Lebensroman bricht an dieser verfänglichen Stelle ab und wird nicht wieder aufgenommen. Der autochthone Autor wird noch die Zwänge, die Versuchungen, denen er erliegt, in den Stoff verwandeln, aus denen er, der Auster gleich, Dichtung bildet. Diese trägt ihre Wahrheit in sich, nicht in der Moralität des Autoren-Ichs. Es kann einer ein Dieb, ein Verleumder, ein Unmensch sein – das Maß seiner künstlerischen Leistung gibt einzig diese selbst ab, das Maß an Wahrheit, das sie in Form überträgt.

Goethe lobte die Ordnung, die es ihm ermöglichte, in komfortabler materieller Position seinem Werk zu leben, und huldigte der Person des Herrschers, der dies sicherstellte (und ihn an politischer Liberalität überbot); Pressefreiheit war ihm ein bedrohlicher Unfug, den es mit staatlicher Macht zu unterbinden galt. Das Verteufelte ist: selbst Gedichte, die diese Gefühlslage bekunden, sind große Gedichte. Während bei dem erwähnten Autor auch jene Werke, die nichts mit der Staatspolizei zu tun haben, den Stempel des Unvermögens tragen, Wahrheit zu sehen, Wahrheit zu sagen. Vermutlich hat er an die segensreiche Tätigkeit jenes Apparates wirklich geglaubt; die Unbedenklichkeit, mit der er die ihm angetragene Aufgabe wahrnahm, eine Aufgabe im Sinn jener Berufspreisungen, deren klassisches Exempel das Holzschnittbuch von Hans Sachs und Jörg Ammann aus dem Jahre 1568 ist, »Eygentliche Beschreibung Aller Stände auff Erden ... vom grösten biß zum kleinesten«, rührte womöglich von dem Gedanken her, daß es nicht zuletzt die Geheimpolizei sei, die ein so fortschrittliches Staatsgebilde wie die DDR aufrechterhalte, und daß es darum gleichsam eine Frage poetischer Gerechtigkeit sei, diesen ästhetisch vernachlässigten Berufsstand – insgeheim, versteht sich – ins Licht zu setzen. Es zeigt sich: das Beispiel führt durchaus ins Abgründige, auch angesichts der Tatsache, daß der Autor eines westlichen Staates, der eine Hymne auf seinen, der Bewahrung der F.D.G.O. dienenden

Staatsschutz schriebe, der Komik nicht minder verfiele als dieser wunderliche Poet, der den dunklen Kern der Macht lyrisch umkleidete.

II

Der Begriff des Intellektuellen gehört der jüngeren Geistesgeschichte an; noch dem späten 18. Jahrhundert ist er fremd. Doch ist die Bestimmung dessen, was er intendiert, nirgendwo deutlicher als bei Kant gegeben, in der Aufklärungsschrift (*Beantwortung der Frage: Was ist Aufklärung?*) von 1783. Kant verbindet, ohne das Wort zu gebrauchen, den Begriff des Intellektuellen mit dem der Aufklärung und der publizistischen Freiheit und zieht den Konflikt in Betracht, in den die letztere mit den Anforderungen jener Berufsdisziplin gerät, in die der intellektuell Tätige gewöhnlich spezialistisch eingebunden ist. »Zu dieser Aufklärung«, statuiert er, »wird nichts erfordert als *Freiheit*; und zwar die unschädlichste unter allem, was nur Freiheit heißen mag, nämlich die: von seiner Vernunft in allen Stücken *öffentlichen Gebrauch* zu machen. Nun höre ich aber von allen Seiten rufen: *räsoniert nicht!* Der Offizier sagt: räsoniert nicht, sondern exerziert! Der Finanzrat: räsoniert nicht, sondern bezahlt! Der Geistliche: räsoniert nicht, sondern glaubt! ... Hier ist überall Einschränkung der Freiheit. Welche Einschränkung aber ist der Aufklärung hinderlich? Welche nicht, sondern ihr wohl gar beförderlich? – Ich antworte: der *öffentliche* Gebrauch seiner Vernunft muß jederzeit frei sein, und der allein kann Aufklärung unter Menschen zustande bringen; der *Privatgebrauch* derselben aber darf öfters sehr enge eingeschränkt sein, ohne doch darum den Fortschritt der Aufklärung sonderlich zu hindern. Ich verstehe aber unter dem öffentlichen Gebrauche seiner eigenen Vernunft denjenigen, den jemand *als Gelehrter* von ihr vor dem ganzen Publikum der *Leserwelt* macht. Den

Privatgebrauch nenne ich denjenigen, den er in einem gewissen ihm anvertrauten *bürgerlichen Posten* oder Amte von seiner Vernunft machen darf.«

Das ist eine denkbar genaue Bestimmung des geistig-sozialen Verhaltens, das nachmals in dem Begriff des Intellektuellen kristallisiert. Unter den Bedingungen kommunistischer Parteibindung konnte es sich ebensowenig – und ebensoviel – ausbilden wie im Bereich katholischer Ordenshierarchien. Die Wurzeln dafür liegen, wie für alle Aporien auf dem Grund des staatlich realisierten Sozialismus, bei Marx. Sie liegen bei jener progammatischen Selbstabdankung des Intellektuellen, die der revolutionäre Philosoph nach dem Sieg der bürgerlichen Ordnung mit der Emphase dessen verkündet, der die Welt des entfesselten Marktes als eine gesteigerter Unfreiheit erkannt hat. In der entgötterten Welt des freigesetzten Kapitals ergreift den an Hegel geschulten Denker jener Wille zur Macht, der dem Untertan Friedrichs II. fern lag, und vernichtet seine eigene Befindlichkeit, indem er – in der elften der Feuerbach-Thesen von 1845 – das »Verändern« der Welt über deren bloßes »Interpretieren« setzt und damit die Differenz tilgt, in die Kant einst den Prozeß der Aufklärung gesetzt hatte, als einen Vorgang, der durch öffentlich werdendes Interpretieren des gesellschaftlichen Zustands Veränderungen herbeiführt, deren Subjekte – die Machtträger des Staates – andere sind als die der kritisch-öffentlichen Äußerung. Das ist ein evolutionäres Konzept; Kant weiß es *vor* der Französischen Revolution, zu der er sich, als sie da ist, ebenso subtil wie nachdrücklich bekennt: »Durch eine Revolution wird vielleicht wohl ein Abfall von persönlichem Despotism und gewinnsüchtiger oder herrschsüchtiger Bedrückung, aber niemals wahre Reform der Denkungsart zustande kommen, sondern neue Vorurteile werden, ebensowohl als die alten, zum Leitbande des gedankenlosen großen Haufens dienen.«

Der auf die Selbstabschaffung des Intellektuellen im kantisch-staatsbürgerlichen Sinn hinauslaufende Trugschluß des Marxschen Revolutionsdenkens ist mit Deutlichkeit schon in dem bekannten Satz aus der *Kritik der Hegelschen Rechtsphilosophie* von 1844 formuliert, der erklärt: »Die Theorie wird zur materiellen Gewalt, sobald sie die Massen ergreift.« Die emphatische Koppelung von Theorie, Masse und Gewalt, die hier vollzogen wird, betreibt jenen Kurzschluß von Theorie und Politik, Reflexion und Machtausübung, den die Kantsche Forderung innerhalb des absolutistischen Staates um der Aufklärung willen aufzulösen strebte. Marx ruft ihn aus, um das neue, revolutionäre Gemeinwesen zu begründen, in dem »die Aufhebung des Proletariats ... die Verwirklichung der Philosophie« sein soll, nämlich als »die Auflösung der bisherigen Weltordnung«. Wohin es mit der Philosophie kommt, wenn sie sich mit einer Gewalt, für die »die Massen« immer nur Vorwand sind, verwirklicht, zeigte der staatgewordene Sozialismus mit Deutlichkeit. Er ist auch daran gescheitert, daß er von seinen Vordenkern her, die auf die Aufhebung des Staates zielten, keine Staatstheorie besaß und sich außerstande zeigte, sie sich nach seiner Etablierung zu geben. Was sich begab, war eine dilettantische Extrapolation (und praktizistische Revision) jener Prämissen, die, undurchdacht genug, seine Gründung betrieben hatten, die revolutionär usurpierte Staats- und Wirtschaftsgewalt. Das hat den sozialistischen Funktionär, der als Parteidiener an die Stelle des alten Staatsdieners trat, als Kaste scheitern lassen. Er fungierte als Gefangener jenes Kurzschlusses von Theorie und Gewalt, der auf dem Grund der kommunistischen Staatskonstruktion lag und dazu führte, daß jede Staatskritik als Keim des Staatszerfalls nicht nur galt, sondern wirklich fungierte.

III

Neben dem qualitativen Begriff des Intellektuellen nach der Kantschen Intention steht jener quantitativ-berufssoziologische Gebrauch des Wortes, der in dem Substantiv »Intelligenz« geronnen ist. Es ist seinerseits doppeldeutig und kann eine Eigenschaft meinen und eine Gruppe, einen Stand. Etymologische Nachschlagewerke versichern, daß es die letztere Bedeutung – »intelligentia« für »wissenschaftlich gebildete Schicht« – schon im 18. Jahrhundert gehabt habe. Aber erst als Übersetzung des russischen *intelligentsia* ist das Wort im Deutschen wieder in sie eingetreten. Zu den immanenten Problemen nicht nur der alten DDR, sondern der staatssozialistischen Formation überhaupt gehörte es, daß die Protagonisten des Apparats, die Leute, die an den – großen und kleinen – Schalthebeln der Parteimaschine saßen, sich in dem Trugschluß wiegten, auch in diesem soziologischen Sinn keine Intellektuellen zu sein. Sie prätendierten nicht, keine Intelligenz zu haben, sie wollten nur nicht zu ihr gehören: um ihr gebieten zu können. Als die politischen Vertreter einer Arbeiterklasse, der sie längst entrückt waren, stellten sich die Funktionäre der Intelligenz als die Leute gegenüber, welche dieser lenkungsbedürftigen Schicht sagten, was sie zu tun habe. Intellektuelle gaben sich als Nicht-Intellektuelle aus, um den Intellektuellen gegenüber einen Führungsanspruch geltend machen zu können, und eine große Zahl von Intellektuellen ließ sich auf dieses falsche Spiel ein – nicht sowohl aus Opportunismus als aus mangelndem Selbstbewußtsein (was allerdings schwer zu unterscheiden war); sie nahmen die Lenin-Stalinsche Lehrmeinung, daß die Intellektuellen eine schwanke Masse seien, die nur unter der Leitung der Arbeiterklasse zum historischen Fortschritt beitragen könne, für bare Münze. »Die sozialistische Gesellschaft«, verkündete noch 1979 das *Kleine Wörterbuch der marxistisch-leninisti-*

schen Philosophie von M. Buhr und A. Kosing, »schafft die gesellschaftlichen Voraussetzungen, daß die Intelligenz unter Führung der Arbeiterklasse und ihrer marxistisch-leninistischen Partei ihre gesellschaftliche Funktion erstmalig im Interesse und zum Nutzen aller Werktätigen voll verwirklichen kann.« (Berlin 1979, S. 167)

Das *Sapere aude!*, Wage zu wissen!, das Kants Aufklärungsschrift an den Anfang des »Ausgangs aus selbstverschuldeter Unmündigkeit« stellt, war hier von vornherein verspielt, nämlich von zwei Seiten: von seiten derer, die auf Grund einer fiktiven Klassenrepräsentanz sich als Nicht-Intellektuelle, als regierende Arbeiter gleichsam, prätendierten, und von seiten der anderen, die sich zum Objekt dieses Betrugs und Selbstbetrugs machten und bereit waren, um der höheren Weihe der Teilnahme am Kampf der Arbeiterklasse willen ihre Urteilsfähigkeit an die Spitze der Parteihierarchie zu delegieren: sacrificium intellectus. Sie taten damit nichts anderes, als was jene Intellektuellen, die keine waren, weil sie keine sein wollten – die Funktionäre, – von vornherein getan hatten; der Kreis der Verdummung schloß sich unentrinnbar. Es war der circulus stultitiae einer Intellektuellenfeindlichkeit, die ein Widerspruch in sich selbst, eine Ablenkung von sich selbst war. Denn es waren ja Intellektuelle, die sich, im Namen einer als wissenschaftlich behaupteten Geschichts- und Gesellschaftstheorie, die Macht über die ganze Gesellschaft angemaßt hatten. Das Gefühl der Illegitimität, das diesen Vorgang innerlich begleitete, bekundete sich in der Verfolgung, der Niederhaltung eben der Schicht, in die die dem Arbeiterstand längst entwachsenen Machtinhaber selbst eingetreten waren. Bürgerliche und revisionistische Theoretiker, so konstatiert jenes parteioffizielle Wörterbuch von 1979, hätten aus der Zunahme des prozentualen Anteils der Intelligenz an der Gesellschaft »den Schluß gezogen, die führende Rolle gehe von der Arbeiterklasse auf die Intelligenz über«. Das gerät den Autoren zur Angstvision: »Doch die

Intelligenz kann als eine soziale Schicht... niemals die führende Kraft der Gesellschaft sein.« Die sozialistische Intelligenz, halten sie dagegen, wirke »unter der Führung der marxistisch-leninistischen Partei aktiv an der weiteren Gestaltung der entwickelten sozialistischen Gesellschaft mit«. Die Intelligenz unter der Führung der Intelligenz? Oder unter der Führung der Nicht-Intelligenz? Der Unsinn hatte, hier wie andernorts, Methode.

Er nahm zuweilen auf anschauliche Weise Gestalt an. An der Spitze der Berliner SED-Organisation stand viele Jahre lang ein Mann, der als politischer Redner den eloquenten Vorsitzenden des Schriftstellerverbands durchaus überbot. Diesem längst aus dem Arbeiter- in den Intellektuellenstand übergewechselten Politiker war der Verbandsvorsitzende, ein Elektriker, dem die Arbeiter- und Bauernfakultät der DDR das Studium ermöglicht hatte, vor allem deshalb verdächtig, weil er ihn – für einen Intellektuellen hielt. Die Rivalität verschärfte sich, als es ihm gelang, diesem die Frau abspenstig zu machen, die nicht nur attraktiv, sondern überdies eine Intellektuelle war und den sex appeal der staatssozialistischen Macht offenbar höher ansetzte als den der staatssozialistischen Belletristik. Sich selbst hielt der Machtträger nicht für einen Intellektuellen, weil er nur die Mittelschule (und dann zur Stalinzeit ein Jahr lang die Moskauer Komsomolhochschule) besucht hatte und – nach einjähriger Arbeiter-Tätigkeit nach dem Kriegsende – von seinem achtzehnten Jahr an als hauptamtlicher Verbands- und Parteifunktionär gearbeitet hatte. Die Schriftsteller, auf deren Versammlungen er sein Redetalent gelegentlich spielen ließ, waren diesem Partei-Statthalter insgemein verdächtig; eine vermutlich im Zustand schwerer Unnüchternheit getane Äußerung von ihm ging um, daß der Staat sich vor seinen Autoren am besten schütze, wenn er sie in einem großen weißen Sonderzug gen Westen expediere. Das Adjektiv *weiß* ist bizarr genug, um die Geschichte glaubwürdig erscheinen zu lassen.

Natürlich ist der hier sich äußernde Konflikt kein sozialismusspezifischer; er ist unter monopolsozialistischen Bedingungen nur zu besonderer Anschaulichkeit gediehen. Der Intellektuelle, der, im Kantschen Sinn, über die besonderen Anforderungen seines Faches hinaus kritisch-diskursiv eine gesamtgesellschaftliche Verantwortung geltend macht, bis hin zu dem Typus des Philosophen selbst, den ein geistreicher Betrachter einmal einen Spezialisten für das Allgemeine genannt hat, konkurriert mit dem Politiker, der seinerseits – und namentlich im Zeitalter der Volksparteien – als Sachwalter gesamtgesellschaftlicher Interessen und Perspektiven auftritt. Das Interesse des Politikers, dieses anderen Spezialisten für das Allgemeine, wird von Berufs wegen immer auf Gewinn, Erhaltung, Befestigung seines Handwerkszeugs und Arbeitsinstruments, der politischen Macht, gehen; nur zu leicht drapiert sich das subjektive Bedürfnis mit der Behauptung gesamtgesellschaftlichen Nutzens. Idee und Praxis der Politik geraten von hier aus in einen Widerspruch, der der Prüfung durch die unabhängige rationale Instanz naturgemäß ebenso widerstrebt wie der durch das Wählervotum der Regierten.

Um so wichtiger ist die institutionalisierte Gewaltenteilung zwischen den Organen der Staatsmacht und denen der öffentlichen Meinung. Wo sie mit aktivistisch-ideologischer Fiktion aufgegeben wird und die Prüfung jener Intellektuellen, die politische Macht ausüben, durch die der politischen Macht fernstehenden Intellektuellen entfällt, wird ein Konflikt, der prinzipiell jede Gesellschaft umtreibt, als geleugneter ausweglos werden – jedenfalls in modernen Gesellschaften, deren Dynamismus mit der Autonomie ihrer Teilbereiche unmittelbar zusammenhängt. So liegt die eigentliche Aporie des staatsmonopolistischen Sozialismus in seinem Anspruch, zugleich funktionell homogen (zentralisiert) *und* produktionsökonomisch expansiv zu sein; es ist ein Problem struktureller Inkongruenz. Den Kapitalismus zu überholen, indem man sich systematisch der Mittel beraubt, mit denen dieser die Produktion entfacht hatte: die Idee war so abstrus, daß nur – Intellektuelle auf sie verfallen konnten. Sie schuf einen Staat, der vollkommen künstlich und in gewisser Weise selbst ein Kunstwerk war. War es seine Fiktionalität, die ihn für manchen Surrealisten so anziehend machte? Wer den Staat an sich für eine Absurdität hält, muß seine absurde Erscheinung für die authentische halten.

IV

Georg Knepler, der bedeutende Musikhistoriker, berichtet eine private Äußerung von Grete Wittkowski, der in der Schweiz promovierten Nationalökonomin und England-Emigrantin, die in der Regierung Grotewohl Anfang der sechziger Jahre Vizeministerpräsident für Handel und Versorgung war. Sie könne, habe sie einmal gesagt, durch In-Kraft-Setzung bestimmter Mechanismen in der Wirtschaft der DDR dieselbe Warenfülle erzeugen, wie sie die Bundesrepublik kennzeichne; es sei eine politische Entscheidung des Politbüros, dies nicht zu tun. Natürlich: Wenn diese Mittel betätigt worden wären, so hätte die SED ihre Verfügungsgewalt über die Wirtschaft aufgeben müssen; sie hätte dann auch ihre politische Macht verloren, was weder ihr eigenes Interesse zuließ noch das der sowjetischen Hauptmacht. Beide Worte, das der Wirtschaftsministerin und das des Berliner Parteichefs, stehen in einer inneren Verbindung. Wenn politisches Machtinteresse die ökonomischen Kräfte vorsätzlich knebelt (die analoge Situation bestand in der Sowjetunion der zwanziger Jahre am Ende der Neuen Ökonomischen Politik), werden die keine Macht ausübenden Intellektuellen, als die potentiellen Entdecker des Absurden, zum Staatsfeind an sich.

Dies auszuplaudern verstieß allerdings gegen die eherne

Regel der Staatsraison, die Konfliktleugnung hieß. Wer sich so offenherzig äußerte wie der trinkfreudige Berliner Parteileiter, lief Risiken auch in dem festgefügten hierarchischen System der Honecker-Partei, in der jede höhere Berufung faktisch auf Lebenszeit erfolgte. Konrad Naumann, der Berufsfunktionär mit dem *sozialen* Komplex, der sich als Intellektuellenkomplex kundgab, scheint der einzige in dem obersten Parteigremium gewesen zu sein, der den ruinösen wirtschaftspolitischen Kurs der vierköpfigen Honecker-Junta durchschaut und angegriffen hat; er tappte Ende 1985 in eine selbstgestellte Falle und verschwand unter komfortablen Umständen von der politischen Bildfläche. Sein Nachfolger, ein Chefredakteur, trug sich den Mitgliedern des Berliner Schriftstellerverbands bei seinem ersten Erscheinen als ein Schutzpatron der Literatur an; das dauerte eine Stunde lang. Die captatio benevolentiae zerbrach jäh, als eine hochdekorierte alte Genossin, verdiente Kundschafterin der Weltrevolution, in aller Bescheidenheit, mit großmütterlicher Sorge und starker Gefühlsbedrängnis, die Frage nach der Jugend des Landes und dem Beispiel Gorbatschows stellte. Das rosige Mondgesicht des neuen Sekretärs verwandelte sich der alten Frau gegenüber alsbald in die barsche Miene des abfertigenden Oberlehrers. Seine Assistentin, oberster Kulturwart der SED-Bezirksleitung, kam dem neuen Oberherrn, der mit nichts als einer inständigen Frage konfrontiert worden war, alsbald mit Drohgebärden zu Hilfe; sie verwies auf die »schmutzige Wäsche«, die aus der Welt der Literatur an die Stuhlbeine ihres Bürositzes fortwährend andringe. Dann nahm das neue Hauptstadthaupt wieder das Wort und wollte den Vorwurf, von der Sowjetunion nicht zu lernen, nicht auf sich sitzen lassen. »Wir wissen doch«, rief er aus, »ohne die Sowjetunion können wir uns keine vier...« Er brach ab: das Staatsgeheimnis aller Staatsgeheimnisse, das jeder wissen konnte, der es wissen wollte, war ihm beinahe entfahren.

Hier war der End- (und der Anfangs-)punkt dessen bezeichnet, was als die Herrschaft jener Intellektuellen erschien, die es nicht sein wollten. Was sich an diesem Tag vor aller Augen darstellte, war die Selbstaufgabe einer politischen Klasse, die sich in der Unhaltbarkeit ihrer eigenen Voraussetzungen verfangen hatte und konzeptlos ihrem Untergang entgegentaumelte. Wie epilogisch steht ein zuverlässig berichteter Moment von Ende August 1989 dazu, als ein leitender Kunstprofessor der Hauptstadt demselben Stadtgewaltigen eine Resolution seiner Hochschule zu der brisanten politischen Lage überbrachte und dabei die Sprache auf Hans Modrow brachte, der von westdeutschem Boden aus behutsam, aber deutlich eine eigene politische Position kundgetan hatte. Die Antwort war eindeutig: »Den werden wir, wenn er zurückkommt, wie einen angespitzten Pfahl in die Erde rammen.«

V

Das war, wenn die Störungen nachhaltig wurden, immer das einzige Rezept. Es führte dazu, daß sich die Herrschaft der falschen Intellektuellen nach dem Prinzip der Minimierung regulierte; es war dafür gesorgt, daß im Kreise der Mächtigen einer immer dümmer war als der andre. Denn wäre einer klüger als der andre gewesen, hätte er dem Obersten ja gefährlich werden können. Diesem Regime entgegnete das zunehmende politische Gewicht jenes Teils der Intellektuellen, die man die *artistic class* nennen könnte. Es war eine echte, nicht bloß scheinbare Bedrohung gegebener Herrschaft und führte zu Gegenschlägen, die in dem einzelnen immer alle treffen sollten.

Das Gegenüber von political und artistic class, von Macht verwaltenden und von Politik einfordernden Intellektuellen ist dahin. Der Sieg der letzteren, der sich in der Berliner Demonstration des 4. November 1989 erklärte, führte zu dem Zusammenbruch des ganzen Systems. Ein halbes Jahr später haben einige westliche Feuilletonisten den Versuch unternommen, die politische Funktion einer Autorin wie Christa Wolf wiederherzustellen, indem sie sie unter ein ideologisches Sperrfeuer nahmen, ähnlich dem, wie es in den sechziger Jahren die SED auf die Autoren des Landes eröffnet hatte, mit dem Effekt einer Solidarisierung, die sich nun unter andern Voraussetzungen herstellte. Der Vorgang war wie das Satyrspiel zu den Exerzitien des Ancien Régime; ein paar leitende Leser spielten Zentralkomitee und erregten damit, wie ehedem, die Öffentlichkeit weit mehr, als es das Objekt des Aufruhrs – in diesem Fall eine kleine Erzählung – vermocht hatte.

Hier wie damals begaben sich Kolonisierungs-Schauspiele; die neuerlichen sind dazu bestimmt, von dem Niedergang einer ganzen Kulturlandschaft abzulenken. Die alte DDR gab viel Geld für Kultur aus, auf allen Ebenen, auch und gerade innerhalb der Betriebe. Wie alle Bereiche war auch die Kultursphäre unter der Ägide der SED verbeamtet, aber sie war es in einer vielfach durchlässigen Weise; die Porosität ging zuletzt so weit, daß es dem leitenden Literaturbeamten gelang, sich als Beschützer der Literatur zu profilieren, der er von Amts wegen lange genug das Wasser abgegraben hatte. Dieser ganze große Kulturbereich unterliegt nun einer ökonomischen Auszehrung, die die Frage nach der Rolle der Intellektuellen auf die Frage reduziert, ob sie Arbeit haben oder nicht – Orchestermusiker und Lektoren, Dramaturgen und Schauspieler, Maler und Schriftsteller und die große Schar derer, die in Werkstätten oder Büros auf deren Arbeit bezogen waren. In der alten Bundesrepublik, so hört man, werden pro Jahr 27 Milliarden DM für Werbung ausgegeben. Einen solchen Etatposten kannte die DDR-Wirtschaft nicht; in einem Land, da fast alles Mangelware war, bedurfte es keiner Warenwerbung. Aber man gab im Jahr etwa 4 Milliarden Mark für den Kulturbereich aus; die werden fortan aus eigener Kraft nicht mehr aufzubringen sein. Natürlich weiß jeder vernünftige Politiker und Ökonom: ohne die schöpferische Mitwirkung der kulturellen Phantasie wird die Umwälzung der Verhältnisse, die sich als ein chaotisch treibendes Zugleich von Vorwärts- und Rückwärtsbewegung auf engstem zeitlichem Raum begibt, noch schwieriger zu bewerkstelligen sein, als sie ohnedies ist. Wie das Dilemma zu lösen sei, weiß derzeit niemand. Das Land hat alte, überfällige Verhältnisse abgeschüttelt. Die neuen, die ihm frei Haus geliefert werden, entsprechen nicht seinen Erfahrungen, seinem Bewußtsein; es sind fremde Verhältnisse. Welche Gestalt wird seine Selbstbehauptung annehmen? Besinnungslosigkeit ist das Wesen des Moments. Kultur ist Besinnung; wird sie ihre Sprache wiederfinden?

November 1990 / Mai 1991

Die Kunst des Grundkredits

DDR-Künstler in einem Berliner Bankhaus

I

Ein Bankhaus sammelt Kunst: Gemälde, Zeichnungen, Druckgraphik, Skulpturen; es sammelt nicht, wie andere Geldhäuser, alte Meister von erwiesener Wertbeständigkeit, sondern es erwirbt, zum eigenen Nutzen und dem der Urheber, zeitgenössische Werke und ziert seine Räume – Flure, Hallen, Arbeitszimmer – damit aus. Das ist ein schöner Zug und ein altehrwürdiger dazu. Auch die Medici waren ein Bankhaus, und was wäre die Renaissance ohne den Kunstsinn dieser Bankiers? Die Paläste der Stadt, in der um die Mitte des 15. Jahrhunderts die große geistige und künstlerische Aufbruchsbewegung eine innige Verbindung einging mit den Häuptern des losgelassenen Geldes, bieten einen düsteren Anblick, und nicht nur, weil jene Luft, die auch im Süden immer saurer wird, nach dem alten Stein der Fassaden greift. Ihre Architektur selbst ist von abweisender Wehrhaftigkeit, so, als habe man jeden Augenblick mit Attacken zu rechnen gehabt; nur Waisenhäuser und Kapellen gewinnen den Anschein architektonischer Heiterkeit. Im 19. Jahrhundert nahmen dann *alle* Bankhäuser diesen Stil, den Palazzo-Pitti- und Palazzo-Strozzi-Stil an; mit wuchtigen Quadern, einschüchternden Gesimsen machten sie den Stadtbewohnern klar, welche Last es ist, das Geld zu hüten, das Geld zu bewegen.

Auch die Skulpturen, die diese altflorentinischen Paläste außen und innen bewachen, sind von hochgespannter Wehrbereitschaft, Zeichen der ständigen Bedrohtheit des sich in diesen Häusern angriffslustig verschanzenden Kapitals. Da sehen wir, von einer ersten Kraft überlebensgroß aus *einem*

Block gehauen, den nackten David, bereit, den Stein zu schleudern, der seine einzige Waffe ist, und ein Stück weiter Perseus, das bluttriefende Haupt der Medusa in der Hand. Daneben schlägt Judith dem Holofernes den Kopf ab, ringt Herkules mit schwellenden Muskeln einen Kentauren nieder. Zwischen ihnen wird einer Frau öffentlich Gewalt angetan: eine Sabinerin wehrt sich verzweifelt gegen den Eroberer. Dies alles sind lauter Meisterwerke; mit höchster Kunst, beflügelter Modernität äußert sich der Wille, Gewalt auszuüben und Gewalt abzuwehren, im Dienst jener Freiheit des Kapitals, die eine neue Freiheit war und sich der Übermacht der Grundherren aller Länder zu erwehren hatte.

Wie anders dagegen stellt die Grundkreditbank sich dar! Sie verkörpert ersichtlich den Sieg jener neuen, liquiden, das heißt flüssigen, nicht mehr – oder doch nur über den Grundkredit – am Boden haftenden Kraft, die sich im Quattrocento der Weltgeschicke zu bemächtigen anfing. Ist sie nun, am Ende des zwanzigsten, am Ziel? Man möchte es meinen, wenn man in Frankfurt, mit dem ausdrücklichen Zusatz: am Main, diese anmutigen Geldhäuser sieht, die höher als gotische Kathedralen, aber mit einer durchaus vergleichbaren, obschon sehr anders gegründeten Zuversicht in den Himmel ragen, eins markanter als das andre und alle unverwechselbar, Erzeugnisse einer wahrhaft avancierten Baukunst.

Aber die himmelstürmende Baulust – ein symbolisches Erdstürmertum – ist im Begriff, aus der Mode zu kommen. Frankfurter Geldinstitute haben die Wende eingeleitet. Sie haben es einem Messeunternehmen überlassen, den höchsten der Stadttürme zu bauen; sie selbst beginnen, sich horizontal zu geben, mit einer ebenerdigen Pracht, deren Kultur und Finesse, geschult an dem Formgefühl des Jahrzehnts vor dem Ersten Weltkrieg, sich an dem neuen Hauptgebäude der Hessischen Landesbank zeigt. So auch bei der Berliner Grundkreditbank. Hier ist weder der Rustika-Trotz des Quattro- und des Ottocento noch die grazile Exaltation der Frankfurter

Geldhochhäuser am Werk. Nicht durch Höhe, durch Form besticht der markant gerundete Bau im Winkelraum zwischen Budapester und Kurfürstenstraße; das edle Rot der Steinverkleidung, die spiegelnde Leichtigkeit von Fensterfronten, deren symmetrische Ordnung niemals drückend wird, setzen den Bau ins Heitere und Lichte. Und das Innere hält, was das Äußere verspricht; auch hinter der rötlichen Wölbung ist das Haus darauf angelegt, beim Besucher Zutrauen zu erwecken. Wo ein so köstlicher Marmor die Wände umkleidet, wo Treppen und Rundgänge so überraschende Perspektiven eröffnen, da, sagt sich der Gast, muß es eine Lust sein, das Geld, diese merkwürdig abstrakte, quecksilbrig-unfaßbare Macht, festzulegen, um es in Bewegung zu setzen.

Deutlicher noch als die hochragenden Türme zeugen diese neuartig-kostbaren, sich jeder Imponiergebärde enthaltenden Geld-Paläste von dem gelassenen Selbstgefühl der Mächte, die hier walten. So auch der Kunstsinn, der ihre Sammellust treibt. Er stellt nicht, wie jenes epochemachende Florentiner Geldhaus, Gewalt- und Abschreckungszeichen auf den Markt. Er will das Auge auf eine gehaltvolle Weise erfreuen und greift – nein: griff – dazu über den Rand jener Grenze, die die Stadt hindernd und schützend umgab wie das Lagunenwasser das alte Venedig. Venedig war in Renaissancezeiten kein geringerer Bank- und Finanzplatz als Florenz. Aber die Stadt konnte der Trutzbauten und bronzen abgeschlagenen Köpfe entraten; das Wasser schützte Kapitalien wie Inhaber. In Westberlin war die Lagune eine Mauer. Hinter ihr, auf dem Festland gewissermaßen, wurde eine andere Kunst gemacht als in der Zone des Grundkredits. Soll man sagen: eine inhaltsreichere? Soll man sagen: eine mehr auf Lust- als auf Unlustverbreitung gerichtete? Soll man sagen: eine in ihren Mitteln fundiertere? Soll sagen, wer will! Es gab diese markerschütternde Attacke des in der Inselstadt eingesessenen Professors, der sich angewöhnt hatte, seine Figuren verkehrt herum zu malen, wider den vom Fest-Land kommenden Eindringling, der mit dogmatischer Starre an oben und unten festgehalten und diese Orientierung noch dazu mit einer schier altmeisterlichen Präzision bekundet hatte. Im Verlauf des Disputs verlagerte sich die Frage nach oben und unten auf die von vorn und hinten; eine natürliche Öffnung auf der Kehrseite dessen, der mit feinem Pinsel der Natur gefolgt war, trat in den Mittelpunkt der Emphase jenes, der Zenit und Nadir kühn zu vertauschen pflegte. Unter Malern, zeigte sich, weiß man noch zu streiten.

Mit Sicherheit läßt sich nur eines sagen: daß die Maler, deren Werk dazu berufen wurde, das freundliche Geldhaus zu schmücken, von Hause aus keine Ahnung hatten, was das Kapital wirklich ist. Sie kannten nur das Politbüro. Versteht sich: Nicht alle kannten das Politbüro. Bernhard Heisig, der Leipziger Maler, kannte es so wenig, daß er, als er desselben erstmals wirklich ansichtig wurde, zwei Tage nach dessen Verschwinden, die beiden Nationalpreise zurückgab, die er im Laufe der Zeit erhalten hatte. Es war deutlich: das Politbüro hatte ihn enttäuscht, nachdem es nicht mehr vorhanden war.

Es hat auch Werner Tübke enttäuscht. Er folgte dem Beispiel seines Kollegen fünf Tage später und hatte noch einen Nationalpreis mehr zu retournieren. Es war eine kunstgemäße, eine realistische Haltung. Der Staat, dessen Künstler er gewesen war, hatte ausgedient – was sollten ihm noch dessen Preise? Mit ingeniösem Timing war es ihm gelungen, Staat und Werk, Ordnung und Œuvre zu synchronisieren; vier Wochen vor dem Eintritt der Bevölkerung in die Politik hatten die Häupter von Partei, Parlament und Regierung sein Hauptwerk, das Rundbild von Frankenhausen, einweihen helfen. Es war die letzte große Kunstveranstaltung des zerbröckelnden Staates, und sie kam gerade recht: das Magnum Opus war eröffnet – nun konnte das Machtgehäuse, das ihm den Tempel erbaut hatte, getrost zugrunde gehen. Tübke hat den SED-Staat in fünfzehnjähriger Arbeit zu Ende gemalt; nachdem das Grabmal, das Mal-Grab eingeweiht war, konnte der König das Zepter niederlegen. Das war dann keine feierliche Szene mehr, es war mehr wie das Niedergehen einer Theaterkulisse; der Rundhorizont fällt, auf einmal stehen die Darsteller auf der leeren Bühne. Tübke hatte seinen Rundhorizont vorsichtshalber an Beton befestigt.

Vor ein paar Wochen habe ich mir den Rundbau am Berghang angesehen, und mir kam der Gedanke, daß in den Kunstbüchern späterer Zeiten, wenn das Zentralkomitee und das Politbüro und die Nationale Volksarmee und der Verband Bildender Künstler längst vergessen sein werden, die Namen Hager und Honecker bewahrt blieben: als die Auftraggeber, die Finanziers des Werkes. Man mag dieses Bild, für dessen Farbauftrag russische Weber die größte Leinwand der Malgeschichte webten, für exzentrisch, für aberwitzig halten. Aber es ist nun einmal da und macht als Daseiendes alle Kritik abprallen, vor allem dadurch, daß es keine Annäherung an den Betrachter unternimmt. Es hält Abstand, hält auf Abstand; der Betrachter muß sich, billigend oder mißbilligend, auf das Werk zu bewegen: dieses kommt ihm nicht entgegen. Es besteht, mit dem toten und dem lebendigen Maler inmitten (aber es hat keine Mitte, es ist ja rund), auf nichts als sich selbst und der Niederlage, die es verklärt – das letzte, überbietende Exempel eines Staatsmäzenatentums, das sich, wie einst das römische der Renaissancepäpste, in der Darstellung des Weltgerichts erfüllt. Aber es ist ein anderes Gericht, zeigend, wie der, welcher auf Erden Gericht halten will, die neue, die Gotteswelt begründend, in die Messer seiner Weltferne läuft. Er tut es bona fide, mit Wort und Schwert. Dem Maler, der ihm huldigt, konnte die Leinwand nicht groß genug sein.

II

»Staatskünstler, Harlekin, Kritiker?« Es sind drei Fragen, denen die Grundkreditbank die Präsentation ihrer Kunstwerke unterstellt. Sind Künstler Kritiker? Sie sind zum Jasagen gemacht; Apotheose, nicht Kritik ist ihr Feld. Kritisieren Ueckers Nägel, Klaphecks Maschinen, Antes' Kopffüßler – oder Graubners Kissen, Kiefers Pasten – kritisieren sie die Welt? Sie sagen sie aus, indem sie formend die Empfindung versinnlichen, die sie dem einzelnen eingibt; da ist Distanz und Erhebung zugleich am Werk. »Bilde, Künstler! Rede nicht!« – das heißt nicht, daß der Maler nicht über die Regierung nachdenken solle. Es heißt lediglich, daß die Kunst in ihren Werken grundsätzlich positiv ist. Kritik ist die Sache des analytischen oder polemischen, des Gründe aufweisenden oder Gründe verwerfenden Wortes.

Staatskünstler und Harlekin also – die Worte scheinen ausdrücklich für Werner Tübke gemacht. Aber dann sollte es schon *arlecchino* heißen. Doch es stimmt auch auf italienisch nicht; der Typus des schelmischen Dieners hat sich auf der Kunstbühne jenes Fest-Landes keineswegs entwickelt. Statt des Kaspers hat man den zu berufen, der ihn am Faden hält: den Puppenspieler. Als den hat sich Tübke, der Staatskünstler des Kunststaates, selbst oft genug gesehen. Seine Staatskunst war immer ein höchst ernsthaftes Puppenspiel; sie wurde um so freier, um so kunsthafter, je deutlicher ihr das bewußt wurde. Zugleich war das Puppenspiel Staatskunst, auf eine Welt machtbefestigter Sinngebung bezogen, die sich, Marionetten bildend, nur noch als Fadenspiel fassen ließ.

Tübkes mythologisch aufgeladene Historienbilder ermöglichen sich durch den Ausdruck der Leblosigkeit, wie die Gliederpuppe sie an den Tag legt. Es sind kostbar umkleidete Kostümpuppen, die steif und zauberisch, mit unerweckbarer Starre an den Erd- und Himmelsplänen dieser Bilder haften;

daß sie ihre Unwirklichkeit eingestehen, macht sie künstlerisch möglich. Dies zu gewinnen war ein langer Weg nicht sowohl über Abgründe hinweg als in Abgründe hinein; einige der Ausgangsflächen kann man in dem Speisesaal eines alten Leipziger Hotels in Betracht ziehen. Werner Tübke, der Parteigänger der neuen Ordnung, die viele von der Last jener alten Ordnung befreite, die auf ihrer Kindheit, ihrer Jugend gelegen hatte, hat immer wieder den neuen, den sozialistischen Menschen malerisch zu fassen versucht. Er ist immer wieder daran gescheitert; nur wenn er sich selbst malte, gelang ihm dessen sinnreiches Abbild. Der sozialistische Mitmensch, sei er Rektor oder Bauarbeiter, Vietnamesin oder Ingenieur, schlug ihm fehl; die Spur dieses Scheiterns zeichnet sein Œuvre während Ulbrichts Gründerzeit. Immer dicht vor die Schranke des Surrealismus tretend, wich er allemal in einen Manierismus zurück, der den neuen Menschen als den emphatisch verdrehten jenes gegenreformatorischen Idealismus zu fassen suchte, der seiner eigenen Vergeblichkeit ekstatisch inne war.

Erst der Niedergang dessen, was sich mit geschraubter Gebärde als wirklich vorgab, machte den Maler frei – und das Reisen-Können, das in den Körben der Entspannungspolitik für die Künstler wenigstens bereitlag. Die Bildner des Landes gingen daran, sich den Süden Europas, Italien zumal, zuzueignen und sich abzulösen von den unerfüllbaren Prätentionen jenes saxonischen Kleinpreußens, das ihre Heimat war. Der mit Recht von der Dresdner Galerie erworbene »Sizilianische Großgrundbesitzer« war eines der ersten dieser Bilder der Befreiung von der schiefen Enge und dem überspannten Anspruch. Nicht mehr nur der Gestus der Gestalten – diese selbst waren nun jener fernen Kunstwelt zu entnehmen, die der Maler mit historischem Scharfblick als die ihm bezügliche erkannt hatte. Denn in dem verzückten Pathos, mit dem die katholischen Maler des späten 16. Jahrhunderts scheiternde – und Scheiter schichtende – Glaubenswirklichkeiten hochhielten, konnten *zwei* einschneidende Selbst- und Epochenerfahrungen des Malers reflektierend aufgehen, die des Nationalsozialismus, dessen Untergang der Sechzehnjährige erlebt hatte, und die ihm folgende eines Internationalsozialismus, der zugleich siegreich und längst hinfällig war, als er sich in Teil-Deutschland als Alternative zu einer schuldhaft gewordenen Ordnung aufbaute.

III

Fünf malerisch-graphische Vertreter der Generation, die bei Kriegsende in dem Alter war, gerade noch Soldat oder doch Flakhelfer geworden zu sein (Tübke war es nicht, aber er wurde 1945 von der Sowjetarmee in eine halbjährige Geiselhaft für einen von Werwölfen ermordeten Sowjetsoldaten genommen), zeigen sich in den Kunstkammern des Grundkredits: Heisig, Altenbourg und Mattheuer sind in den Jahren 1925-27, Metzkes und Tübke sind 1929 geboren. Drei von ihnen, in *einer* Stadt, an *einer* Hochschule, der Leipziger, zu Hause, haben Schule gemacht; noch heute, da eine neue Generation herangewachsen ist, erscheinen sie als die Eckpunkte *eines* Kraft- und Arbeitsfeldes. Gemeinsam ist ihnen die Bindung an das Konzept eines sozialistischen Realismus, wie ihn nicht Shdanow und Kurella, sondern Bertolt Brecht bestimmt hatte. *Weite und Vielfalt der realistischen Schreibweise* hieß der Aufsatz im 13. Heft der Versuche; er setzte wider die Shdanow und Hager, Abusch und Kurella die Bestimmung, »daß Realismus keine Formsache ist«. »Nichts ist so schlimm, als beim Aufstellen von formalen Vorbildern *zu wenig* Vorbilder aufzustellen«, fuhr der Autor fort und zielte damit auf den Hang der Einheitspartei, den bürgerlichen Realismus aus der Gründerzeit der Sozialdemokratie für das Muster der Künste zu halten. »Die so Beratenen«, widersprach der Dichter, »möchten sich da in Bildern ausdrücken, die aus dem Leben toter Leute gegriffen sind, dort auf psychische Reaktionen spekulieren, die nicht mehr einlaufen.«

Haben, den Kanon der Vorbilder energisch erweiternd, auch jene Leipziger Maler sich »in Bildern ausgedrückt, die aus dem Leben toter Leute gegriffen waren«? Die Lebendigkeit ihres Griffs in das Repertoire der Geschichte nährte sich von der Wucht der Verbote. Es war die Zeit, da ein Dresdner Kunststudent, der in der Bibliothek seiner Hochschule nach Bildbänden der Impressionisten fragte, das Befremden der Kontrolleure auf sich zog und, wenn er Picassos Werke auszuleihen begehrte, die Relegation riskierte. Auf solchem Boden war es gewagt, sich an Kokoschka anzulehnen, wie Heisig es malerisch unternahm. Den Magritte anzunehmen, wie es Mattheuer tat, war nur möglich, weil die Kunsthüter den nicht kannten und ein klarsinnig gemaltes Fenster schon für – Realismus hielten.

Es wurde Realismus unter Mattheuers Händen. Während Heisig, der Virtuose im Reich eines visionär gesteigerten Spätimpressionismus, die Apotheose des Scheiterns an einem näheren historischen Ereignis als dem Bauernkrieg festmachte, an der Niederlage der Pariser Commune, und der Demonstration der Untergänge jene Dynamik einhauchte, die aus der Realbewegung längst verschwunden war, bildete Mattheuer zur gleichen Zeit die Chiffren einer Vergeblichkeit, deren Material er nicht aus der Vergangenheit heranschaffen mußte: sie lag vor der Tür des wirklichen Lebens. Auf diesem Weg, der ein langer Weg war und seinerseits erst in den siebziger Jahren zu malerischer Freiheit aufwuchs, ist Mattheuer zum sozialistischen Realisten in einer Weise geworden, die den Sinn, den die Ideologen dem Wort hatten geben wollen, Lügen strafte. Mit den Versatzstücken des Alltags in ernsthaftem Spiel Blickfänge zu bilden, in denen sich die Anschauung verfängt, um zum Bewußtsein der eigenen Lage zu kommen – diese malerische Strategie hat vielleicht nicht bei dem Volk (das Volk, gestehen wir es nur, interessiert sich nicht leicht für neue Maler, es ist schon viel, wenn die Grundkreditbank das tut), aber bei einer breiten, qualifizierten Schicht des Volkes verfangen wie keine andere; kein Maler hat wirksamer als dieser in das Bewußtsein seiner Mitbürger eingegriffen. Er tat es auf großen Einzelausstellungen, deren erste, 1974 in Dresden, es fertigbrachte, neben Caspar David Friedrich zu bestehen, und innerhalb jener Landeskunstausstellungen, die alle fünf Jahre in Dresden ein nach Hunderttausenden zählendes Publikum anzogen. Sie taten es mit Bildern, deren beste den Versuch machten, ihr Wort – die Sprache des Bildes – in die Waagschale eines gesellschaftlichen Prozesses zu legen, dessen kunstbeflissene, kunstverhärtete Lenker und ihre Apparate weder hören noch sehen wollten. In diesem Spannungsfeld gewann die Kunst des Landes einen einzigartigen Wirkungsraum.

Bilde, Künstler, rede nicht? Mattheuers Bilder sind sprechende Bilder; mit Symbolen und Mythologemen kunstreich hantierend, reden sie zu ihrem Betrachter von einer Welt, die nicht ist, wie sie sein sollte, aber vorgibt, so zu sein. Dieser Maler wehrt sich mit festen Konturen gegen die Unruhe, die ihn treibt – es ist die Unruhe eines, der sich mitschuldig, mitverantwortlich weiß. Die Gegenfigur dessen, der sich entzieht, der sich abfindet, der sich verstellt, hat ihn in immer neuen Variationen bedrängt. Sie ist zu skulpturaler Form aufgewachsen in der Gestalt des Mannes, der sich, mit ingrimmig geballter Faust, die Schafsmaske vors Gesicht hält – einer Gipsplastik aus dem Wendejahr 1971, das die Hoffnungen, die es vorgab, bald wieder zunichte machte. Dem Denkmal des Rückzugs steht das Monument der Expansion gegenüber, dessen graphischer Vorläufer »Alptraum« und dessen plastische Ausformung »Jahrhundertschritt« heißt: der Mann des Zeitalters als der Mann ohne Mitte, mit entsetzt verrutschtem Kopf, dessen einer Arm den Hitlergruß und der andere den Rot-Front-Gruß austeilt. Ein Bein stößt sich im Knobelbecher von der Erde ab, das andere, nackte, streckt sich haltlos ins Leere. Die Grundkreditbank hat sich das ingrimmige Zeit-Zeichen als Mahnmal vor ihr Portal gestellt.

Was den Bildner vom Agitator unterscheidet, ist, daß er die Fragen, die er an andere richtet, immer sich selber stellt; eben das macht ihn zum Moralisten. Aber er wäre nicht der Künstler, der er ist, wenn er nicht auch ganz anders sein könnte, das c-Moll-Pathos hinter sich lassend, um in F-Dur auf Flußläufe und Sommerabende zu blicken. Dann kommen ihm, graphisch oder in Farbe, Bilder ins Blick-, ins Malfeld, die groß und sinnend, mit träumerischer Einfachheit dastehen. Auch die Bank hütet einige dieser Blätter.

Nachdem der Staat, der ihr Kunst-, ihr Lebensraum war, nach langer Ausgrenzung vollwertig auf die Bühne des internationalen Austauschs getreten war, drang der Ruf der drei Leipziger Maler bald in die Welt hinaus. Auch die Krise, in die die gegenstandslose Kunst im Westen in den sechziger Jahren geraten war, zeigte sich ihrem Ruhm günstig; man war froh, wieder Bilder zu sehen, bei denen man sich was denken konnte. Um Harald Metzkes, den Bautzener, der längst ein Berliner war, blieb es stiller, wie seine Bilder dies waren. Er hatte sich das Settecento zu seinem inneren Bezugsfeld erkoren und arrangierte Bilder alltäglichen Lebens mit jenem leichten Überschwang, der sich den Meistern dieser Zeit absehen läßt; die erdigen, unluftigen Farben hielten ein Gegengewicht zu der Grandezza der Komposition. Auf diesem merkwürdigen Weg, mit Pinselzügen, deren breiter, unruhiger Farbauftrag sich deutlich abhob von der graphischen Prägnanz der Altersgenossen, gewann er Verfremdungen, die am meisten dort überzeugen, wo auch der Gegenstand einen Einschlag ins Phantastische gewinnt. Ein Harlekin, tatsächlich, ist hier in den sozialistischen Alltag eingewebt, dem sich andernorts Judith und Holofernes, Othello und Desdemona und sogar der kleine Herkules entringen, der, da die Eltern schlafen, die Schlange erwürgt. Im Hintergrund aber ragt das Wahrzeichen des Prenzlauer Bergs, der Wasserturm. Metzkes

»Lesende« (das rote Rundhaus enthält sie wie auch den Harlekin, der den Hahn am Wickel hat) – diese »Lesende« ist ein klassisches Bild, von einer Ruhe und Generosität, wie sie Masereel in seinen besten malerischen Stunden aufgebracht hat. Aber es ist ganz eigen.

Altenbourg ist der Fünfte – nicht im Bunde, aber im Feld dieser in der Weimarer Republik geborenen, unterm Nazismus aufgewachsenen Generation. Er ist der Unverbundene; ein – vor Jahresfrist jäh zu Ende gegangenes – Lebenskunststück gelang ihm, so schwierig, so subtil, so unnachgiebig wie seine bösartig-heiteren, bohrend verspielten Zeichen- und Druckgebilde: das Kunststück, es mit einer Arbeit im Lande auszuhalten und hauszuhalten, die sich jeder Vermittlung zum offiziellen Betrieb in Verbänden, Hochschulen, Akademien mit Gelassenheit entschlug. Das ist auch anderen gelungen, sogar jenseits des Rückhalts, den Altenbourg sich schuf. Er fand ihn bei zwei Westberliner Galerien, erst bei Springer, dann, seit 1964, bei Brusberg; so ist es nur recht und billig, daß Gerhard Ströch, der sich Altenbourg nannte und in Altenburg wohnte, der überwiegende Meister auch an den von Brusberg, dem Galeristen, betreuten Wänden des Grundkredits ist.

Dieser Zeichner, Radierer, Lithograph hat sich nicht aus falschen Ansprüchen, drückenden Selbst-Verpflichtungen herausarbeiten, er hat sich nicht, wie andere, mühsam freimalen müssen. Der Einzelgänger hielt an der Heimat fest und seinen Blick frei auf das, was europäische Kunst auch in den Zeiten symmetrischer Geistesspaltung, des allgemeinen ideologischen Grabenwesens im Bewußtsein der Klarblickenden immer war: ein lebendiger Zeitstrom und vielfach treibender Gesamtprozeß, der *sich* dem einzelnen, dem der einzelne sich wechselwirkend mitteilt.

Die Leipziger Maler sind in den fünfziger Jahren von dem eisernen Winkel, der die offizielle Position war, ausgegangen und haben sich unter den teilnehmenden Augen einer großen Zuschauerschaft ins Eigene gemalt. Altenbourg, der fünfzig

Kilometer südlich in einer kleinen, allmählich verwitternd ersterbenden Stadt wohnte, hat sich mit der Dezenz des Graphikers, der weiß, daß sein Publikum klein ist, erlesen und universell, von vornherein ins Weite gesetzt, den eigenen, angestammten Ort dabei unverwechselbar behauptend.

IV

Auf der Folge der Geschlechter liegt in dem Deutschland des 20. Jahrhunderts eine Reihe historischer Zäsuren, die auf dem Gebiet der DDR besonders dicht und besonders tief eingeschlagen haben. Die um 1940 Geborenen haben aus Kinderjahren noch Reichs-, noch Kriegserfahrung, aber nicht mehr als prägende wie die um zehn, fünfzehn Jahre Älteren. Sie sind die Kinder der Nachkriegszeit – die Generation, auf die die deutsche Staatsspaltung als der Säbelhieb entzweiter Siegermächte, aber auch als die innere Kapitulation eines sich im Ganzen, als Ganzes aufgebenden Volkes niederging. Die Werke von drei Malern dieser Generation liegen auf der Bank, hängen an ihren Wänden; der 1937 geborene Max Uhlig ist der Älteste von ihnen. Er hat sich in Dresden in der strengen, fühlsamen Schule Hans Theo Richters gebildet und ist, durch den Betrieb einer Graphikpresse ökonomisch geschützt, einen Weg gegangen, auf dem es ihm, unbeirrt vom Streit der Richtungen, dem Druck der Anforderungen, gelang, die Formidee des Gestrüpps zum Sinnbild des Menschen, ja der Welt zu machen. In unermüdlicher Variation hat diese Struktur in seinem Werk eine immer neue, immer lebendige Prägung gefunden; sie hat von dem graphischen Grund, auf dem sie baute, schließlich in Farbe ausgegriffen, jene Buntheit aufnehmend, die zu den Kennzeichen gehört, mit denen die Welt der Liquidität Waren und Straßen unabsehbar überzieht.

Uhligs Schritt von dem graphischen zu dem malerischen Mittel war wie ein Schritt aus dem eigenen Land, diesem graphischen Land mit seinem Reichtum an Grautönen, an Stufen gebrochener Farbigkeit, in die Außenwelt der schreienden Akzente. Er häuft, er bündelt sie zu den immer neuen Verwicklungen, die ihm das Weltzeichen sind, und teilt Farbhiebe aus, unter denen die Gestalten ins Unbestimmte zurücktreten; treibt es ihm die Palette gar zu bunt, geht er mit nacktem Schwarz gegen sie an. Seine lyrisch-spröde Kunst der Linientürmung, Linienverschlingung ist im Ausgriff auf die große Form schroffer und zugleich unverbindlicher geworden.

Auch Ebersbach, der nun Fünfzigjährige, treibt es bunt. Sein Kaspar schreit in tosender Expressivität von meterhoher Hartfaserplatte; wenn sein Lehrer, Bernhard Heisig, immer den Anhalt der Historie suchte, sind bei Ebersbach die rückwärts sichernden Linien längst verlassen und der alte expressionistische Schrei in seine Urgewalt eingesetzt. In ihr glühen die Verletzungen auf, um eine Welt zu entzünden. Da treibt Händler, der in Berlin tätige Hallenser, es entschieden bedächtiger. Eine sanfte, wohlabgetönte Dinglichkeit hebt sich schimmernd aus bräunlich versickernden Raumtiefen. Das Stilleben gibt den Ton an und läßt unförmige Menschenhäupter in seine Welt ein – ein Leben der Köpfe aus dem Dunkel der Räume.

Wolfgang Peuker, der Mann mit dem scharfen, unerbittlichen Blick auf die Menschengestalt, dessen nacktes Paar in der Betonzelle, »Wände« benannt, auf der Dresdner Kunstausstellung von 1982 die Aggressionen auslöste, die es beschrieb, ist 1945 geboren. Seine Bilder – Akte, Bildnisse, Szenen von einer physiognomischen Prägnanz, die kein Beiwerk duldet – geben das Maß eines Realismus, der in dem Abbild das Überbild, das Inbild gewinnt. Peuker kam aus dem sudetendeutschen Außig nach Leipzig und schlug dort Wurzel; mit seiner Frau, Annette Peuker-Krisper, die vor allem Graphikerin ist, bildet er den Übergang zu den Kindern der neuen Zeit, den in den fünfziger Jahren Geborenen, die in die Mauerwelt hineinwuchsen, als wäre dies und nichts andres – die Welt. Sie haben sich früh in jene Freiheit gesetzt, die ein Entschluß oder ein Reflex ist.

Mit großen Formaten, grell eingreifenden Farben gehen die beiden Heisig-Schüler Walter Libuda und Werner Liebmann gegen das Fest-Land an. Der eine, Liebmann, macht große, hallend-bedeutsame Szenen farbig explodieren; Libuda, der andere, geht auf das Alltägliche zu und zersprengt es mit entschiedener Attacke. Auch Hubertus Giebe kommt von Heisig und versucht, den Gestus visionärer Bilderflucht, mit dem sein Lehrer die Malwelt überwältigt, zu härten und zu verschärfen. Sein anderer Weg führt in Peukers Nähe und bringt so vibrierende Porträts wie das des schreitenden Münzenberg hervor. Jürgen Wenzel, der wie Liebmann und Giebe in Dresden wirkt, der Stadt, die Leipzig in den siebziger Jahren als Zentrum des Neuen ablöste, zeigt sich mit leidender Inbrunst der Menschenfigur zugewandt. Rembrandt gehört zu den Bezügen, von denen er sich motivisch abstößt in eine Malwelt, die den Expressionismus eigentümlich bekräftigt. So auch Angelika Hampel, die Jüngste der Schar. Sie schert ihren Mädchen, ihren Jünglingen die Köpfe und läßt sie so schutzlos einander verfehlen. Wie Otto Müller einst braune Zigeunerkinder immer wieder vor grünleuchtende Waldhintergründe stellte, feiern ihre Gestalten einen immerwährenden Fasching; bedrohlich wittern seine Farben über die Fläche, die Kontur.

Einige dieser Jüngeren haben die Wände, die überall im Land aufwuchsen, wo ein Wille sich regte, mit Bildsignalen überzogen, für die die Zeichenkunst der Indianer ihnen ebenso zurecht kam wie die Männeken-Malerei der Kinder und der Gefangenen. Wände, die im Wege stehen, sind zu nichts gut, als bekrakelt zu werden – das ist, unter der schöpferischen Anleitung des Dresdners Ralf Winkler, den man als A. R. Penck kennt, hier zur Kunst gediehen, es hat sich in Kunst gebracht. Da sich das Bild der Städte mehr und mehr in jenes menetekelhaft überzogene Gesamtkunstwerk verwandelt, dessen Elemente uns von Bahnen und Hauswänden mit idiotischer Nichtigkeit angrinsen, geben Penck und die Seinen dem Verfahren die Unschuld des Spiels; sie erlösen das dumpf wütende Maltreiben der Stadtguerilleros zu höherer Heiterkeit. Eine ganze Schule hat sich solcherart auf viele eigene Wege gemacht; ihre Protagonisten sind teils außer Landes gegangen, wie Penck, teils im Lande geblieben, wie Heinze und Wegewitz, die beiden Leipziger, die sich, sehr verschiedenen Blicks und Temperaments, der eine die Bindung an die Figur pointierend und verfeinernd, der andere sie mit wilden Fluchtgebärden verlassend, zuweilen zu Buchproduktionen zusammengetan haben. »Unaulutu« heißt das von Hans Marquardt, dem Reclam-Verleger, inaugurierte Chef d'œuvre dieser Zusammenarbeit. Nun hat die deutsche Einheit, die auf dem Papier der Graphiker, auf den Hartfaserplatten der Maler schon lange in Sicht war, alle eingeholt – sie sehen sich um, reiben sich die Augen und malen weiter Männchen, Gespensterchen, eine ganze bizarre Kleinwelt an die Wände der nun gemeinsamen, aber noch lange nicht einheitlichen Welt.

Ein Berliner Galerist und Kunsthändler, Dieter Brusberg, hat alle diese in dem roten Rundhaus zusammengebracht. Wie stehen ihre Werke zueinander? Bilden sie etwas wie eine malerische Landschaft? Es zeigt sich: in der Generation der Älteren ist die Differenz zu der gleichzeitig in dem westlichen Deutschland antretenden Maler-Generation groß und deutlich. Sie schwindet in dem Maß, wie die Zeichner, die Maler jünger werden; zuletzt ist es, als hätten die ganz Jungen der beiden deutschen Seiten mit ihrem gemeinsamen Drang zum Expressionismus, der Vor-Weltkriegs-Kunst, auf die Vereinigung zugemalt. Die kulturelle Spaltung ist am Lauf der Geschichte, an der Wirklichkeit der Kunst wie des Lebens abgeprallt. Daß auf diesem Weg sinnreiche Differenzierungen, produktive Figurationen entstanden, beweist diese Sammlung.

Um ein überblickendes Bild von der Malerei jenes Fest-Landes zu gewinnen, das nun, als offenes, ein anders und neu bedrängtes geworden ist, ist die von Bank wegen versammelte Galerie besser versehen als manche staatlich-städtische Sammlung. Sie ist es, obwohl viele wichtige Namen, viele erhebliche Œuvres in ihr fehlen. Welcher einzelne Kunst-Vertreter könnte es mit allem Wesentlichen aufnehmen, das ein Land voll Kunst im Lauf der Jahrzehnte hervorgebracht hat? Es wird zu ergänzen, wird zu erweitern sein; wenn das Qualitätsgefühl dabei waltet, das die Sammlung bisher bestimmt hat, wird der Rundbau an der Kurfürstenstraße ein Hauptort für die Kunst jener deutschen Zeitgenossen werden, die nun in einen andern, schnelleren, flüchtigeren Zeitstrom gerissen sind. Wie werden sie ihm begegnen?

Februar 1991

Konspiration mit der Vormacht
Aus den Geheimpapieren des Politbüros

Nur ein Turm mit einem Sprung

Die Angst vor dem Schuldenmachen ist dem DDR-Bürger durch theoretisch untermauerte, pädagogisch vertiefte Entwöhnung von dem Umgang mit Kapital tief eingepflanzt; westliche Banker beklagen es lebhaft. Anders des Landes langjähriger Staatsvorstand; er hatte sich von Kennern früh überzeugen lassen, daß jede dynamische Ökonomie auf Schuldenmachen beruhe. Aber wenn es an der dynamischen Ökonomie fehlt? Mit Schulden beim Klassenfeind zum Sieg über den Klassenfeind – das Rezept war auf Zweifel gestoßen; in dem innersten Zirkel der Macht, der sich nachmals als die Oberste Schulklasse des Landes entpuppte, waren zuweilen Anfragen an den Klassenlehrer ergangen. Auch die Poesie meldete Bedenken an – die ökonomisch bewanderte; Peter Hacks schrieb das Gedicht von der »Goldenen Laus zu Bismark« (westlich von Stendal), die Ballade von den braven Bürgern, die eine große Kirche bauen wollen und nicht genug Geld dafür haben. Aus Richtung Uelzen kommt einer des Wegs, in einer Kutsche mit feurigen Speichen, und leiht es ihnen; kein Zweifel, es ist der Teufel. Er kommt, als das hohe Werk fertig ist, wieder, sein Geld einzutreiben, aber die Bürger haben keins, sie sind pleite. Da setzt er ihnen eine goldene Laus ins Kirchenschiff, die bepißt die Hostie und verbreitet den fürchterlichsten Gestank; entsetzt flieht die Gemeinde.

> Und die Kirche stank und stank,
> Bis sie ganz in Trümmer sank.
> Nur ein Turm mit einem Sprung
> Steht noch zur Besichtigung.

Das ist 1985 im Aufbau-Verlag erschienen, in einem Bändchen mit *Romanzen und Historien*. Zwei Jahre später, nach gründlicher Ablagerung bei der Hauptverwaltung Verlage, erschien in einer umfassenden Sammlung dann auch jenes vierzeilige Gedicht, das die Diagnose verkürzt stellte. Es hieß »Der Nachfolger« und war ingrimmig:

> In diesem Armengrabe liegt ein Sohn,
> Der, was der Vater sparte auf dem Thron,
> Vergeudete. Ein Schild sagt den Besuchern:
> Er hat geerbt. Er war zu dumm zu wuchern.

Walter Ulbrichts Nachfolger wucherte nicht, er pumpte, und nicht nur die ökonomisch bewanderte Poesie ergriff Bestürzung, sie befiel auch die sozialistischen Planungschefs. Der Staatsanwalt bringt es an den Tag. Er heißt Przybylski, Peter, und war einstmals Pressesprecher des Generalstaatsanwalts der DDR, dazu ein Fernsehkommentator des sozialistischen Rechtswesens. Przybylski hat sich der Akte Honecker angenommen, die seine Behörde anlegte, als sie – seit dem Januar 1990 – die Strafverfolgung des Hoch- und Großmeisters sozialistischer Staatslenkung betrieb. Er hat sie an sich genommen und legt sie nun der Öffentlichkeit vor, in einem Buch, das, lange als das Werk eines Anonymus angekündigt, den pfundigen Titel *Tatort Politbüro* trägt und der Justiz bereits zu denken gegeben hat. Denn in Gestalt Hans Modrows ist die PDS auf den Gedanken gekommen, den Staatsanwalt, der Akten offenlegte, auf die Benutzung der Archivordnung zu verklagen. Hinter der Klage steht die auch im Bundestag verhandelte Frage der Gesamtverfügung über den Dokumentennachlaß der SED. Soll alles nach Koblenz, ins Bundesarchiv, wandern, womöglich mit einer Sperrfrist von dreißig Jahren? Es läge dort weit weg von denen, die die Geschichte eines sie betreffenden Landes ergründen wollen. Wenn es nicht gelingt, die jetzige Aufbewahrungsstätte in der Berliner Wilhelm-Pieck-Straße zu erhalten, sollte das Potsdamer

Staatsarchiv, mit Bundeshilfe ausgebaut, die Verwahrung und Erschließung der Materialien übernehmen.

Dem Rowohlt Verlag, der das Buch im Rahmen seines neuen Berlin-Programms herausgebracht hat, das eine eminent vielseitige Aufarbeitung des DDR-Erbes betreibt, ist die Auslieferung des Buches durch eine Einstweilige Verfügung acht Tage lang untersagt worden. Aber die Klage der Akteninhaber ist nicht durchgedrungen; es scheint, als werde der Staatsanwalt ungestört Tantiemen für die außerdienstlich verwendeten Papiere beziehen können. Denn es ist genau die Hälfte des Bandes, die diese Sammlung von Staatspapieren ausmacht. Die andere Hälfte gibt, außer einem interessanten Bericht über die Strafverfolgung der Politbürokraten und einer triftigen Analyse der Rechtslage des Falles Honecker, etwas wie eine politische Biographie des einstigen FDJ- und SED-Leiters; auch hier findet sich manch schlüssige Darstellung, manches interessante Detail. Aber das stärkere Interesse liegt bei den Dokumenten selbst. Es sind als Parteipapiere Staatsdokumente, denn die SED handelte, als sei sie der Staat, und verfügte über ihn; sie schusterte sich 1968 einen eigenen Verfassungsparagraphen dafür zurecht. So muß das öffentliche Interesse an der Publikation jede andere Erwägung niederschlagen.

Przybylskis Aktensammlung reicht von 1935 – dem Protokoll der Gestapo-Vernehmung des dreiundzwanzigjährigen KPD-Funktionärs Honecker – bis zu einer Erklärung des Haftverschonten aus seiner brandenburgischen Zuflucht im Sanatorium der Sowjetarmee. Die Dokumente sind weder kommentiert noch gegliedert (die chronologische Folge wird immer wieder durchbrochen); ihre Darbietung trägt alle Anzeichen hastiger Kompilation. Der Ertrag ist gleichwohl profund; er kommt in einem Punkt einer historiographischen Sensation gleich. Man hatte Grund zu der Annahme, daß Walter Ulbricht 1971 wesentlich deshalb abgelöst worden sei, weil er sich, aus Sorge um den Bestand der DDR, der

Entspannungspolitik verschlossen habe, mit der man in Moskau auf die Ostpolitik der Regierung Brandt-Scheel eingegangen war. Es zeigt sich: das Gegenteil war der Fall; die sowjetische Führung hatte im Juli 1970 – einen Monat vor der Unterzeichnung des Moskauer Vertrags mit der Brandt-Regierung – Sorge vor deutschlandpolitischen Alleingängen Ulbrichts. Przybylski legt das Protokoll einer Unterredung Breshnjews mit Honecker vom 28. Juli vor, deren Ort unbestimmt bleibt – vermutlich ein Moskauer Krankenhaus, in das der Ost-Leiter sich statt zum Krimurlaub hatte begeben müssen. Es handelt sich um die sechs Druckseiten umfassende Übersetzung einer Mitschrift (oder eines Mitschnitts) dessen, was Breshnjew dem angereisten Honecker dort zu sagen hatte; wie ist das Papier in die Hände des deutschen Politbüros gelangt? Vermutlich hat Breshnjew selbst es Honecker, der in dem Text als stummer Zuhörer, nämlich gar nicht, erscheint, nach dem Privatissimum zustellen lassen.

Honecker hat nach der Zusammenkunft ein Resümee der Breshnjewschen Äußerung verfaßt, das das Buch gleichfalls wiedergibt. Es verblaßt gegenüber der wörtlichen Wiedergabe der Breshnjewschen Rede, die von der Sorge der Sowjets bestimmt ist, daß die von ihnen aufgenommene Entspannungspolitik zu einer Aufweichung der DDR führen könne. »Was will Walter mit der ... durch nichts zu beweisenden Möglichkeit der Zusammenarbeit mit der westdeutschen Sozialdemokratie, was versteht [er] unter der Forderung, der Brandt-Regierung zu helfen? Gut, Sie wissen es nicht, ich auch nicht. ... es darf zu keinem Prozeß der Annäherung zwischen der BRD und der DDR kommen.« Und zuvor: »Du kannst mir glauben, Erich, die Lage, wie sie sich bei euch so unerwartet entwickelt hat, hat mich tief beunruhigt ... Die DDR ist für uns, für die sozialistischen Bruderländer ein wichtiger Posten. Sie ist das Ergebnis des 2. Weltkrieges, unsere Errungenschaft, die mit dem Blut des Sowjetvolkes erzielt wurde. Ich habe bereits einmal gesagt, daß die DDR nicht nur eure, sondern unsere gemeinsame Sache ist.« Der sowjetische Generalsekretär läßt keinen Zweifel daran, wer das Heft in der DDR in der Hand hält: »Wir schätzen die Dinge ... so ein, daß wir doch noch auf Walter einen gewissen Einfluß ausüben können. Ich sage dir ganz offen, es wird ihm auch nicht möglich sein, an uns vorbei zu regieren, unüberlegte Schritte gegen Sie und andere Genossen des Politbüros zu unternehmen. Wir haben doch Truppen bei Ihnen. Erich, ich sage dir offen, vergesse das nie: die DDR kann ohne uns, ohne die SU, ihre Macht und Stärke – nicht existieren. Ohne uns gibt es keine DDR.«

Das konnte Honecker nicht überraschen. Es bezeichnete die Grundlage der Politik der deutschen Kommunisten auf dem Gebiet der DDR und verwies auf deren moralischen wie politischen Hintergrund: einen von den überfallenen Siegern unter ungeheuren Opfern gewonnenen Krieg, der von den deutschen Machthabern als ein Vernichtungs-, ein Versklavungskrieg geführt worden war. Das Erstaunliche ist, daß Breshnjew sich veranlaßt sah, es im Hinblick auf Walter Ulbricht zu bekräftigen. Die historische Szene – der einer Operation entgegensehende Sowjetführer ruft Erich Honecker zu sich ins Krankenhaus, um den Sturz des altgedienten Parteichefs einzuleiten, den er angesichts der Bonner Entspannungspolitik für einen unsicheren Kantonisten hält – spiegelt die tiefe Unruhe wider, in die die Friedenspolitik Brandts und Scheels die sowjetische Führung versetzt hatte. Wenn jemand, den man sich über einen historischen Zeitraum hin als Gegner anzusehen gewöhnt hat, auf einmal einlenkt, wird der Betroffene das zunächst immer als Täuschungs-, als Destabilisierungsmanöver ansehen. So ging es den Westmächten lange Zeit mit Gorbatschow.

Unter dem Druck des Konflikts mit China war die sowjetische Führung auf die Signale vom Rhein eingegangen; das Imperium mußte angesichts der Bedrohung seiner Ostgrenze die Gelegenheit wahrnehmen, sein Verhältnis zu der westdeutschen Republik zu stabilisieren. Aber die DDR durfte dabei keinesfalls ins Rutschen kommen; wie groß die Gefahr war, hatte sich im März 1970 bei Brandts Erfurt-Besuch gezeigt. Dafür hatte niemand mehr Sinn als Walter Ulbricht, der noch zwei Jahre zuvor, auf dem Höhepunkt des Prager Frühlings, in Leipzig eine unversehrte spätgotische Kirche mit einer von Bach eingeweihten Silbermannorgel hatte in die Luft sprengen lassen, um möglichen Zweiflern zu zeigen, wer Herr im Lande sei. Aber Ulbricht fiel der 1964, nach Chruschtschows Sturz, neu formierten sowjetischen Führung durch ein Selbstbewußtsein auf die Nerven, das sich auf eine Reihe ökonomischer Erfolge stützte. Die DDR hatte unter seiner Führung das sozialistische Plansystem elastischer zu machen versucht; der Parteichef sah in dem von Erich Apel 1962 entworfenen Reformprogramm, das auf den Namen NÖSPL hörte, ein Vorbild auch für den Bruder im Osten. Auf den Druck Breshnjews hin, der im November 1965 als neuer sowjetischer Generalsekretär seinen Antrittsbesuch in der DDR machte, hatte er es teilweise zurücknehmen müssen; nun erinnert sich Breshnjew gegenüber Honecker im Ton äußerster Entrüstung an den Widerstand, den ihm Ulbricht – vermutlich in dieser Angelegenheit – bei einem Treffen am märkischen Döllnsee geleistet habe. »Alle meine Delegationsmitglieder stellt er in eine Ecke – mich bearbeitete er in einem heißen Zimmer – ich schwitzte – er ließ nicht nach – dies ist nicht das Wichtigste, aber so kann und darf man niemanden behandeln.«

Breshnjew erinnert sich an solche und andere Zumutungen und chartert sein Gegenüber unverblümt als Agenten der sowjetischen Führung innerhalb des deutschen Politbüros: »Wir sind in der DDR und bleiben dort. Nichts wird passieren. Was wir bis dahin, bis zu meinem Besuch benötigen, um gegen alle, auch bis jetzt undenkbaren Absichten von Walter gewappnet zu sein, ist, daß Sie uns laufend informieren, alle zwei Tage und wenn plötzlich etwas auftritt – sofort. Sprechen Sie mit P[jotr] A[brassimow]*, er wird alles sofort und gut erledigen, organisieren. Wir möchten keine Überraschungen erleben.« Natürlich ist es eine völlig wahnhafte Vorstellung des sowjetischen Parteichefs, daß Walter Ulbricht plötzlich gemeinsame Sache mit Willy Brandt gegen die Interessen der Sowjetunion machen könnte. Sie zeugt von dem bohrend schlechten Gewissen der sowjetischen Führung in der deutschen Frage. Erst Eduard Shewardnadse hat den circulus vitiosus traumatischer Fixierungen zu durchbrechen gewußt.

Die Führung muß lernen

Auch in jener reduzierten Form, die 1965, bei dem auch kulturpolitisch berüchtigten 11. ZK-Plenum der SED, auf Breshnjews Druck hin zustande gekommen war, war das Neue Ökonomische System der sowjetischen Wirtschaftsorganisation überlegen, nicht zuletzt deshalb, weil es an einem bescheidenen und beengten, aber immerhin existenten privaten Sektor in Industrie, Handel und Gewerbe festhielt. Zudem hatte Ulbricht ein klares Bewußtsein davon, daß der Sozialismus verlieren werde, wenn es ihm nicht gelänge, jene technische Revolution zu realisieren, die sich im Westen als Computerisierung und Automatisierung der Produktion anbahnte. Der deutsche Staatsleiter, der sich, wie Przybylski mit absurdem Tadel vermerkt, eher von führenden Wissenschaftlern als von ZK-Funktionären beraten ließ, hatte die Tragweite der Aufgabe begriffen und versuchte, sie mit den beschränkten Kräften seines kleinen, zwischen zwei Riesen – der Militärweltmacht Sowjetunion und der Wirtschaftswelt-

---

* Abrassimow war 1962-71 und noch einmal 1975-83 sowjetischer Botschafter in der DDR.

macht Westdeutschland – eingezwängten Landes zu lösen. In dem von dem Rowohlt-Band gleichfalls überlieferten Schlußwort am Ende eines offiziellen Treffens zwischen SED- und KPdSU-Führung im August 1970 sagt Ulbricht es mit aller Klarheit: »Die wissenschaftlich-technische Revolution hat tiefere, gefährlichere Wirkungen, als wir anfangs einschätzten. Nicht nur die Werktätigen müssen die neuen Aufgaben lernen, die Führung muß lernen.« Der Vorsprung des Westens sei nur einzuholen, »wenn wir wissenschaftlich-technischen Höchststand erreichen, wenn wir bisher nicht Gedachtes denken und die neuesten Ausrüstungen mit den höchsten Parametern serienmäßig herstellen.«

Das klingt wie eine Mahnung an die Adresse der sowjetischen Parteiführer. Und wie eine Mahnung klingen auch Sätze über die gegenüber der SPD einzunehmende Haltung: »Wenn wir die Existenz einer unter sozialdemokratischer Führung stehenden Regierung Westdeutschlands nicht maximal ausnutzen, um die friedliche Koexistenz zu erreichen, dann werden uns die Völker das nicht verzeihen, auch nicht das Sowjetvolk.« Das Fazit: »Wir wollen uns so in der Kooperation als echter deutscher Staat entwickeln. Wir sind nicht Bjelorußland, wir sind kein Sowjetstaat. Also echte Kooperation.«

Als Ulbricht das der versammelten russischen Parteiführung sagt, aus der Position der Gleichberechtigung, nicht der Satrapie, ist die DDR von ihren Anfängen so weit entfernt wie von ihrem Ende. Sie ist der internationalen politischen Anerkennung nahe und steht im Zenit einer politischen Existenz, die sich bei westlichen Beobachtern und Analytikern zunehmend Respekt verschafft hat. Sebastian Haffner nennt Ulbricht damals, und keineswegs leichtfertig, den erfolgreichsten deutschen Staatsmann seit Bismarck und führt den martialisch-dogmatischen Charakter von dessen Regime auf die Repressionen und Verfolgungen zurück, die den deutschen Kommunisten seit dem Beginn ihrer politischen Existenz entgegengeschlagen waren. Im Hintergrund solcher und vieler ähnlicher Betrachtungen steht das Bahrsche Konzept eines Wandels durch Annäherung. Die sich anbahnende Anerkennung der Eigenstaatlichkeit der DDR durch ihr westdeutsches Widerlager gründet sich nicht nur auf die im Zeichen des atomaren Patts einsetzende Entspannungspolitik der beiden Weltmächte, sondern auch auf die politisch-ökonomische Stabilisierung, die der DDR nach dem Mauerbau – und trotz der Eingriffe der neuen sowjetischen Führung – gelungen war. Ein britischer Beobachter spricht damals von dem geglückten nationalkommunistischen Experiment.

Ulbricht selbst ist von diesem Gefühl durchdrungen; er wiegt sich und seine Partei in der Vorstellung, der Sozialismus habe auf deutschem Boden – jedenfalls einem Teil desselben – gesiegt. Wenn Stalin den Aufbau des Sozialismus in *einem* Land durchgesetzt hatte, so hatte Ulbricht ihn in sowjetischem Auftrag überboten: Aufbau des Sozialismus in einem Viertelland; in einer neuen Verfassung schreibt der Landesherr die innenpolitischen Machtverhältnisse und damit zugleich die deutsche Teilung fest. Um den Sieg auch architektonisch zu demonstrieren, verlegt er sich darauf, die größeren Städte des Landes mit riesigen Turmbauten zu versehen; in Leipzig, Jena und Berlin kommt der Plan zur Ausführung. Zugleich ist dies eine Zeit der Sprengfrevel; nicht nur Leipzigs Paulinerkirche fällt den Dynamitkommandos des Staatschefs (und der Planung des Architekten Henselmann) zum Opfer, sondern auch die Ruinen des Potsdamer Stadtschlosses und der Garnisonkirche. Der Triumphalismus der neuen Ordnung zeigt sich ebenso gigantomanisch wie destruktiv.

Aber das Ende ist schon bereitet. Der Staatslenker hat das Hauptproblem der Zukunft ins Visier genommen, die Bewältigung der neuen technischen Umwälzung (»›technokratische‹ Theorien einer sogenannten Vorausschau bis 1990 und darüber hinaus« wird sein Politbüro ihm wenig später vorwerfen); es ist nach drei Seiten unlösbar. Erstens reichen die ökonomischen Kräfte des Landes nicht dafür aus, jedenfalls nicht ohne eine übermäßige Belastung der Bevölkerung, die, gerade angesichts der Entspannungspolitik, zu sozialpolitischen Konflikten führen mußte. Zweitens ist es gerade die voll durchgesetzte sozialistische Basis, auf die Ulbricht sich gegenüber Breshnjew beruft (»Jetzt haben wir keine solchen Ausreden wie früher wegen der Überreste des Kapitalismus«), welche eine Pionierrolle des Landes in Wissenschaft und Wirtschaft unmöglich macht. »Die Führung muß lernen«, »bisher nicht Gedachtes« sei zu denken: der Imperativ ist nur zu sinnreich, aber er ist unter den Bedingungen einer totalen Monopolisierung der politischen und ökonomischen Macht – eben das war die voll durchgesetzte »sozialistische Basis« – irreal. Gerade das Jahr 1970 war, als Reflex ökonomischer Überspannung und politischer Irritation, in der DDR ein Jahr schlimmer kulturpolitischer Pression – wie hätte die Wissenschaft das nie Gedachte denken sollen, wenn Kunst und Literatur in den Fesseln politischer Furchtsamkeit lagen. Drittens aber ließ die Sowjetunion, die angstvoll über die politische Absonderung der DDR wachte, eine Pionierrolle ihres westlichsten Vorpostens beim Ausbau des Sozialismus nicht zu. Ihre Führer empfanden die nur zu begründete Anforderung des siebenundsiebzigjährigen SED-Chefs als – nationale Anmaßung.

Damit war der Untergang des Staates vorgebildet; er vollzog sich unter der Leitung eines Mannes, der von der KPdSU als Sachwalter ihrer Interessen so berufen wird wie nach dem Kriege Walter Ulbricht und am Ende seiner politischen Laufbahn das Satyrspiel der Szene aufführt, die im Sommer 1970 Ulbrichts Ablösung vorausgeht. Ulbricht konfrontiert den sowjetischen Generalsekretär mit der Forderung der wissenschaftlich-technischen Revolution – und ist schon fallengelassen. Erich Honecker simuliert am 6. Oktober 1989 durch das rhetorische Hochhalten eines phantomhaften Megabit-Chips dem sowjetischen Generalsekretär das Erreichen der Aufgabe, die er lange verleugnet hatte – und ist schon fallengelassen.

Das Verhältnis des jeweiligen Lehnsträgers zu der Vormacht entwickelt sich grundsätzlich nach dem gleichen Schema. 1945 wird Ulbricht eingesetzt, um die sowjetischen Interessen auf dem Gebiet ihrer Besatzungszone politisch-organisatorisch – und namentlich bei der Gleichschaltung der vereinigten Arbeiterpartei, die im Oktober 1946 in relativ freien Wahlen einen großen Sieg erringt – mit Gewalt durchzusetzen. Am 3. Juni 1953 (auch dazu präsentiert der Band ein wesentliches Dokument, das nicht der Sache, aber dem Wortlaut nach unbekannt war) beruft die komplette sowjetische Führung mit Berija und Malenkow an der Spitze Ulbricht, Grotewohl und Fred Oelßner zu einem Geheimtreffen (vermutlich nach Moskau) und erlegt ihnen die detaillierte Zurücknahme der Maßnahmen auf, mit denen die SED auf Stalins Geheiß nach dem Deutschland- und dem EVG-Vertrag der Bundesrepublik die Stalinisierung der DDR durchzupeitschen versucht hatte. Der Widerruf – er fällt mit dem Waffenstillstand in Korea und Entspannungsofferten der Sowjetunion gegenüber den Westmächten zusammen – impliziert nicht nur deutliche Kritik an Person und Politik Walter Ulbrichts, sondern läuft, wie Rudolf Herrnstadt am 10. Juni einem Satz des neuen sowjetischen Hohen Kommissars Semjonow entnimmt, zuletzt auf die Bereitschaft der Sowjetunion zur Aufgabe der DDR hinaus.

Herrnstadt, Mitglied des SED-Politbüros und Chefredakteur des *Neuen Deutschlands*, verfaßt am 10. Juni 1953 das anderntags veröffentlichte Kommuniqué der umstürzenden Politbüro-Tagung vom 9. Juni und wird sich bei dieser Arbeit darüber klar, daß ein so abrupter Kurswechsel »die Partei desorientieren und erbittern und dem Gegner die Flanken öffnen« werde. Er versucht am Abend, Semjonow auf die Gefahr hinzuweisen, daß wir »den Start verpfuschen«. Semjonow antwortet ihm »scharf und von oben herab«: »In 14 Tagen werden Sie vielleicht schon keinen Staat mehr haben.«* Die spontane Bemerkung des damals zweiundvierzigjährigen Diplomaten, der 1949 der Geburtshelfer der DDR-Gründung gewesen war (Semjonow lebt heute einundachtzigjährig im Rheinland), ist aufschlußreich. Sie bezeichnet die Richtung der neuen sowjetischen Deutschlandpolitik, zugleich drückt sie nicht eben Sympathie mit dieser Richtung aus, zu deren Durchsetzung der nach Stalins Tod im März 1953 aus Berlin abberufene Semjonow Anfang Juni als neuer (und erster) Hoher Kommissar der Sowjetunion nach Berlin zurückgekehrt war. Hat Semjonow damals ein Doppelspiel betrieben und die neue sowjetische Deutschlandpolitik zu Fall gebracht, indem er sie blindlings durchsetzte? Wahrscheinlicher ist, daß er zuviel Angst vor Berija hatte, um eine von diesem verordnete Politik anders als blindlings durchzusetzen. Mit Mühe rettet Herrnstadt die gerade erst gegründeten Landwirtschaftlichen Produktionsgenossenschaften vor der in dem sowjetischen Papier angeordneten Überprüfung resp. Auflösung – er begreift, daß die rabiate Aufhebung rabiat durchgesetzter Veränderungen vor Ort zu Aufruhr und Racheakten führen muß. Der Vergleich seines Kommuniqué-Textes vom 11. Juni mit der in dem Przybylski-Band veröffentlichten sowjetischen Vorgabe bestätigt die Darstellung seines seit 1990 zugänglichen Berichts, der eins der wichtigsten Zeugnisse dieser Zeit ist.

Aber die von der neuen sowjetischen Führung angeordnete Entstalinisierung scheitert nicht nur an der stalinistischen Methode ihrer Oktroyierung – sie scheitert an einem ganz speziellen Versäumnis, das auch Herrnstadt nicht bewußt wird, sie scheitert an dem blinden Fleck in der vorgeblich eigenen Sache. Denn die sowjetische Seite hat in dem Katalog verfehlter Maßnahmen, deren Aufhebung sie der SED-Füh-

---

* Rudolf Herrnstadt, *Das Herrnstadt-Dokument*, Reinbek 1990, S. 72 ff. und S. 274.

rung vorschreibt, ausgerechnet die Klasse vergessen, in deren Namen diese zu regieren vorgibt und über die die ahnungslose DDR-Regierung am 28. Mai noch eine einschneidende Normenerhöhung verhängt hatte: die Arbeiterklasse.* Das ist ein grober politischer Fehler – es ist ein historischer Fehler, der möglicherweise damit zusammenhängt, daß das sowjetische Papier schon vor dem 28. Mai fertig gewesen war.** Das Versäumnis rächt sich sechs Tage nach der Verkündung des neuen politischen Kurses durch das Politbüro der SED; der am 16. Juni spontan und seltsam unbehindert entstehende, sich am andern Tag ausbreitende (und von Westberlin aus angefachte) Aufstand rettet in der Folge Ulbrichts – und zugleich Adenauers – politische Existenz.

* »Zum 60. Geburtstag Walter Ulbrichts: Durch bessere Arbeitsmethoden dreimal die Norm erhöht« hatte am 28. Mai eine Schlagzeile auf der ersten Seite des *Neuen Deutschlands* gelautet; noch am 7. Juni verkündete eine andere Schlagzeile des Blattes: »EAW ›J. W. Stalin‹ überbieten Regierungsvorschlag zur Normenerhöhung«. Es ging um eine Erhöhung von etwa 14 %. Zu den Kuriosa des »Organs des Zentralkomitees der SED«, bei denen man nicht weiß, ob man sie auf Naivität oder deren genaues Gegenteil zurückführen soll, gehört, daß das Blatt am 16. Juni unter der Überschrift »Der Sturm auf das Zeughaus in Berlin« in großer Aufmachung eines Revolutionsereignisses »vor 105 Jahren, am 14. Juni 1848« gedenkt, mit dem Kommentarsatz des Autors Hermann Schauer: »Der Sturm der Volksmassen auf diese Zitadelle der Reaktion, um sich zu bewaffnen, ist eine der patriotischen Taten der werktätigen Bevölkerung Berlins im Kampf um die Einheit Deutschlands.« Auf Seite 1 derselben Ausgabe zitiert ein vermutlich von Herrnstadt verfaßtes Editorial den Westberliner CDU-Politiker Lemmer, der die politische Wende in der DDR mit den Worten kommentiert: »Wenn das so weitergeht, bekommen die Gegner der Politik Dr. Adenauers eine Trumpfkarte in die Hand gedrückt, die zu stechen schwerfallen würde«. Damit war es einen Tag später vorbei.
** Zweifellos ist die von Przybylski veröffentlichte Anweisung der sowjetischen Führung zur Kursänderung in der DDR von Wladimir Semjonow ausgearbeitet worden, der die darin zurückgenommenen Stalinisierungsmaßnahmen im Sommer 1952 in der DDR selbst angeleitet hatte. Daß er bei der Abfassung des Textes die Zurücknahme der Normenerhöhungskampagne vergaß, mag damit zusammenhängen, daß sie – als eine Maßnahme, die erst am 28. Mai 1953 wirksam geworden war – in Moskau, wo er am 29. Mai zum Hohen Kommissar ernannt wurde, nicht wahrgenommen hatte. Wäre es eine Form bewußter Obstruktion gewesen, so wäre dies eine eigenständige und höchst riskante Politik gewesen; Semjonow war aber, wie auch aus Herrnstadts Aufzeichnungen hervorgeht, als Berufsdiplomat immer nur ausführendes Organ der jeweiligen Zentrale. Er brachte sich nach Berijas Sturz zu Lasten von Herrnstadt und Zaisser politisch in Sicherheit.

Er rettet sie, indem er der abrupt vorangetriebenen Entspannungspolitik eine schwere Niederlage zufügt. Chruschtschow benutzt die Situation, um mit Hilfe der von Berijas Deutschlandpolitik tief beunruhigten Armeeführung den Schergen Stalins zu stürzen.* Ulbricht, inzwischen von seinem eigenen Politbüro faktisch abgesetzt, bleibt als Sachwalter der sowjetischen Deutschland-Interessen im Amt und kann sich wenig später mit sowjetischer Hilfe seiner Opponenten im Politbüro entledigen. Auf analoge Weise übersteht er den von Chruschtschow drei Jahre später auf dem 20. Parteitag eingeleiteten Reformkurs. Nun ist es die ungarische Erhebung, deren Rückschlag auf die DDR ihn unabsetzbar macht, und wieder benutzt er die Situation, um die innerparteiliche Opposition niederzuschlagen. Vierzehn Jahre später sieht das sowjetische Politbüro nach einem abermaligen Führungswechsel, dessen Katalysator wie 1953 die deutsche Frage und das Gewicht ist, das die Sowjetarmee ihr beimißt**, in dem politisch stabilisierten Ulbricht eine Gefährdung ihrer Interessen und beruft einen neuen Mann von ausgewiesener Gefügigkeit. Und wieder geht dieser eigene Wege und verscherzt schließlich, auf gänzlich andere Weise als sein Vorgänger, das Vertrauen der Vormacht. Sein Nachfolger bleibt nur noch vier Wochen im Amt; dann gibt es das Amt nicht mehr.

---

* Die Erschießung des Geheimdienst-Chefs nach einer Sitzung des sowjetischen Politbüros, auf der Marschall Shukow Chruschtschows hochriskantes Vorgehen abgesichert hatte, fand Ende Juni 1953 statt. Am 10. Juli wurde die Absetzung Berijas offiziell bekanntgegeben; am 24. Dezember 1963 meldete die *Prawda* seine Hinrichtung »nach Abschluß eines Gerichtsverfahrens«.
** Im Vorfeld von Chruschtschows Sturz im Oktober 1964, über den die Zeitschrift *Sowjetunion heute* (Bonner Ausgabe) 1988 Einzelheiten mitgeteilt hat, intervenierte Walter Ulbricht bei dem sowjetischen Politbüro erfolgreich gegen den deutschlandpolitischen Kurswechsel, den Chruschtschow durch seinen Sonderbotschafter (und Schwiegersohn) Adshubei vorbereiten ließ. Offenbar dachte Chruschtschow, der noch 1963 Berija vorgeworfen hatte, er habe »die DDR als sozialistischen Staat liquidieren wollen«, auf diese Weise dem zunehmenden Druck Mao Tse-tungs auf die sowjetische Ostgrenze zu begegnen.

Pump und Pomp

In die Art und Weise, wie sich Ulbrichts Ablösung nach jenen Sommertagen des Jahres 1970 vollzog, bringen die Dokumente des Rowohlt-Bandes volles Licht. Als eine »große Stunde des Zentralkomitees« hat das ZK-Mitglied Hans-Peter Minetti vor vielen Jahren einem West-Interviewer gegenüber Ulbrichts Entmachtung bezeichnet. Aber das war sie nicht; es war die von Breshnjew inspirierte (und von Abrassimow, seinem Berliner Statthalter, zweifellos angeleitete) Verschwörung von zehn Mitgliedern und drei Kandidaten des Politbüros gegen dessen Oberhaupt.* In einem Brief an Breschnjew vom 21. Januar 1971 bitten die Dreizehn um Hilfe bei der Absetzung des Generalsekretärs.

Das ist ein altes Modell feudal-aristokratischer Politik: Die besorgten – vor allem um ihre eigene Existenz besorgten – Granden rufen den Beistand eines mächtigen Nachbarkönigs an, um sich ihres Lehnsherrn zu entledigen. Zugleich ist es ein Vatermordvorgang nach dem Freudschen Urhorden-Modell. Daß Honecker seinen politischen Zieh- und Übervater mit Hilfe von außen politisch entthronte, hat in dem labilen Mann zweifellos ein nachwirkendes Trauma hinterlassen. Nur mit Ulbrichts Hilfe (der Herrnstadt-Bericht hat es dargelegt)** war der Jugendführer, dem Otto Grotewohl mit scharfem Blick einen völligen Mangel an geistiger Entwicklungsfähigkeit attestiert hatte, 1953 in der Parteiführung verblieben. Um nicht an Ulbricht erinnert zu werden, tilgte Honecker dessen Spur in der Geschichte des Landes; zugleich traf er Vor-

---

* Unterzeichner waren die Vollmitglieder Axen, Grüneberg, Hager, Honecker, Mittag, Sindermann, Stoph, Verner, Mückenberger und Warnke sowie die Kandidaten Jarowinsky, Kleiber und Lamberz. Außerhalb der Verschwörung blieben die Vollmitglieder Inge Lange, Matern, Neumann und Norden sowie die Kandidatin Müller. Die Erkrankung von Ulbrichts Partei-Stellvertreter, dem 77jährigen Hermann Matern (gest. am 24. 1. 1971), hat das Vorhaben zweifellos begünstigt.
** Rudolf Herrnstadt, *Der Herrnstadt-Bericht*, Reinbek 1990, S. 115.

sorge, daß ihm ein Gleiches nicht widerfahre: er entmachtete das Politbüro als mitbestimmendes Organ und errichtete über diesem wenig genug legitimierten Gremium eine Junta-Herrschaft, die dessen Sitzungen zu einer Art politischer Schulstunden herabstufte. Der Mann machte sich, in seiner geistigen Dürftigkeit und seiner machttechnischen Finesse, unabsetzbar; er sorgte mit nie ermattendem Fleiß dafür, daß das System, das er sich unterwarf, wie es sich zuvor die Bürger des Landes unterworfen hatte, seine eigene politische Existenz nicht überleben konnte. Man kann, im Hegelschen Sinn, die List der Vernunft dabei am Werke sehen.

Im übrigen machte er alles ganz anders als sein Vorgänger. Nicht die Automatisierung wurde vorangetrieben (sie wurde fast völlig eingestellt), sondern der konsumtive Sektor der Volkswirtschaft; die Bevölkerung hatte das außerordentlich nötig. Wäre das Ulbrichtsche Programm einer forcierten Entwicklung der Mikroelektronik weitergeführt worden (die Japaner realisierten es damals mit profundem, die Bundesrepublik bis heute überflügelndem Erfolg), so hätten die DDR-Deutschen auch im Ausbeutungsgrad mit den Japanern wetteifern müssen. Und das in Fernseh-Sichtweite eines sich dem Gegenteil verschreibenden Nachbarn – das Land wäre unter einem solchen Druck zerbrochen.

Honeckers Wirtschaftspolitik, die den konsumtiven Bereich zu Lasten des investiven ausdehnte und riesige Löcher in den Staatshaushalt riß, führte auf andere Weise in den Ruin. Führten alle Wege dorthin? Vom Ende her, das nicht vorhersehbar war, kann man die Situation der letzten drei Jahrzehnte, von dem Punkt an, da Chruschtschow das Aufholen des westlichen Vorsprungs als Hauptziel des sozialistischen Lagers angab, auf die Formel bringen, daß alle Wege zur deutschen und zur europäischen Einheit führen mußten, falls nur der Friede erhalten blieb. Der aber war eine Frage rüstungspolitischer Balance ebenso wie der strikten Anerkennung des machtpolitischen Status quo. In den fünfziger Jahren stellte sich beides nicht her; die Deutschen in der DDR trugen die Last einer Situation, in der eine starke strategische Nato-Überlegenheit sich mit der Dulles-Losung des Roll back und der feierlichen westdeutschen Nichtanerkennung der Oder-Neiße-Grenze verband. Es war, wie die Klügeren damals wußten, der falsche Weg; ihn aufzugeben war der Schlüssel zur Lösung der deutschen Frage. Daß er ins Schloß paßte und sich schließlich sogar darin drehte, war gleichwohl ein politisches Elementarereignis.

Ein Mann, den Honecker 1973 zum Nachfolger des in den Ministerrat versetzten Günter Mittag als Wirtschaftssekretär des Zentralkomitees berief, der vormalige Dresdner Bezirksparteichef Werner Krolikowski, sah das Dilemma der Honeckerschen Wirtschaftspolitik nicht nur, er brachte es sogar zu Papier, in derselben verschwörerischen Absicht, die die Anti-Ulbricht-Fronde von 1971 geleitet hatte: um die Sowjetführung zur Absetzung Honeckers zu bewegen. Seine von Przybylski mitgeteilte »Information über ein Gespräch zwischen W. Stoph und E. Mielke am 13. 11. 80« hatte ganz offenbar den Zweck, Breshnjew, der zu dieser Zeit schon ein kranker Mann war, dazu zu veranlassen, seinen einstigen Protegé, der das Land in den Untergang führe, abzuberufen. Drei Aufzeichnungen dieser Art von Krolikowski enthält, in konfuser Reihenfolge, der Rowohlt-Band; sie alle sind von hohem Interesse. Honecker erscheint darin als ein Politiker, der durch hemmungslose Valutaschulden die DDR in wachsende Abhängigkeit »von kapitalistischen Staaten sowie ihren Konzernen und Banken« bringt (13. 11. 80). Die Warnung des sowjetischen Generalsekretärs, der bei seinem Berlin-Besuch 1979 angesichts des auf 30 Milliarden DM angewachsenen Schuldenbergs »mit der Faust auf den Tisch geschlagen habe«, sei folgenlos verhallt. Auch Willi Stoph, der alte Haudegen, kann nichts machen. »E[rich] H[onecker] will W. Stoph das Kreuz brechen und ihn gefügig machen. Er duldet keinen Widerspruch und ist für sachliche Problemdiskussionen nicht mehr zugängig [sic!]. Er behandelt die anderen wie die Puppen und spielt sich wie ein König auf.« (16. 12. 80)

Ein Gespräch Honeckers mit Günter Gaus, dem Vertreter der Bundesregierung, beunruhigt die drei Verschwörer. »EH verschaukelt uns und die sowjetischen Freunde«, sagt in Krolikowskis Papier der Sicherheitschef zu dem Ministerratsvorsitzenden und fügt hinzu: »EH spielt nach beiden Seiten. ... Nicht um ein Deut hat sich EH geändert. Das Gegenteil ist der Fall – er ist als noch gefährlicher einzuschätzen.« Immer mehr sähen »die Dinge richtiger« im Politbüro, »aber alle haben Angst vor EH«. Auch der Armeeminister Hoffmann? Er hält es für nötig, Mielke zu versichern, »er werde einen Verrat der DDR gegenüber der Sowjetunion niemals mitmachen«.

So der Chef der Staatssicherheit am 13. November 1980 zu dem Ministerratsvorsitzenden und seinem Stellvertreter. Zweieinhalb Jahre später, nach dem Amtsantritt Andropows, erneuert Krolikowski seine Warnungen. »Das Paradoxum [sic!]«, klagt er am 30. März 1983, sei, »daß ein eingefleischter Westdeutscher an der Spitze der DDR steht«, und führt Klage darüber, daß Honecker die Abgrenzungsmaximen seiner Geraer Rede – die sogenannten Geraer Forderungen – im Umgang mit der Bundesrepublik alsbald wieder außer acht gelassen habe. Honecker steuerte damals, auf dem Höhepunkt der Nach-Nachrüstung und der SDI-Konfrontation, dem Antagonismus der beiden Weltmächte entgegen und weigerte sich, deren Dissens auf das aufs äußerste gefährdete Deutschland automatisch zu übertragen.

»In der Frage des Friedens«, notiert Krolikowski mit Tadel, »hat EH die Stirn gehabt, einfach die demagogische Losung von Kohl zu übernehmen: ›Frieden schaffen mit immer weniger Waffen.‹« Die Aufzeichnungen des ungehörten Frondeurs (Abrassimow, Breshnjews Landvogt in der DDR, wurde wenig später abberufen) sind eine eindrucksvolle Bestätigung der Position von Günter Gaus, des damaligen diplomatischen

Vertreters der Bundesregierung in der DDR, der die friedenspolitischen Differenzen zwischen dem DDR-Leiter und der Sowjetführung erkannte und es (er hat es in seinem Erinnerungsbuch beschrieben) schwer hatte, Helmut Schmidt, seinen Dienstherrn, davon zu überzeugen, daß man sie ernst zu nehmen habe.

Die wachsende »Verschuldung der DDR an die BRD« erscheint Krolikowski als »Abgleiten in den Sumpf des Nationalismus«; alles dies setze »EH« mit eiserner Hand durch: »Die preußische Disziplin und Liebedienerei feiert im P[olit]B[üro] jeden Tag neue Triumpfe [sic!].« Honecker gehe so weit, die Europäische Gemeinschaft dem RGW für überlegen zu halten. »Das wurde von ihm im Gespräch mit György Aczél, Mitglied des Politbüros und Sekretär des ZK der USAP [Ungarischen Sozialistischen Arbeiterpartei] deutlich erklärt – Anlage 3. Diese Position von EH ist antikommunistisch, unwahr, verleumderisch und müßte in geeigneter Weise zerschlagen werden...« Kein Zweifel: dem moskautreuen Wirtschaftsfachmann erscheint Honecker als ein besonders heimtückischer Wegbereiter der deutschen Einheit.

Es ist im Licht dieser Aufzeichnungen nicht länger erstaunlich, daß der Staatsleiter, wenn er mit Stephan Hermlin in seinem Amtszimmer sprach, abrupt das Thema zu wechseln pflegte, falls der Besucher ihm mit politischen Problemen kam, und am Telefon empört auf das Knacken in der Leitung reagierte; Hermlin hat es in einem Interview berichtet.[*] Es ging an der Spitze des riesigen Apparats nicht anders zu als in seinen kleinsten Einheiten, den Parteiversammlungen. Jeder fühlte sich überwacht, und Appellationen versandeten fruchtlos – auch Krolikowskis Notruf nach Moskau, wo man 1983 ganz andere Sorgen hatte. Das sozialistische System war, wie es selbst sich nannte: umfassend.

---

[*] *Neue Deutsche Literatur* 10 (1990), S. 42.

Als Honeckers Kompagnon bei der verfehlten Wirtschaftspolitik fungiert Günter Mittag, der 1976 mit Krolikowski den Platz getauscht hatte und wieder Wirtschaftssekretär des Zentralkomitees geworden war. »Er [Honecker] macht alles nur noch im Komplott mit G[ünter] M[ittag]. Auch zur Jagd fährt er meist mit GM allein. Mielke ist nur noch zur Jagd eingeladen, wenn Abrassimow eingeladen ist.« (13. 11. 80) Das heißt im Klartext: die wirklich entscheidenden Dinge laufen sowohl hinter Mielkes Rücken wie hinter dem des Sowjet-Kontrolleurs ab. Mittag, vermutlich der größte Bilanzfälscher der deutschen Wirtschaftsgeschichte, hat dem *Spiegel* im September 1991 versichert, daß er mit Honecker auf der Jagd grundsätzlich nicht über Politik gesprochen habe. Er drehte den Spieß um und bezichtigte »die Betonfraktion Stoph & Co.«, ihn in seiner angespannten Tätigkeit behindert zu haben; nicht einmal die Anhebung der Blumenpreise sei im Politbüro durchzusetzen gewesen. Auch Friedrich II. kümmerte sich um alle möglichen Dinge in den preußischen Staaten. Aber die Blumenpreise überließ selbst dieser Monarch dem Markt. Es war das Problem des neoborussischen Sozialabsolutismus, daß er weit hinter seine preußischen Urväter zurückfiel. Deshalb fand er sein Jena auf dem Schlachtfeld der Ökonomie.

»So trieben Honecker und Mittag die DDR in ein Leben ›hoch zu Roß‹«, schreibt Krolikowski in einem Rückblick auf die vergangene Ära, der im Januar 1990 nach seiner Verhaftung entsteht. »Ich sagte damals zu W. Stoph, daß unsere Republik durch den Pump- und Pompsozialismus von Honecker und Mittag in den Abgrund geführt wird.« Im Abgrund wird der von Breshnjew wie von Andropow im Stich gelassene Sachverständige geradezu geistreich.

Schon in Breshnjews Gespräch mit Honecker vom Juli 1970 hatten Jagdtreffen eine Rolle gespielt; offenbar war dies die wesentliche gesellige Unterhaltung, die die Oligarchen sich gönnten. Sie hätten den höfisch-feudalen Charakter ihres politischen Systems nicht besser demonstrieren können. An ihm – und nicht an dieser oder jener Fehlentscheidung, die immer das Gegenteil einer andern Fehlentscheidung war – ist das Ganze zerbrochen. Manch einer weigert sich heute, diesem Zusammenbruch den Titel einer Revolution zu geben; es sei, geht die Rede, bloß ein Kollaps gewesen. Aber jeder Revolution geht ein Kollaps bestehender Machtverhältnisse voraus; das war in Petrograd 1917 nicht anders und auch nicht in dem Paris des Jahres 1789. Auch dort: ein jagdversessener Oberherr, der kein Unmensch war, sondern ein kleines Licht, dem in die Wiege gelegt war, was Honecker mit einer Hingabe betrieb, die noch größer war als seine Liebe zum Waidwerk – Uwe Grüning hat es mit Musil »die Abschaffung der Wirklichkeit« genannt.

Am Ende des vierten Jahrzehnts des Staates, den er achtzehn Jahre lang regiert hatte, holte die Wirklichkeit ihn auf einmal ein – die Wirklichkeit seines Volkes und die seiner Bilanzen. Nicht unangekündigt griff eine neue Wirklichkeit Raum; sie hatte ihre Signale vorausgesandt. Im Frühjahr 1989 konnte man über der Berliner Friedrichstraße das Zeichen der Zeit bemerken; der Handelskonzern des Generals Schalck hatte an einem Parkhochhaus das weiß-blaue Zeichen der Bayerischen Motoren-Werke gehißt. Die Emblematik hat sich seither ausgebreitet; gerade zieht »die Treuhand«, das geheimnisvoll-unbefragbare Organ eines zentralgesteuerten Gemeinwohls, das in der Substitution des Parteimonopols durch die Konzerne der Privatwirtschaft besteht, in das Gebäudemonster ein, das Göring gründete und Günter Mittag regierte. Zugleich wird jener Mittelstand, dem es gelang, den wirklich existierenden Sozialismus zu überstehen, an das Messer der Miet- und Eigentumsfrage geliefert. Erich Honecker, der Mittelstandsliquidator von 1971, läßt den Korrespondenten der *Bild*-Zeitung in Moskau-Sokolniki wissen, es gehe ihm gut; noch besser geht es am Tegernsee seinem Valuta-General. Beiden hat die Geschichte recht gegeben: die Europäische Gemeinschaft ist wirklich viel besser, als es der Rat der gegenseitigen Wirtschaftshilfe je zu werden versprach.

April 1991

Die Deutschen und die Nation

I

Der deutsche Nationalstaat war, wie man weiß, eine kurzlebige Angelegenheit; in Gestalt des Deutschen Reiches der Hohenzollern-Kaiser hielt er kaum länger als die Deutsche Demokratische Republik, der Staat der saxoborussischen Kommunisten. Das Bismarck-Reich war eine späte Folge Napoleons und der Französischen Revolution; was wäre aus Deutschland geworden, wenn die französische Expansion damals nicht über die Staaten des Heiligen Römischen Reiches hereingebrochen wäre? Man sieht an Staaten wie der Schweiz oder den Niederlanden, was für funktionstüchtige, prosperierende Staaten aus den Bestandteilen des alten Reiches hätten werden können, dessen strikt föderale und völlig unimperiale Verfassung Napoleon nach 1800 zerschlug.

Die Staatenkonstruktion, die der Kaiser der Franzosen an ihre Stelle setzte, war auf Krieg und Fremdherrschaft ausgelegt; das untergrub sie, ehe sie sich politisch hätte stabilisieren können. Ein deutscher Rheinbund, der bis nach Thüringen und Sachsen reichte, als Gegengewicht gegen Preußen – es hätte ein balanciertes Konzept sein können; das »dritte Deutschland« fand einen bedeutenden Koordinator, den Reichsfreiherrn (und Fürstprimas) von Dalberg, und viel Beifall am Dichter-Hof zu Weimar. In seiner späteren Version, die nach dem Frieden von Tilsit Gestalt gewann, war das neue System dann aussichtslos geworden: Bremen und Hamburg (und Amsterdam und Rotterdam) als französische Städte, Westfalen als Vasallenkönigreich und französische Festungen mitten in Preußen – daraus konnte nichts Bleibendes entstehen. Die neue Ordnung war auf Krieg angelegt, und der Krieg ließ nicht auf sich warten; er war wahnwitzig genug, die ganze Neukonstruktion zum Einsturz zu bringen. Aus dem Desaster wuchs im Verlauf eines halben Jahrhunderts jenes politische Gebilde hervor, das sich als der erste deutsche Nationalstaat präsentierte (und einem andern deutschen Staat, dem multinationalen Öster-Reich, benachbart war). Es detonierte in zwei Weltkriegen und endete merkwürdig genau nach dem Muster seines Anfangs. War Napoleons Scheitern in Rußland der Ausgangspunkt der preußisch-deutschen Nationalstaatsgründung gewesen, so wurde Hitlers Scheitern in Rußland zu ihrem Endpunkt.

Der Bismarcksche Staat, den Hitler zugrunde richtete, währte vierundsiebzig Jahre, von denen kaum mehr als die Hälfte Jahre der Blüte und Stabilität waren; man sollte den Einfluß dieser Zeitspanne auf das politische Bewußtsein der Deutschen nicht überschätzen. Schiller entwarf um das Jahr 1800 ein großes Gedicht, »Deutsche Größe« mit Namen, das den Gegensatz zwischen Staats- und Kulturnation auf die Spitze trieb; angesichts der Zerschlagung des alten Reiches durch Napoleon formulierte er grundlegende Verhältnisse eines Identitätsbewußtseins, das nicht in Zentralisation und politischer Einheit wurzelte. »Deutsches Reich und deutsche Nation sind zweierlei Dinge«, heißt es in dem Entwurf und: »Indem das politische Reich wankt, hat sich das geistige immer fester und vollkommener gebildet.« Die fehlende Metropole erscheint als Kulturvorzug (»Keine Hauptstadt und kein Hof übte eine Tyrannei über den deutschen Geschmack aus«), und »das köstliche Gut der deutschen Sprache« wird zum wahren Zentrum der Nation: »Die Sprache ist der Spiegel einer Nation; wenn wir in diesen Spiegel schauen, so kommt uns ein großes köstliches Bild von uns selbst daraus entgegen.«

Daß auch diese sprachlich-kulturelle Identität kein fragloses Phänomen ist, wird an einem späten Aufsatz von Herman Grimm, dem Essayisten und Kulturhistoriker, deutlich. Der

Text über »Heinrich von Kleists Berliner Kämpfe« ist eine von Grimms letzten Arbeiten, geschrieben im Jahre 1901 von einem Dreiundsiebzigjährigen, dessen Leben den ganzen langen, mühsamen Werdegang des deutschen Nationalstaats umspannte. Der Autor sinnt über die Schranken nach, auf die Kleists literarisches Wirken zu seiner Zeit – und noch lange danach – gestoßen war; er kommt auf das erstaunliche Faktum, daß die Kirchenprovinzen des mittelalterlichen Deutschlands geistig fortbestünden. »Ohne daß das politische Publicum sich dessen erinnert, bestehen die ›Triersche, Bremische, Kölnische, Mainzer, Salzburgische, Magdeburgische und Prager Kirchenprovinzen‹ als lebendige deutsche Kulturprovinzen weiter. Keine andere Einteilung Deutschlands auch beruht so sehr auf gegebenen natürlichen Verhältnissen. Jede dieser Provinzen ist das Bett eines ... Zusammenhanges deutscher Flüsse und Ströme mit den Nebenflüssen. Diese Flußtäler umgrenzen sich durch die Gebirge, von denen herab ihre Nebengewässer dahin und dorthin ihnen zufließen. Daher vielleicht die getrennten Dialekte, welche einheitlicher geistlicher Einfluß von festen Mittelpunkten aus, die ehemals geistige Burgen waren, bewirkt hatte. In den Zeiten der Reformation wurden diese Einheiten freilich zerstört, und dennoch beruhten Goethe und Schiller noch darauf, daß die Menschen, von denen sie zuerst verstanden wurden, in der Kölnischen und Mainzer Kirchenprovinz wohnten, die der Rhein mit seinen Nebenflüssen durchströmt; Herder, Klopstock und Bürger gehörten der Bremischen, die weit gestreckt die nördliche Küste Deutschlands inne hatte; Lessing und Kleist waren Magdeburger Kirchenprovinziale. Köln und Mainz nun aber sind uraltes römisches Kulturland gewesen, das nach Gallien gravitierte; Bremen stand durch das Meer mit England und Skandinavien in Verbindung. Die Provincia Magdeburgensis, Kleists Heimat, aber war zwischen Elbe und Oder eingeklemmt ... Außerhalb dieses Gebietes, in dem Berlin, Halle, Leipzig und Dresden aufkamen, haben Lessing und Kleist sich niemals von Grund aus heimisch gefühlt. Daher sind sie Goethe und Schiller fremdgeblieben: fast wie von nationaler Abneigung und Mangel gegenseitigen Verständnisses könnte hier gesprochen werden. Wie fern stehen sich heute noch Schwaben, Hessen, Franken und Thüringer dort, Preußen und Sachsen hier!... Anerkannt hat man sich, aber nur über unsichtbare Grenzpfähle hinüber; Begeisterung jedoch vermochte man sich über den Zaun nicht hinüber zu reichen.«

So äußert sich ein illustrer Kenner aus demokratisch-liberaler Gelehrtentradition auf dem Höhepunkt des Hohenzollern-Reiches über Fragen deutscher Kultureinheit. Kürzlich hörte ich einem Großneffen des Reichskanzlers Bismarck zu, einem in nationalen und internationalen Kulturdingen erfahrenen Mann, der in München lebt und dort aus unmittelbarer Volksanschauung erfährt, wie fern den Bayern die Probleme der nördlich hinzugekommenen Länder liegen, mit welcher Abneigung sie auf Berlin und seinen Hauptstadtanspruch blicken. Was Onkel Otto mit den Bayern gemacht habe: sie ans Reich zu binden, indem er ihrem König die Schulden bezahlte, sei, so Klaus v. Bismarcks Fazit, offenbar ohne tiefere Auswirkungen geblieben. Das ist eine realistische Ansicht.

II

1934, anderthalb Jahre nach Hitlers Machtantritt, drängt sie sich Thomas Mann in seinem Schweizer Exil auf. »Über die Lage, die Aussichten in Deutschland«, spricht er am 29. Juli 1934 in Küsnacht mit seinen Kindern Erika und Golo, »die Hoffnung auf Zusammenbruch und selbst auf einen hoffnungslosen Zusammenbruch. Erwägungen über ein finis Germaniae, den möglichen politischen Bankerott, die Auflösung. Wäre er seelisch zu ertragen, vielleicht gar eine Erlösung? Nach der Geschichte der Einigung? Nach dem, was Berlin unter Bismarck gewesen? ›Verging, wie Dunst...‹ Aber ist Rückkehr zur Unwirklichkeit, zum Geistesvolk möglich? Das Ausgehen des Geschichtsrausches von 1933 in einem schlimmeren Katzenjammer, als der war, in den der von 1914 ausging. Das Deutschtum wollte die Republik nicht, weil ihr ideologischer Gehalt, die Einordnung in die Civilisation, ihm zu dünn war. Das Deutsche, das Protestantische, das Ewig-Volkhafte wurde eingesetzt zu neuer, erhebender Geschichtsschöpfung, aber eingesetzt als etwas Heruntergekommenes, Verhunztes, mit Mitteln der Lüge, der Brutalität und roher, hysterischer Besoffenheit, und die Geschichtsschöpfung ist im Begriffe, sich als der miserabelste Fehlschlag zu erweisen, in den je das Unternehmen eines Hauptvolkes ausging. Welch ein Bankerott!«

Mit politischem Scharfblick erkennt der Dichter in Hitler das Ende des Bismarck-Reiches; drei Monate früher setzt er in einer andern Tagebuch-Eintragung partikularistische Erwartungen in zwei politische Kräfte, die sich dem Nazismus gegenüber als widerstandsfähig erweisen: den süddeutschen Katholizismus und den mitteldeutschen Kommunismus. »Erörtert wurde«, notiert er am 9. April 1934 über ein Abendgespräch, »eine katholische Rebellion des Südens und sein Zusammenschluß mit Österreich bei preußisch-sächsischem Bolschewismus. So zweifelhaft diese Entwicklung erscheint, steht mir längst fest, daß der Zerfall des Reiches die für die Deutschen selbst und für die Welt glücklichste Lösung wäre.«

Die Prognose hat sich erst nach dem militärischen Zusammenbruch des Hitler-Reiches erfüllt, dann aber mit merkwürdiger Genauigkeit, wenn man davon absieht, daß der katholische Süden im Verbund mit dem katholischen Westen (und ohne Österreich) seine staatliche Verselbständigung vollzog. Thomas Manns Notiz ist ein Fingerzeig darauf, daß man die doppelte Staatenbildung der Nachkriegszeit nicht nur im Licht der Besatzungspolitik und des kalten Krieges imperialer Ideologeme sehen sollte. Mit diesen Vorgaben verquickten sich spezifische Kräfte deutscher Politik, die eine je eigene Widerstandskraft gegenüber dem Nazi-Faschismus bekundet hatten. Der rheinische Katholizismus hatte schon nach 1918 einen Sonderstaat angestrebt; dieser sollte jene Inbesitznahme der Rheinlande durch Preußen rückgängig machen, die eine Folge der Napoleonischen Kriege gewesen war. Die Stunde des neuen Rheinbund-Staats schlug 1947/48 unter den Auspizien der Besatzungsherrschaft. Er fand in dem, was Thomas Mann »preußisch-sächsischen Bolschewismus« genannt hatte, ein politisches Gegenstück, das sich seinerseits als staatsbildend erwies, auf der Grundlage von Besatzungsverhältnissen und im Wechselspiel mit diesen; eine Seite machte sich die andere zunutze.

Auf beiden Seiten der Zonengrenze, die 1949 zu einer Staatsgrenze mutierte, gab es politische Kräfte, die diesem Dissoziationsprozeß zu wehren versuchten. Die Niederlagen, die sie erlitten, wären in einem Volk von gefestigtem Nationalbewußtsein nicht möglich gewesen. In dem Jahr, da Adenauer jene Note Stalins, die die Wiedervereinigung Deutschlands auf der Grundlage freier Parteienwahlen anbot, ungeprüft beiseite legte, schrieb Brecht ein kleines Gedicht, »Deutschland 1952«; es ist das lyrische Dokument einer verzweifelten Lage:

> O Deutschland, wie bist du zerrissen
> Und nicht mit dir allein!
> In Kält' und Finsternissen
> Läßt eins das andre sein.
> Und hättst so schöne Auen
> Und reger Städte viel;
> Tätst du dir selbst vertrauen
> Wär alles Kinderspiel.

Die hemmungslose Übertragung der Fixierungen des Kalten Krieges auf die deutsche Situation, die die beiden politischen Hauptkräfte, Adenauers Christlich-Demokratische Union und Ulbrichts Sozialistische Einheitspartei, betrieben, war ein Symptom eingewurzelter politischer Unreife. Zugleich entsprach sie einer besonderen Situation; nach dem nationalen Desaster suchte ein von sich selbst tief verstörtes Volk in der Identifikation mit andern jenen Anhalt, der ihm in sich verlorengegangen war. Man führte damals den Begriff der Einheit beiderseits fortgesetzt im Munde und tat alles, um sie realiter zu verhindern. Der große westliche deutsche Staat verschrieb sich einer Politik, die auf der Vorstellung beruhte (oder doch vorgab, es zu tun), daß man Seite an Seite mit den Westmächten die Sowjetunion – also diejenige Macht des Weltkrieges, die die größten Opfer gebracht und die entscheidenden Siege erfochten hatte – durch militärischen und moralischen Druck zur Aufgabe der DDR bringen könnte. Zugleich bekundete der deutsche Weststaat, der beanspruchte, für das ganze Deutschland zu sprechen, seine feierliche Nichtbereitschaft, die Oder-Neiße-Linie als neue deutsche Ostgrenze anzuerkennen. Vor allem um der Sicherung dieser Grenze willen war die DDR, als ein ihr vorgelagertes Glacis, aber gegründet worden. Alle Parolen, mit denen die rheinische Politik die Wiederherstellung nationalstaatlicher Einheit zu betreiben vorgab, liefen auf die Verhinderung dieser Einheit hinaus, und man kann lange darüber nachsinnen, wieviel davon (und bei wem wieviel) Torheit oder Berechnung, Betrug oder Selbstbetrug, Pharisäertum oder Ignoranz war.

Am Ende, nach standhafter Abweisung jenes Konföderationsgedankens, den die DDR seit 1957 immer wieder vorgetragen hatte, stand jene Mauer, die die deutschen Dinge über achtundzwanzig Jahre hin mit einer Rigorosität durchschnitt, an der noch Generationen zu tragen haben werden. Sie wirkte als Mittel der Trennung stärker bei denen, die sie nach der deutsch-deutschen Staatsverständigung von 1971 relativ leicht durchmessen konnten: bei den Bürgern der Bundesrepublik. In das Bewußtsein derer, die unter ihr litten, der DDR-Bürger, griff sie als Instrument der Bewußtseinsisolation sehr viel weniger ein. In der DDR sah man auf die Verhältnisse der Bundesrepublik immer als auf ein Stück der eigenen Verhältnisse; jeder Schritt, den Bonn tat, hatte Auswirkungen auf die eigene Situation. Daß umgekehrt die Verhältnisse und die Geschichte der DDR ein unlösbares Stück ihrer eigenen Geschichte sind, müssen viele Westbürger jetzt überrascht – und gegen innere Widerstände – lernen. Sie hatten übersehen und verdrängt, daß die DDR-Bevölkerung allezeit die politischen (und sonstigen) Unkosten dessen getragen hatte, was der Adenauer-Republik als Westbindung und Wirtschaftswunder so vortrefflich angeschlagen war. Natürlich hatte die vollkommen andersartige soziale, ökonomische und politische Struktur, die sich in dem eng abgesteckten Rahmen der Viertelnation ausbildete, Folgen für den Lebensbegriff und die Lebensweise des einzelnen. DDR-Bürger, denen die Übersiedlung (oder die Flucht) nach Westdeutschland gelang, suchten dort immer die bessere DDR, bis sie bemerkten, daß sie in ein völlig anderes Land geraten waren. Dieser Schock tritt jetzt massenhaft auf; ein ganzes Land, ein ganzes Staatsvolk bekommt die Formen, die Normen, den Rhythmus des andern übergeworfen.

Wenn man jetzt, eurozentristisch wie immer, das Ende des Kommunismus konstatiert, vergißt man leicht die eigentliche Leistung des von Lenin und Stalin ausgebildeten Staatsbegriffs. Sie bestand darin, die ungeheure eurasische Landmasse, die vom Thüringer Wald bis zum Japanischen Meer reicht, unter *eine* Wirtschafts-, Kultur- und Lebensform zu zwingen, an der das Erstaunliche nicht die Tatsache ist, daß sie sich zur Zeit in der Krise befindet, sondern daß sie sich als eine einheitliche Lebens- und Gesellschaftsform hat festsetzen können. Von diesem riesigen Gebiet ist, wenige Monate, nachdem Rußland und China nach jahrzehntelangem Antagonismus in einer welthistorischen Annäherung wieder zusammengerückt sind, der westliche Rand abgebröckelt, wobei sich auch dort zeigt, daß die oktroyierte Wirtschaftsform eigentlich irreversibel ist; so wenig sie vorwärts konnte, so wenig kann sie zurück. Zumindest ist die Reversion ein Vorgang von abenteuerlichen Risiken; der Bremer Soziologe Claus Offe nannte ihn unlängst einen »gigantischen Münchhausen-Akt« (*Merkur* Nr. 505, S. 286), dessen vorbildlose Problematik darin bestehe, Kapitalismus als *politisches Projekt* einzuführen. Das stellt sich auf dem Gebiet der DDR nur insofern anders dar, als die neue Form nicht in schmerzhaften Kämpfen entwickelt, sondern einfach übergestülpt wird, sehr viel brachialer, als das nach dem Krieg mit der sozialistischen Monopolisierung geschah. Inwieweit dieser Vorgang von denen, die er trifft, wirklich bewältigt wird, nämlich seelisch verarbeitet, innerlich angenommen, ist eine offene Frage. Die Aufhebung der deutschen Teilung, wenn sie gelingt, wird nicht weniger Zeit brauchen als ihr Vollzug.

III

Thomas Mann hat 1934 auch den Weg jenes westdeutschen Staates vorempfunden, der derzeit so große Mühe hat, sich in einen deutschen Staat umzuwandeln. Er tat es in negativer Form: indem er einer Möglichkeit nachhing, die die Weimarer Republik ausgeschlagen hatte. »Über Deutschland und seine verspielten oder aus heroischen Gründen abgelehnten Chancen, auf friedlichem Wege die Vormacht Europas zu werden«, denkt der Tagebuchschreiber nach. Er fragt sich, »ob es der überlegenen Kunst Barthous gelingen wird, es mit sanfter Gewalt in ein europäisches System einzuspannen und es zu pazifizieren. Aber würde das nicht schon Neutralisierung, ›Verschweizerung‹, Verwirtschaftlichung, nach angelsächsischem Wunsch, bedeuten und würde die deutsche Geschichtsversessenheit, der deutsche Leidenswille sich damit abfinden? Die große deutsche Wirtschaftsmacht unter Verzicht auf die Politik. Aber der Deutsche will nicht wirtschaftlich denken. Politisch denkt er allerdings auch nicht, sondern tragisch, mythisch, heroisch. Was soll daraus werden? Die Zerstückelung und gewaltsame Entpolitisierung würde eine große seelische Entlastung für dies Volk bedeuten. Aber könnte es dabei sein Bewenden haben?«

So steht es am 14. Juli 1934 in Thomas Manns Tagebuch. Diese (und andere) Sätze strafen alle die des Irrtums, die den Autor der *Betrachtungen eines Unpolitischen* als einen unpolitischen Betrachter ausgeben möchten. Was hier elf Jahre vor dem Untergang des Bismarck-Reichs als eine vertane Möglichkeit aufscheint, hat sich nach 1945 erst in der Trizone, dann in der westdeutschen Republik tatsächlich hergestellt. Die »seelische Entlastung« der »gewaltsamen Entpolitisierung« hat so gut funktioniert, daß der Umstand, daß die Bonner Republik eben nicht jenes Deutschland war, das sie im Namen führte, darüber schier in Vergessenheit geriet, nicht formell und staatsrechtlich, aber im Bewußtsein der übergroßen Mehrheit ihrer Bürger. Man fühlte sich als Deutschland, aber man tat es ohne nationalstaatliche Ambition, in deutlicher Abwendung von einer nationalstaatlichen Geschichte, die offenbar gescheitert war. Zur Erinnerung daran gab es, irgendwo hinter Mauern, noch einen andern deutschen Staat, der viel zu unbequem zu betreten war, als daß man sich auf seine Wirklichkeit hätte einlassen mögen – genug, daß er da war und das Scheitern nationalstaatlicher Befindlichkeit anzeigte.

Von den Erfolgen dieser Abkehr ist viel gesprochen worden. Karl Heinz Bohrer hat im März 1990 angesichts einer von Grund auf veränderten Lage auf die Gefahren einer sich an der bloßen Wirtschaftsmacht genügenden Entpolitisierung und Entnationalisierung des Bewußtseins hingewiesen und sich dabei auf Norbert Elias berufen, der in seinen 1989 gesammelten *Studien über die Deutschen* auf das »Defizit eines sublimierend wirkenden selbstverständlichen Nationalgefühls« innerhalb der westdeutschen Republik verwiesen hatte, mit dem Zusatz: »Nationalstolz und zivilisatorische Verwandlung des einzelnen stehen in einer eigentümlichen Beziehung zueinander.« Bohrer macht gegen die Provinzialisierung Front, mit der der Verlust eines nationalen Identitätsgefühls das politische Leben der »Halbnation West« überziehe (es ist, recht besehen, eine Dreiviertelnation), und nimmt auch dafür Elias als Zeugen, der 1978 schrieb*: »Die Möglichkeit eines Zerfalls des tief gespaltenen bundesdeutschen Staates ist sicherlich nicht von der Hand zu weisen. Die zentrifugalen Kräfte, die in den Bundesländern wirksam sind, mögen an der Oberfläche vielleicht noch nicht sichtbar sein, obgleich man sie im kulturellen Vorfeld schon unzweideutig beobachten kann. Aber sie sind ganz gewiß recht stark und werden ohne Zweifel durch die Härte des Konkurrenzkampfes der beiden großen politischen Parteien... verstärkt. Wirtschaftliche Interessen, so mag man sagen, halten das Land zusammen – aber doch wohl nur, solange nicht eine Wirtschaftskrise das Land befällt.... Wer kann sagen, ob unter solchen Umständen ein zukünftiger bayerischer Ministerpräsident sich nicht primär als Bayer und erst sekundär als Deutscher fühlt?«

In dem hier diagnostizierten Prozeß einer latenten provinzialistischen Zersetzung der alten Bundesrepublik kann man ein Fortwirken jenes Spaltungskeims erkennen, aus dem diese hervorging. Es ist historisch plausibel, daß ein Staat, dessen Gründung zu Lasten eines Viertels der Gesamtbevölkerung fünf deutsche Länder von sich ausschloß, einem langfristigen Prozeß innerer Selbstabstoßung unterliegt, an dessen Ende der Begriff des Vaterlands dann wieder bei dem einzelnen deutschen Land anlangen könnte, wie noch bei Ludwig Uhland, dessen *Vaterländische Gedichte* (12. Auflage 1838) sich aus-

---

* In dem Aufsatz *Gedanken über die Bundesrepublik*, der 1977/78 für den *Spiegel* geschrieben und 1985 vom *Merkur* veröffentlicht wurde (Norbert Elias, *Studien über die Deutschen*, Frankfurt am Main 1989, S. 545).

schließlich auf – Württemberg beziehen. Was hier Ansätze zur Restituierung zeigt, ist die *vor*nationalstaatliche Verfassung Deutschlands, die bis tief ins 19. Jahrhundert hinein wirksam war. In die unterschwellig wirksame Tendenz ihrer Wiederherstellung ist nun die deutsche Einheit eingebrochen. Die Frage ist: Wird sie ihn, im Sinn einer neuen Synthetisierung, aufhalten und umkehren oder vielmehr verstärken und zur Erscheinung bringen? Wie weit die Deformation des politischen Bewußtseins bereits vorgeschritten war, zeigte sich an der Sprachlosigkeit der Bonner Führung in entscheidender Zeit. Was das Volk der DDR als habituelles Defizit an den Leitern der SED erfahren hatte, kam ihm nun von der anderen Seite entgegen: das Unvermögen, Notstände mit Namen zu nennen, die instinktiv zur Lüge drängende Neigung, Probleme als Nichtprobleme auszugeben und sich damit der moralischen Mittel zu begeben, sie zu überwinden. Anstatt beiden Staatsvölkern, dem eigenen und dem hinzutretenden, klarzumachen, daß, was zu leisten war, die Neugründung, Wiedergründung einer deutschen Staatsnation, ein Vorgang sei, für dessen Bewältigung es der Anspannung aller Kräfte – materieller wie seelischer, solcher der Tat und des Verstehens – bedürfe, wurde unter dem Druck von Wahlterminen und Parteienrivalität den vorab als Wahlvolk wahrgenommenen Betroffenen weisgemacht, daß die westdeutsche Wirtschaft das hier Erforderte mühelos aus der eigenen, prallgefüllten Tasche zu leisten vermöge. Eine in jahrzehntelanger Abwendung trainierte Ignoranz gegenüber der Wirklichkeit des ostdeutschen Staates forderte (und fordert) ihren Tribut.

Dieser eingeübte Provinzialismus eines politischen Denkens, das sich in einer idyllischen rheinischen Kleinstadt vor den Anforderungen des weiteren Raums verschanzt (es hat ein Pendant auf der ostdeutschen Seite, die ihre eigenen Riten der Selbstbeschränkung, Selbstgenügsamkeit hervorgebracht hat), ist die größte Gefahr auf dem 1990 eingeschlagenen Weg zur Neubegründung einer deutschen Staatsnation. Er verführt zu Beschwichtigung statt zu Analyse, zu Konfusion statt zu Konzentration, zu Geheimniskrämerei statt zu Offenheit, zu Leichtsinn statt zu Gefahrenbewußtsein, zur Lüge statt zur Wahrheit. Karl Heinz Bohrer befand 1990, daß die westdeutschen Konservativen in ihrer »geistigen Ahnungslosigkeit« die Staatsvereinigung betrieben, als gelte es, »einen kleinen Sack Kartoffeln einem großen Sack Kartoffeln« einzuverleiben (*Merkur* Nr. 493, S. 188); das traf die Verhältnisse präzis. Claus-Peter Schmid, der Bonner Korrespondent der *Zeit*, wurde im vorigen Jahr von seiner Redaktion beauftragt, ausfindig zu machen, »welche Pläne die Bonner zum Aufbau der DDR in den Schubladen haben«. Das Fazit war: nichts.

IV

Doch liegen die Fehlhaltungen nicht nur auf dem Feld der Politik. Die Abneigung, wahrzunehmen, was die Neugründung des Nationalstaats an Aufgaben und Verantwortung mit sich bringt, betrifft auch Teile der akademischen Intelligenz. Manche ihrer Protagonisten erliegen einem Gefühl tiefer Irritation; Jürgen Habermas gibt sich in einem Interview die Miene, als habe es einer Revolution bedurft, damit er das erste Mal die Stadt Jena, diesen Hauptort klassischer deutscher Philosophie, besuchen konnte, und fügt den exorbitanten Klageruf an, daß die Entwertung fortschrittlicher Ideen durch die Praxis der DDR »ruinöser sein [werde] als das geballte Ressentiment von fünf, sechs Generationen gegenaufklärerischer, antisemitischer, falsch romantischer, deutschtümelnder Obskurantisten« (*Die Zeit*, 3. 5. 1991). Jene »fünf, sechs Generationen« waren der Nährboden Hitlers. Sie wiegen dem Philosophen der Kommunikation leichter als die Hinfälligkeit eines Staats- und Wirtschaftsexperiments, dessen Brüchigkeit jedem zutage lag, der es der Mühe wert hielt, seinen Blick darauf zu richten.

Habermas konstatiert, die DDR betreffend, eine Dialektik der »Entwertung unserer besten und schwächsten intellektuellen Traditionen«. Zugleich nennt er sein persönliches Verhältnis zur DDR »eine Geschichte der Beziehungslosigkeit«: »Deren Geschichte [die der DDR] war nicht unsere Geschichte.« Das ist ein fundamentaler Irrtum. So gut wie die Geschichte der Bundesrepublik immer ein Bestandteil der DDR-Geschichte war, so gut gilt das Umgekehrte; daß ein so bedeutender Denker wie dieser sich darüber hinwegtäuschen konnte, deutet wie kaum etwas anderes auf den illusionären Charakter des sich an die Bundesrepublik heftenden Staatsbewußtseins. Zugleich bezeichnet Habermas' Satz einen merkwürdigen Widerspruch. Wenn sich in einem benachbarten Staat gleicher Nation etwas Derartiges begibt wie »die Entwertung unserer besten und schwächsten intellektuellen Traditionen«, dann, sollte man meinen, sei ein Verhältnis inständigen Interesses, fortgesetzter Untersuchung vorgegeben. Das Gegenteil war der Fall – weil man diese Entwertung wahrzunehmen fürchtete und sich von ihr in der Betrachtung des engeren westdeutschen Feldes hätte gestört finden müssen?

Die hier zu bemerkende Selbstgenügsamkeit eines fortschrittlichen Denkens, das seine Abstraktheit vor der Konfrontation mit der Wirklichkeit zu bewahren trachtet, ähnelt der, die in der DDR selbst am Werk war. Wahrscheinlich meint Habermas' exzentrischer Vergleich, daß der staatgewordene Sozialismus die Idee der sozialen Gerechtigkeit ähnlich desavouiert habe wie der Hitler-Faschismus den nationalen Gedanken. Nur: diese beiden einschneidenden Korrumpierungen haben ungefähr gleichzeitig (und in Wechselwirkung zueinander) stattgefunden. Woher das jähe Erschrecken bei dem Zusammenbruch eines staatsmonopolistischen Systems, dessen späte deutsche Variante – eine sehr spezifische, in allen Zügen von der Situation der Viertelnation geprägte Variante – von Berija so weit entfernt war wie der Kapitalismus der

Sklavenschiffe von dem des 20. Jahrhunderts? In so impulsiv-verwischender Rede zeigt sich das Phänomen der Erfahrungsbeschränkung in seltsam drastischer Gestalt.

Sie ist der Nachhall einer politischen Konfrontation, die sich gegenüber ihren Ursprüngen verselbständigt hat. Die westdeutsche Linke hat lange Zeit gegen jene expansive, über zwei Ostgrenzen hinausgreifende Selbstbestimmung der BRD gekämpft, die mit dem Mauerbau kenntlich ad absurdum geführt worden war. Sie hat diesen sinnvollen und wichtigen Kampf so angelegentlich und erfolgreich geführt, daß sie die DDR darüber aus dem Auge verlor; zugleich übersah sie, daß sie eben mit der Abweisung eines expansiven Staatsverständnisses die historische Voraussetzung für die Möglichkeit der Staatsvereinigung schuf, die einer nationalstaatlich ambitionierten Bundesrepublik nicht gewährt worden wäre. Dieses Paradoxon ist beinahe so groß wie das jener DDR-Intellektuellen, die es auf eine demokratisierte DDR abgesehen hatten und sich in einer vergrößerten Bundesrepublik wiederfanden. Es wird darauf ankommen, die jeweiligen Selbsttäuschungen dialektisch zu begreifen: als historisch notwendige. Vor allem kommt es darauf an, die Projektion der eigenen Verhältnisse, Bedürfnisse, Erwartungen auf den andern Teil hintanzuhalten. Das Denken aus dem bloß eigenen Raum ist schon anachronistisch geworden.

Manche haben es von jeher vermieden; kein Wunder, daß einige der gewichtigsten Stimmen dieser Art aus Westberlin – soll man sagen: dem ehemaligen Westberlin? – kamen. Von Peter Bender etwa, der seinen von Westdeutschland auf die DDR blickenden Pressekollegen an analytischer Kompetenz immer weit voraus war, oder von Wolf Lepenies, dessen Wissenschaftskolleg schon früh ein Laboratorium der Ost-West-Erfahrung war. Aus jenem Gebiet, das Herman Grimm der Bremischen Kirchenprovinz zuordnete, aus Hamburg, dringt die erfrischende Stimme des Anglisten Dietrich Schwanitz, der, in den Herbsttagen des Jahres 1989 mit seinen

Studenten an einer Hamlet-Travestie arbeitend, die Entdeckung machte, daß die Beschäftigung mit Shakespeare zu einem wesentlich genaueren Verständnis der Vorgänge in der DDR führte als die Sichtweise der Medien. »Die Wissenschaften«, so Schwanitz, »die den politischen öffentlichen Diskurs bestimmen, wie Politologie und Soziologie, betonen nur Strukturen und haben fast keinen begrifflichen Platz für Verlaufskurven und typische Sequenzen. Deshalb ist der Sinn für Ereignisse, Gelegenheiten und Timing-Probleme weitgehend abhandengekommen.« (In: *Hinter den Kulissen*, Hamburg 1991, S. 148/149.) Diese Entwicklung sei »ein Ergebnis der weitgehenden Enthistorisierung und Entliterarisierung des öffentlichen Bewußtseins.« Daß beides mit dem Phänomen des Provinzialismus zu tun hat, liegt zutage.

Natürlich hat man Problem und Frage des Provinzialismus auch auf die DDR zu wenden, die nicht sowohl eine Nischengesellschaft bildete (der Ausdruck entsprang der Überraschung derer, die das Land ganz anders fanden, als seine Zeitungen es vermuten ließen, und trifft viel mehr auf die alte Bundesrepublik zu) als daß sie selbst eine große, mit starker Anstrengung aufrechterhaltene Nische war. Auch das alte, nachhegelsche Preußen und das Österreich Grillparzers und Stifters waren solche Nischen und erhielten diesen Status mit denselben obrigkeitlichen Mitteln aufrecht; Marx, Heine und viele andere haben es scharf glossiert. In beiden Ländern aber wirkte, ähnlich wie in der DDR, eine starke Hauptstadt-Zentrierung der kulturellen Provinzialisierung entgegen; die Pressionen des politischen Lebens weckten den Gegendruck der Individuen und bildeten ein Spannungsfeld eigener, keineswegs unproduktiver Art. Was nach 1848 befreiend kam, war Fortschritt, unstreitig. Aber mit dem entfesselten Kapitalismus kam auch die Trivialisierung; niemand hat es unerbittlicher aufgewiesen als Karl Kraus. Dessen Texte, die spät Eingang in die Druckgenehmigungslisten des Amtes Höpcke fanden, lesen wir heute mit andern Augen. Was sie attackier-

Berlin-Neukölln: Kleingartenanlage am Dammweg.

ten, waren vormals Gegenstände außer uns. Nun sind es – unsere Gegenstände geworden.

Die ganz und gar unprovinzielle Erfahrung, die der DDR-Bürger den Angehörigen der Dreiviertelnation voraus hat, ist die der Ambivalenz des Fortschrittsbegriffs. Mit ihm brüstete sich der sozialistische Staat in DDR-Gründerzeiten und darüber hinaus; nach der Zähmung und Berichtigung dieser optimistischen Kategorie durch die gesellschaftliche Wirklichkeit überzieht er das Land nun von der andern Seite her mit andern Inhalten und verwandter Ambition. So stellt sich der gegenwärtige Prozeß für die Älteren im Land als ein Vexierbild eigentümlichster Art dar. Das Neue, das die Viertelnation einholt, ist das Alte, das von *dem* Alten, das nun entschwindet, einst als dem Allerneuesten verabschiedet wurde. Aber es ist es nicht in der ursprünglichen, sondern in einer mutierten, transformierten Gestalt; so ist das Ganze, weit weniger als eine Wende, ein Umsteigvorgang. Der alte Zug mit dem falsch konstruierten Fahrgestell und dem viel zu schwachen Motor ist auf der Strecke geblieben, irgendeiner hat die Türverriegelung gelöst; zum Glück kam auf dem Nachbargleis ein anderer Zug angefahren, von zweckmäßiger Bauart und mit überaus kräftigem Motor, dessen Begleitpersonal die Türen eines aus einem alten Schuppen geholten Anhängers einladend offenhielt. Nun geht es rumpelnd und keuchend weiter – in der alten Richtung. Die Frage, die keiner stellt, da der Motor viel zu stark und der Hauptzug viel zu prächtig ist: Wer hat die Schienen gelegt? Und wohin führen sie?

V

In dem gegenwärtigen Deutschland klaffen Differenzen des Bewußtseins und der Erfahrung, die noch weit davon entfernt sind, zur produktiven Spannung zu werden. Sie stehen unverbunden nebeneinander, in einer Lage, die manchmal den

Anschein erweckt, als wäre die deutsche Wiedervereinigung ein Mittel zur Verewigung der deutschen Teilung. Die Unlust, aus alten Bahnen gerissen zu werden, zeigte sich besonders anschaulich in der Hauptstadtfrage; unter dem Druck einer in den Juni gesetzten Abstimmung wurde sie zum Prüfstein des neuen Staates, der eben dies: ein sich neu bestimmender Staat, in seinen alten Teilen nicht sein will. Wer vermutete, daß die Entscheidung ähnlich knapp ausfallen würde wie einstmals diejenige über die Wahl Adenauers zum ersten Regierungschef und später die über die Ostverträge der Regierung Brandt/Scheel, ging nicht fehl; die Sitzung selbst wurde dann zu einer Demonstration der Demokratie, die die Wirrnisse vorangegangener Wochen mit unvermuteter Konzentrationsfähigkeit hinter sich ließ und ein Beispiel dessen gab, was Parlamentarismus in herausgehobenen Momenten auch sein kann: die relevante Erscheinung des einzelnen Abgeordneten. Ein die Fraktion übergreifendes Bündnis verantwortlicher Politiker bewirkte nicht durch Machtspruch, sondern durch die Überzeugungskraft des Beispiels und der Argumente jenes Ergebnis, das die Schwierigkeiten des Augenblicks nicht behebt, aber ein Zeichen in jene Richtung setzt, die die europäische Geschichte endlich eingeschlagen hat. Sie geht nicht, wie so lange, auf Separierung, Blockbildung, Abgrenzung, sondern auf Verbindung und Verknüpfung; sie tut es im deutschen wie im europäischen Raum.

Die Irritationen der beiden deutschen Partialitäten halten gleichwohl an. Sie gelten einer Veränderung, die die Sicherungen und Bequemlichkeiten einer doppelten Randlage: an der Peripherie zweier Weltreiche, eintauscht gegen die Wiederherstellung der wirklichen Befindlichkeit Deutschlands im Zentrum (und als Zentrum) eines sich einenden Europas. Das Zurückstutzen vor einer so einschneidenden Umwandlung der gewohnten Position, des eingeübten Bewußtseins scheint begreiflich; es faßt sich in eine Mutation des großen Wortes, das in dramatischer Stunde von den Lippen des Volkes sprang.

Jenem Ruf der Leipziger Demonstranten vom Herbst 1989, der sich erst an die Behörden des Staates richtete: »Wir sind das Volk!« und einige Wochen später an den westdeutschen Nachbarn: »Wir sind ein Volk!«, entgegnet derzeit ein Witz, der es in sich hat. Ein »Ossi« (das ist das im vorigen Jahr erfundene Kurzwort für den neuen deutschen Ost-Bürger) sagt zum »Wessi« (dem Westbürger): »Wir sind ein Volk.« Darauf dieser: »Wir auch.«

Mit nachdrücklich-ernstem Wort hat es unlängst der in Paris lebende Kunsthistoriker Günter Metken gesagt. Er tat es bei einer Analyse jenes immensen Rundgemäldes zum Andenken des deutschen Bauernkriegs von 1525, mit dem der Maler Werner Tübke in fünfzehnjähriger Arbeit (er brachte es, kurz vor Ausbruch der neuen Reformation, noch zu einem Einweihungsstaatsakt) einen Gegenakzent zu jenem monströsen Monument setzte, das das Deutschland Wilhelms II. im nahegelegenen Kyffhäuser-Gebirge über der bartumwallten Figur eines altdeutschen Kaisers aufgetürmt hatte. Metken erkennt in Tübkes Arbeit ein Nationaldenkmal, »jene Unmöglichkeit in Deutschland, das zwar nicht mehr geteilt, aber immer noch zerrissen und unversöhnt ist.« Der Satz macht betroffen, er tut es um so mehr, als das in ihm aufscheinende Bewußtsein sonst weithin verdrängt wird. Es verschwindet im neuen Osten der alten Bundesrepublik unter dem psychischen Druck einer gesellschaftlichen Lage, für die das Wort Sozialkolonialismus keine polemische, sondern eine nüchtern-analytische Bezeichnung bildet. Es verschwindet im Westen hinter der Fassade eines kaum berührten Status quo. Erst, wenn man sich der seelischen Tatsache, die der Satz nennt, zu stellen beginnt, wird deutsche Einheit, deutsche Nationwerdung sich wirklich vollziehen.

Mai/Juni 1990

Preußens Begräbnis

Es ist alles ganz anders. Was dieser 17. August, der Tag in Potsdam, bezeichnet, ist nicht der Anfang eines neuen Preußens, es ist dessen Ende. Die Idee, die beiden Könige heimzuholen, stammt nicht von der Bundeswehr oder von Kanzler Kohl, sie stammt von zwei sozialistischen Kulturpolitikern, von Hans Bentzien, den Ulbricht als Kulturminister, Honekker als Fernsehfilmchef und de Maizière als Rundfunkintendant absetzte, und von Jochen Mückenberger, dem langjährigen Generaldirektor der Potsdamer Schlösser und Gärten, die anno 86, in dem Jahr der großen Fridericus-Ausstellung im Neuen Palais, auf die uneingelöste testamentarische Verfügung verwiesen und sie, mit Rückhalt beim Staatschef, dem Doyen des Hauses Hohenzollern nahebrachten. Der SED-Staat bestimmte sich schon lange nicht mehr von der Zukunft, der Morgenröte des Roten Oktober her, sondern aus der Geschichte, einer preußischen Vergangenheit, die er lange sprengbesessen verleugnet hatte. Er war – und war es unter dem Saarpreußen Honecker, der von Sachsen und Thüringen wenig Notiz nahm, kenntlicher als unter dem Leipziger Ulbricht – ein Restpreußen, das noch einmal staatliche Gestalt angenommen hatte, mit ähnlicher Struktur, ähnlichem Bewußtsein wie der Staat Friedrichs II.: auf einen Beamtenapparat gestützt, der in dem Bewußtsein erzogen war, daß man der schwachen, bedrohten Lage des Ganzen durch unbedingte Disziplin zu begegnen habe, mit einem Heer geschlagen, das den Wohlstand des Landes aufzehrte, und zu einer Toleranz gegenüber Andersdenkenden gestimmt, die, wie bei Friedrich, streng bewirtschaftet und von einer scharfen politischen Zensur eingeschränkt war. Diese späte Wiedergeburt Preußens am Leitseil Rußlands und in enggezogenen Grenzen ist an seiner fundamentalen Reformunfähigkeit, an dem Aufkommen friedlicherer Weltumstände und an der inneren Verwandlung seiner russischen Vormacht gescheitert; zuvor mißriet sein Bestreben, sich mit den Sarkophagen der Gründerkönige eine dichtere symbolische Bindung an seine ursprüngliche Herkunft zu verschaffen. Sie hätte nichts auszurichten vermocht; auch anno 1806 hat die Anwesenheit der toten Könige den überalterten Staat nicht vor dem Desaster bewahrt. Die westlichen Heere hatten mit Friedrichs morsch gewordenem Erbe leichtes Spiel.

Die Rückkehr der Könige bedeutet keinen Anfang, sie besiegelt ein Ende. Mit Sinn konnte Preußens Begräbnis nun stattfinden – die Zeremonie, die den Sarkophag des königlichen Schlachtenlenkers aus der exponierten Lage begehbarer Grüfte ins Unsichtig-Unterirdische, an den privaten, staatsfernen Ort verweist. Der Weg dorthin war weit, er hat mehr als zweihundert Jahre gedauert. Er führte über Katastrophen zu Triumphen und von Triumphen zu Katastrophen; jenes Schicksal, das Friedrich II. im Jahre 1761 als unausweichlich vor Augen stand und das wie durch ein Wunder – jenes Wunder des Hauses Brandenburg, auf das Hitler, der Vernichter Preußens, im Bunker der Reichskanzlei vergebens wartete – von ihm abgewendet wurde, hat den auf Deutschland vergrößerten Staat unter österreichischer Direktion hundertvierundachtzig Jahre später ereilt. Aus dem Untergang erhob sich, mit Treueschwüren gegenüber dem furchtbar mißhandelten Rußland, der neu- und kleinpreußische Staat, eingezwängt zwischen zwei Großmächte und ohne Chance, sich gegen deren spätes Bündnis zu behaupten. So kann Friedrich II. endlich den Ort einnehmen, den er sich bestimmte. Er wird im Tode wieder der Privatmann, als der er in seinem Weinbergschloß zu leben versuchte, und kann es werden, da sein Staat nun vorüber ist, nach einem letzten, angestrengten Versuch, ihn auf umgestürzter Basis zu erneuern. Sachsen, Thüringen und Mecklenburg haben sich freigemacht, der alte

Staat ist auf seinen mittelalterlichen Kernbezirk zurückgeführt, und nur Kultur ist von Preußen geblieben: Museen, Bibliotheken, ein Opernhaus. Die Zeit filtert das Werk der Könige. Eroberungen, Arrondierungen, Satzungen, Apparate vergehen; was bleibt, sind Bücher und Bilder und ein paar schöngefügte Mauern; was bleibt, ist die Musik. Man spielt in Potsdam wieder »Üb immer Treu und Redlichkeit«, aber man zieht den authentischen Text vor: »Ein Mädchen oder Weibchen / wünscht Papageno sich«; Knobelsdorffs Opernhaus, in dem *Die Zauberflöte* die mit Abstand meistgespielte aller Opern ist, zeigt sich als das wahre preußische Kernland. Sanssouci, der gleichzeitige Bau, ist es mit ihm; sein Vorplatz war das Ziel des langen Weges von der staats- zur selbstbestimmten Grabstätte. Der König hat seine Ruhestätte gefunden, und Preußen mit ihm.

Nachschrift

Es bleibt nicht bei Friedrich, nicht bei Preußen. Gabriel Popow, Moskaus Oberbürgermeister, der das Komplott der Staatsbeamten auf seine Weise unterlief: indem er den Staatsstreichlern den Strom abdrehte, erklärt in Berlin, der Zeitpunkt sei nicht fern, da »der Wille Lenins erfüllt wird, neben seiner Mutter begraben zu werden«. Sie liegt in Leningrad begraben, das nun wieder Sankt Petersburg heißt. Auf welche Weise immer: auch Lenins Sarkophag wird von der Staatsverpflichtung befreit werden. Auch er war auf Reisen; als deutsche Truppen auf Moskau vorrückten, brachte die Rote Armee den Schrein hinter den Ural in Sicherheit. Sie kam als Sieger zurück, aber schon die Zur-Schau-Stellung des Toten hinter dem Schneewittchenglas hatte eine Niederlage bezeichnet: der Leichnam des Revolutionärs als die Zentralreliquie eines Reiches, das das Imperium des Zaren beerbt, nicht aufgehoben hatte. Es zerbricht nun; nach vierundsiebzig Jahren geht eine andere Revolution daran, das Heilige Rußland, dessen erste Säkularisation mißlungen war, abermals zu verweltlichen. Ihr Gelingen wird auch daran zu messen sein, wie sie mit dem heiligen Schrein verfährt.

August 1991

Das Rußlandhaus oder
Die Notbremse der Zentralbürokraten

Diarium eines Umsturzversuchs

Dienstag (20. August)
Dienstag mittag, das Radio – der vortreffliche Nachrichtendienst von DS Kultur – versucht, die Lage zu beschreiben: In Leningrad Befehlsverweigerung des Stadtkommandanten, aber Anmarsch von Panzern; in Moskau der Luftwaffengeneral verhaftet, der Panzer zum Schutz der Jelzinschen Machtzentrale auffahren ließ; Bekundungen des Ungehorsams aus fast allen Republiken; Streiks in einigen wichtigen Kohlerevieren; kein Streik, aber Proteste bei den Erdölarbeitern von Tjumen – ein unentschiedenes Bild. Denn zugleich zeigt sich: die Zensur funktioniert im wesentlichen, es bedurfte nur einer einzigen Aktion, um die neue Medienfreiheit aufzuheben.

Gestern mittag erreichte mich die Nachricht von Gorbatschows Entmachtung; ich war gerade dabei, ein Nachwort zu dem Tag in Potsdam ins reine zu bringen. Auf einmal die Meldung, die uns mit Macht ins Gegenwärtige reißt. Ein Vorsignal in der Nacht zum Sonntag: in dem kleinen Ort vor den Toren Berlins, in dem ich mich befand, war eine Sirene losgegangen und hörte nicht auf zu heulen. Das schien mehr als ein örtlicher Feueralarm, alle einst in den Zeitungen verkündeten Sirenenordnungen fielen mir ein: Wenn der Ton, auf gleicher Höhe bleibend, lange anhält, wird's ernst. Der Ton hielt die Höhe und währte *sehr* lang. Ein Blick an den Himmel: funkelnde Sterne, sonst nichts; was war passiert? Der Sirenendrücker von Woltersdorf muß ein weltpolitisches Vorgefühl gehabt haben.

Auch Alexander Jakowlew hatte ein Vorgefühl, und mehr als das. Daß »eine einflußreiche stalinistische Gruppe Vorbereitungen für einen Putsch in Partei und Staat« treffe, hatte er am Freitag in Moskau geäußert; am Sonntag stand es unter dicker Überschrift, »Jakowlew warnt vor einem Putsch«, auf Seite vier des *Tagesspiegels*. Die Geheimdienste konnten getrost weiter schlafen – es hatte schon in der Zeitung gestanden.

Aber ich hatte die Sonntagsnummer nicht gelesen, ich war auch überrascht. Man hatte sich daran gewöhnt, daß das seit Jahren an die Wand gemalte Gespenst, das zuletzt im Januar, zu Anfang des Golfkriegs, den Fuß in die Tür gesetzt hatte, nicht über die Schwelle träte; offenbar hatte Gorbatschow, der Hexenmeister des Fortschritts, einen Drudenfuß auf den Fußboden gemalt. Just, da es durch Jelzins Präsidentenwahl und den Ausgleich der beiden Staatslenker gebannt schien, drückt es die Türfüllung ein. Tags zuvor war mir ein Illustriertenfoto der Moskauer Festveranstaltung zum 70. Jahrestag der Oktoberrevolution in die Hände gefallen, das ich mir damals ausgeschnitten hatte: die riesige Lenin-Statue in einem roten Torbogen an der Stirnwand des Saals wie der Komtur aus Mozarts Oper über den Häuptern der Reformer – aus weißem Stein, ganz wie bei da Ponte. Nun ist der Komtur hereingetappt, nun hat er nach der Hand des Bauernsohns gegriffen, der sich als der geborene Weltmann herausstellte, des Demokraten aus der Mitte der Zentralmacht, von dem ein deutscher Dramatiker mir vor Jahren, als Gorbatschow gerade seine Anti-Wodka-Kampagne abblies, sagte: Das Volk der Russen dulde diesen ihm wesensfremden Rationalisten nur wegen des Erlösermals, das sich auf seiner Stirn zeige.

Nach sechs Jahren, die die Welt veränderten, hat sich die Wirkung der mystischen Signatur erschöpft – der Meister ist in die Fänge seiner Mitkämpfer geraten. Der Mann, der immer wieder den Überraschungen standhielt, die seine eigene Politik ihm bereitete, ist von einem Teil der Crew, die er nach langen, zähen Kämpfen mit der alten Garde der Politbürokraten um sich geschart hatte, nicht gestürzt worden (das könnte nur der Oberste Sowjet), aber ausgeschaltet. »Orthodoxe Kommunisten übernehmen die Macht« headlinet die *F. A. Z.* heute; ist es an dem? Die Schlüsselfigur der Notstands-Junta ist der KGB-Chef Krjutschkow, ein Mann von siebenundsechzig Jahren, der, ein alter Vertrauensmann des Ur-Reformers Andropow, den Kurs Gorbatschows über Jahre hin flankiert hat. Krjutschkows Vorgänger Tschebrikow hatte die erste Phase der Reformpolitik mitgetragen und verweigerte sich der zweiten; Gorbatschow erreichte seine Ablösung und berief Krjutschkow zum Nachfolger, im September 1988 als Komiteechef und acht Monate später als Politbüromitglied. Das letztere vollzog sich im Juni 1989 auf einem ZK-Plenum, das der Klärung des Nationalitätenproblems dienen sollte; heraus kam eine Umbildung des Politbüros zugunsten des Generalsekretärs, bei der die wichtigste Veränderung die Berufung Krjutschkows in das Führungsorgan war. Der neue Leiter brachte in einer entscheidenden Phase den riesigen Sicherheitsapparat auf den Kurs von Gorbatschow, Shewardnadse und Jakowlew; daß er wesentlichen Anteil auch am Verlauf und Gelingen der Umwälzung in der DDR hatte, läßt sich ahnen.

Nun hat Krjutschkow die Seiten gewechselt. Man sah ihn gestern abend im Fernsehen; noch im Juni hatte er einem ARD-Korrespondenten ein Interview gegeben, das jeden Gedanken an einen Staatsstreich ins Reich der Phantasie verwies. Man sah einen alten, müden Mann – einen überforderten Verwalter, der die Geister, die er rufen half, um den Sumpf der Stagnation trockenzulegen, nicht mehr los wird und nun den verzweifelten Versuch unternimmt, ihnen Einhalt zu gebieten.

Ein orthodoxer Kommunist? Dagegen spricht der Verlauf der letzten Jahre. Vor einigen Wochen hat Krjutschkow versucht, den Machtwechsel zu arrangieren, ohne Gorbatschow abzusetzen: durch eine Verlagerung wesentlicher Kompetenzen vom Unions-Präsidenten auf den Unions-Ministerpräsidenten. Das war im Schwange (man las in den Zeitungen davon) und verlief sich wieder; Gorbatschow hatte Einspruch erhoben. Auch ich nahm es als Zeichen für die Schwäche der konservativen Fraktion. Aber der rasche Rückzug derer, die ihre Hand schon nach der Entmachtung Gorbatschows ausgestreckt hatten, war kein Indiz dafür, daß sie ihren Plan aufgegeben hatten, sondern für ihre Erkenntnis, daß sie um die Absetzung des Oberhaupts nicht herumkommen würden. Der Tag dafür war präzis gewählt: zwei Tage vor der Unterzeichnung jenes Vertrags, mit dem Gorbatschow im späten Bund mit Jelzin unternahm, die Zentralisten, denen er Ende 1990 gegen den leidenschaftlichen Protest seines Mitkämpfers Schewardnadse die Schlüsselpositionen der Unionszentrale eingeräumt hatte, ins Leere laufen zu lassen. Denn der Unionsvertrag hätte diese Zentrale im Ganzen entmachtet. Dem ist die Gruppe im letzten Augenblick zuvorgekommen.

Hat Gorbatschow, der geniale Taktiker, Lavierer, Kurshalter im Zickzackfahren, die Gefahr nicht gewittert? War er sich über die Tragweite der Vertragsunterzeichnung so wenig im klaren, daß er es sich leistete, unmittelbar vor diesem entscheidenden Bruch mit der alten, Stalinschen Ordnung ein paar Urlaubstage fern im Süden zu verbringen? Wenn Jakowlew am Freitag wußte, was die Glocke geschlagen hat, dann hätte es Gorbatschow auch wissen können. War er schon nicht mehr Herr seiner Lage? Die Erinnerung an Chruschtschows Sturz drängt sich auf, dessen Details in den letzten Jahren ans Licht kamen. Auch damals, im Oktober 1964, war der Partei- und Regierungschef gerade im Urlaub auf der Krim; was geschehen war, merkte er, als er auf dem Weg zum Flugzeug seine Begleitmannschaft ausgewechselt fand. Er wußte es endgültig, als der Pilot der Maschine, die ihn nach Moskau zur ZK-Sitzung brachte, seiner Weisung, in Kiew niederzugehen, nicht folgte.

Auch Chruschtschow wurde von einem KGB-Chef preisgegeben, den er, als Mann seines Vertrauens, selbst berufen

hatte. Er scheiterte an der unvermuteten Liaison zweier
Mächte, die sich, als die eigentlichen Machtträger, in einem
absolutistisch regierten Staat wie der Sowjetunion in traditionellem Antagonismus befinden und nur in – echten oder
vermeintlichen – Not- und Bedrohungssituationen zu gemeinsamem Handeln finden: Armee und Sicherheitsdienst.
Chruschtschow hatte eine waghalsige Schaukelpolitik mit
und zwischen diesen beiden Hauptsäulen des politbürokratischen Systems betrieben; er hatte den KGB-Marschall Berija
1953 mit Hilfe des Armee-Marschalls Shukow gestürzt und
dann vier Jahre später eine Jugoslawienreise Shukows dazu
benutzt, den mächtigen Befehlshaber in Pension zu schicken.
Es war vermutlich die deutsche Frage, die 1964 den Ausschlag
für das Bündnis seiner Gegner gab: Chruschtschows Absicht,
angesichts der wachsenden chinesischen Bedrohung Frieden
mit Deutschland – einem von der Mauer freizusetzenden
Deutschland – zu machen. Sein offenherziger Schwiegersohn
und Sonderbotschafter Adschubej unternahm damals eine
vielbeachtete Westdeutschland-Reise, Walter Ulbricht schlug,
wie zu Glasnost-Zeiten herauskam, im Moskauer Politbüro
Alarm – einige Wochen später war der seit der verhängnisvollen Kuba-Krise angeschlagene Reform-Despot nicht mehr
im Amt.

Siebenundzwanzig Jahre später spielt die deutsche Frage in
Moskau keine unmittelbare Rolle mehr. Sie ist auf eine Weise
gelöst, die damals nicht durchsetzbar war und uns noch im
vorigen Jahr wie ein Mirakel anmutete; vor kaum mehr als
einem Jahr wurde sie in den Tälern des Kaukasus – auch bis
dorthin waren einst deutsche Besatzer gekommen – festgeschrieben. Daß Art und Weise dieser Lösung dazu beigetragen haben, die Opposition der Generalität – jener alten
Haudegen, für die die DDR allzeit ein Unterpfand ihres
Sieges über Hitler war – zu verschärfen, kann man annehmen,
doch war dies schwerlich der ausschlaggebende Faktor. Denn
auch die Richtung auf umfassende – und kontrollierte –

Abrüstung und überhaupt die Zurückdrängung jenes militärindustriellen Komplexes, der die Sowjetunion nach Chruschtschows Sturz zwei Jahrzehnte lang beherrscht hatte, war den alten Militärs zuwider; die Auflösung des Warschauer Pakts war nur eine Maßnahme unter vielen, die ihren Widerstand erregten.

Andererseits ist ein junger Offiziersstamm herangewachsen, der sich weigert, unter dem Bann der Geschichte zu denken. Nicht Gorbatschows Außen- und Militärpolitik – seine Innen- und Unionspolitik hat den Staatsstreich ausgelöst; dazu stimmt, daß der KGB offenbar federführend in der Notstands-Junta ist. Der Groll der Generäle hätte für sich allein nichts ausrichten können; die Wirtschafts- und Versorgungskrise im Verbund mit der förderativen Umformung des Reiches waren die entscheidenden Faktoren, um eine Fronde zusammenzubringen, die insofern *keine* Fronde ist, als hier die Träger der Zentralgewalt gegen den Repräsentanten der Zentralgewalt putschen, der im Begriff ist, seine Macht zu partikularisieren, um sie nicht ganz zu verlieren.

Daß dies ein Staatsstreich ist und nicht bloß ein Machtwechsel, ist gegenüber 1964 das qualitativ Neue. Gorbatschow hat dafür gesorgt, indem er sich von einem wie immer zusammengesetzten Unions-Parlament zum bevollmächtigten Präsidenten wählen ließ. Nicht ein vom Zentralkomitee inthronisierter Generalsekretär wird, wie damals, von demselben Gremium abgewählt, sondern ein Staatspräsident an der Ausübung seines Amtes gehindert; solange Gorbatschow nicht öffentlich seinen Rücktritt erklärt, operiert das selbsternannte Notstandskomitee außerhalb des Gesetzes. Das hat der russische Präsident Jelzin deutlich erklärt – in einer Weise, die diesen 19. August wie nichts anderes bildhaft bezeichnet: vor Fernsehkameras und einer nicht allzu großen Hörerschar von einem der Panzer aus sprechend, die aufgefahren waren, seinen Amtssitz zu blockieren. Das erste frei gewählte russische Staatsoberhaupt operiert, abgeschnitten von allen

Mediensträngen, von einem Podium aus, das ihm die zur Verfügung stellen, die das Machtrückgrat des Putsches bilden sollten – Offiziere der Sowjetarmee. Ein demokratisch gesinnter General steigt nach ihm auf den Panzer, zuvor ein Händedruck des Präsidenten mit der Panzerbesatzung – zugleich läuft der Putsch weiter; wird die Armee sich spalten? Wir kennen die Szene aus Peking, im Juni 1989, als eine zu dem reformwilligen KP-Chef stehende Armee-Einheit durch eine andere, von auswärts herangeholte, zum Blutvergießen entschlossene abgelöst wurde; auch damals haben sich kurze Zeit verschiedene Befehlshaber bekämpft.

Ob es zu einer solchen Entwicklung kommt, ist offen, und es ist offen, ob Jelzin, der populäre, aber nicht eigentlich mächtige, nicht mit eigenen Machtapparaten ausgerüstete Mann, sich mit Volkes Hilfe behauptet. Die Putschisten sind klug genug, nicht im Namen der Wiederherstellung alter Parteimacht aufzutreten. In ihrer Erklärung steht kein Wort von Marx und Lenin; auch die Worte KPdSU oder Sozialismus kommen nicht vor. Der zentrale Satz ihrer Deklaration lautet: »Wenn keine dringenden und entscheidenden Maßnahmen zur Stabilisierung der Wirtschaft ergriffen werden, werden Hunger und eine Spirale der Verarmung in naher Zukunft die Folge sein, von der es nur einen Schritt zum massenhaften Ausbruch spontanen Unmuts mit verheerenden Konsequenzen ist.« Das ist, wenn man den Berichten aller Beobachter glauben darf, nicht übertrieben.

Auch von dem Stolz und der Ehre des sowjetischen Volkes ist die Rede, die »vollständig wiederhergestellt werden« müßten, und nicht nur »den Polypen des Verbrechens« wird der Kampf angesagt, sondern auch der »schreienden Unmoral«, der »Propagierung von Sex und Gewalt«. Die ökonomische Reform wird nicht ausdrücklich, aber implizit widerrufen: »Die Machtkrise«, erklärt das Komitee, habe »katastrophale Auswirkungen auf die Wirtschaft. ... Der Krieg der Gesetze und die Ermutigung zentrifugaler Strömungen hat die Zerstörung der integralen nationalökonomischen Mechanismen vorangetrieben, die in Jahrzehnten aufgebaut worden sind.« Will man sie wiederherstellen? In einem späteren Satz wird versichert: »Wir werden das private Unternehmertum unterstützen und ihm die erforderlichen Möglichkeiten zur Entwicklung von Produktion und Dienstleistungen gewähren.«

Aber das Problem ist ja, daß die »integralen«, also planwirtschaftlichen Mechanismen mit der Wirkungsweise einer konkurrierenden Wirtschaft nicht vereinbar sind. Gorbatschow hat sich lange um das Entweder-Oder herumgedrückt; er hat es schwerlich aus Entschlußschwäche getan. Denn es geht, außer um den massiven Widerstand der betroffenen Monopolverwalter, um eine objektive Unvereinbarkeit, die zu überbrücken sich als eine schier unlösbare Anforderung erweist. Der Bremer Sozialwissenschaftler Claus Offe hat als die fundamentale Schwierigkeit der Perestroika das Problem bezeichnet, Privateigentum an der Wirtschaft als politisches Projekt einzuführen – eine nie dagewesene Aufgabe. Es liegt im Wesen des staatsmonopolistischen Sozialismus, diesem dritten Weg aus Feudalordnung und Produktionskapitalismus, daß er an einem bestimmten Punkt seiner Entwicklung weder vorwärts noch zurück kann. Wenn wir sehen, auf welch immense Schwierigkeiten die Rückkehr zur Privatwirtschaft unter den so begünstigten Bedingungen stößt, wie sie die DDR innehat, erschließt sich die Dimension der sowjetischen Probleme. Darum ist es fraglich, ob eine entmutigte und enttäuschte Bevölkerung, in der die aktiven Demokraten eine zwar virulente, aber nicht eigentlich organisierte Minderheit bilden, dem Putsch der Zentralbürokraten wirksamen Widerstand entgegensetzen wird.

Als die Nachricht gestern kam, waren Erinnerungen übermächtig: an Nagys Verhaftung im November 1956, an Chruschtschows Sturz im Oktober 1964, an Dubčeks Entmachtung Ende August 1968. Das Gefühl der Wiederkehr wird überlagert und aufgehoben durch das Bewußtsein: Es betrifft uns nicht mehr, wie es uns damals betraf; nicht mehr unser Schicksal steht auf dem Spiel. Dazu der Gedanke, daß alle die – es war die übergroße Mehrheit des Volkes der DDR – recht hatten, die die rasche Nutzung einer einzigartigen außenpolitischen Konstellation für die vordringliche Anforderung des Jahres 1990 hielten, dringlicher als alle andern Erwägungen, so triftig diese für sich genommen waren und sind. In Ungarn, so liest man, gehe die Furcht vor einem politischen Rückschlag um, da neue Leute zwar die politische Führung, aber nur sehr begrenzt die Kommandostellen des Militär- und inneren Machtapparats innehätten. Auch dies ist auf dem Gebiet der DDR wesentlich anders. Die riskante Politik der Auflösung der alten Verwaltungen, ehe die neuen Apparate funktionsfähig waren, zeigt sich im Licht von Begebenheiten, mit denen zu rechnen war, als eine vorsorgliche.

Wir wissen nicht, wie es in der Sowjetunion weitergeht; dort selbst weiß das heute niemand. Daß das große Reich seine westlichen Außenposten freigab, war wunders genug; daß es seine innere Struktur ähnlich konfliktlos preisgeben würde, konnte erhofft, aber nicht eigentlich erwartet werden. Im letzten Moment, am Vorabend seiner Umwandlung in die wirkliche, die föderale Union, macht der Zentralstaat die Probe auf die Macht der Teilrepubliken. Der Ausgang ist ungewiß; der Versuch kommt so spät, daß man glauben möchte, er käme *zu* spät. Unter denen, die eine Rettung der unterminierten Zentralmacht versuchen, ist keiner, der eine Lösung weiß; es ist ein Rückzugsgefecht ohne wirkliches Hinterland. Wiederherstellung der Staatsautorität, Sicherung der Versorgung – aber auf welcher Grundlage? So unsicher es ist, ob sich ein wirksamer Volkswiderstand erheben wird, so ungewiß ist es, ob der Versuch, den Zerfall der alten Ordnung aufzuhalten, jene Eigendynamik entwickelt, die allein eine wie immer geartete Stabilisierung des neuen Regimes, das das sich wehrende alte ist, bewirken könnte. Wird sich der

Putschversuch der Zentralbürokraten mit jenen gefährlich reaktionären, deutlich faschistoiden Bewegungen verbünden, die seit geraumer Zeit in Rußland umgehen? Geschieht dies, so könnte eine Entwicklung eintreten, wie Deutschland sie von 1930 an erlebte, als aus dem Notstandsregime Hindenburgs nach drei Jahren die Terrorherrschaft des mörderischen Demagogen hervorging. Ganz auszuschließen ist ein solcher Weg für das krisengeschüttelte, in seinem Selbstbewußtsein verstörte Rußland nicht. Er ist das wahrhaft zu Fürchtende.

Aber auch Jelzin führt die Flagge Rußlands, die umgekehrte Trikolore.* Wie hoch er sie wird erheben können, das legale, aber apparatlose Oberhaupt des Hauptstaates wider die ungesetzlichen, aber hochgerüsteten Reichsverwalter, ist die eigentliche Frage. Auch gibt es andere, minder katastrophische Reminiszenzen im Reservoir der Geschichte. Gorbatschow hatte, als er vor sechs Jahren im Namen einer durch Mißwirtschaft und Verfall bedrohten Nomenklatura einen entschiedenen Reformkurs einschlug, Ähnlichkeit mit Joseph II., der nach 1780 das Herrschaftsgefüge der österreichischen Monarchie mit schwerwiegenden Eingriffen zu modernisieren unternahm. Er teilte die Vorzüge und die Schwächen dieses kaiserlichen Revolutionärs; seine Anti-Alkohol-Kampagne war, als ein Akt zentralistischen Sittenregiments, ein ähnlicher Fehlschlag wie Josephs Versuch, das Begräbniswesen der österreichischen Erblande zu rationalisieren. Aber Gorbatschow lernte, und ihm gelang, was Joseph auch nicht ansatzweise versuchte: die Verlagerung der Macht – einerseits außerhalb der Monopolpartei, andererseits auf die Teilstaaten hin. Das erste tat er aus eigener Einsicht, das zweite unter dem Druck der Verhältnisse. Er ist dabei nun jäh gestoppt worden. Was geschieht, soll den Prozeß der Machtumschichtung anhalten – zu einem Zeitpunkt, als dieser in seine entscheidende

---

* Weiß-blau-rot in zum Fahnenmast senkrecht stehenden Streifen war die Flagge des Russischen Reiches bis zur Oktoberrevolution 1917.

Phase eintrat. Ob die zentrifugale Tendenz, die die Notstandsmatadore beklagen, aufhebbar ist, erscheint fraglich. Sie zeigte sich als die bestimmende Kraft der Gorbatschow-Ära, durchaus gegen dessen eigenen Willen; er wußte sich nur anzupassen. Für zentripetale Tendenzen fehlt es dem Imperium am ideologischen Bindemittel. Ob faschistoide Extremisten es liefern, ist unbestimmt. Es ist denkbar, daß alles dies nur eine Episode auf dem Weg der Umformung eines alten, überständigen Reiches ist.

Mittwoch (21. August)
Am Morgen des dritten Tages: Nach einer bangen Nacht vor dem Fernsehschirm, voller erschrockener Bewunderung für die todesmutigen jungen Männer, die sich auf die rollenden KGB-Panzer niederlassen (und mit Hochachtung für den TV-Korrespondenten Ruge, der in dem Schrecken und den Wirrnissen dieser Nacht seinen Mann steht als ein guter Kapitän auf der Brücke des Medienschiffs), zeigt sich: die Verschwörer zaudern; sie zögern, Blut zu vergießen. Auch Deng Xiaoping zögerte damals, im Juni vor zwei Jahren; was in Peking der Tien-an-men-Platz war, das ist jetzt, in Moskau, die Zentrale Jelzins. Mit dem Unterschied: dort sitzen keine Studenten, dort sitzt der einzige gewählte Repräsentant Rußlands. Ihm gegenüber stehen die Gralshüter des russischen Imperiums. Primär nicht Kommunisten und Demokraten stehen sich gegenüber, sondern zweierlei Rußlands: das imperialbürokratische und das volksbestimmte; welches wird siegen? Die verbotenen Medien beginnen sich zu regen; aus Jelzins Haus funkt ein Radiosender, freie Zeitungen erscheinen illegal und öffentlich.

Illegal und öffentlich versammeln sich Menschen zu Kundgebungen, allerdings: in Moskau waren es, unter dem Druck der Gefahr, nicht eben viele, kaum ein Prozent der Zehn-Millionen-Stadt. In Leningrad sah man den Platz vor dem Winterpalais voller Menschen, der demokratische Oberbürgermeister beherrscht die Lage. Mit Jelzin erscheint Sobtschak zur Stunde als die Hoffnung des Landes. Ist der späte Putsch der alten Zentrale kurz vor ihrer Entmachtung nur ein Zwischenspiel bei der Verlagerung der Macht von Gorbatschow auf Jelzin? Die Junta bröckelt, wenn man den Meldungen glauben soll, vor allem: sie zeigt sich nicht; niemand aus ihr hält eine Rede über die okkupierten Kanäle. Vielleicht besteht sie nur noch aus Pugo, dem Innenminister, der einst in Lettland die Interessen der Zentrale durchsetzte. Das ist zu wenig, um zu siegen. Wie geht es weiter?

Mittwoch mittag: Das qualitativ Neue an diesem Putsch ist vor allem, daß er, allem Anschein nach, nicht gelingt.

Donnerstag (22. August)
Donnerstag abend: Der Putsch ist mißlungen, es zeigte sich gestern mittag, als Jelzin dem russischen Parlament mitteilte, Krjutschkow habe ihm eine gemeinsame Reise zu Gorbatschow angeboten und werde im Weißen Haus des russischen Parlaments erscheinen. Das war die Kapitulation; die Junta, vor die Wahl gestellt, ein äußerstes Blutvergießen anzurichten oder abzutreten, hatte sich für das letztere entschieden. Ein wichtiges Detail: der Kommandeur der zu Jelzins Schutz aufgefahrenen Panzer hatte den Befehl gegeben, bei der Annäherung fremder Panzer ohne Warnung zu schießen. Das war ernst gemeint; ein Angriff von KGB- oder andern Einheiten wäre auf eine Panzerschlacht mitten in der Hauptstadt der Atommacht Sowjetunion hinausgelaufen. Auf ein anderes Detail verweist ein Journalist Mittwoch abend bei der Freudenkundgebung auf dem Manegeplatz: das Mißlingen von Jelzins Verhaftung am Montag morgen. Das dazu ausgesandte Kommando sei um zwanzig Minuten zu spät gekommen; es war eine entscheidende Frist.

Gorbatschow flog, trotz Jakowlews öffentlicher Warnung, nach seinem Meerespalast; Jelzin – wo war er? – zeigte sich reaktionsfähig.* Offenbar hat er doch einen Apparat, klein, aber effizient. Sein Stellvertreter Ruzkoj ist Luftwaffen-Oberst; auch gab es – Gerd Ruges ARD-Büro zeigt Aufnahmen – die Gruppe Schild, eine Vereinigung von Offizieren aller Waffengattungen, die sich regelmäßig versammelten und auf den Tag X – den von allen außer von Gorbatschow gefürchteten Staatsstreichstag – eingestellt waren. Der Schild hat funktioniert.

Gestern sah man im Fernsehen den Wagen des Vizepräsidenten Ruzkoj den mit Blau- und Rotlichtwagen zum Flugplatz rasenden Verschwörern hinterherfahren – ein atemraubender Moment. Es hieß, die Junta wolle fliehen, nun weiß man: sie flog zu Gorbatschow auf die Krim; Ruzkoj setzte mit einem andern Flugzeug nach. Vor Jelzins Parlamentsgebäude sind die Schutzpanzer abgezogen, voll jubelnder Menschen, die die russische Trikolore schwenken.

Heute mittag die große Kundgebung an dem Ort der Entscheidung, dem Platz vor dem Rußland-Haus. Jelzin, ein Triumphator ohne Triumphgebärde, beginnt seine Rede mit der Verkündung der weiß-blau-roten Fahne als der neuen Staatsflagge der Russischen Föderation. Gorbatschow kommt in der konzentrierten Rede nur einmal vor: als einer, der eine Lektion erhalten habe. Am Morgen sah man ihn bei seiner nächtlichen Rückkehr von der Krim mit Frau und Enkelin in Ferienkluft dem Flugzeug entsteigen, erschöpft, erleichtert. Zur Begrüßung erschienen: der Außenminister Bessmertnych, von dem man während der Junta-Tage nichts vernahm – er hatte sich krank gemeldet. Die Miene, mit der er Gorbatschow begrüßt, läßt zweifeln, ob er politisch überdauert.

* Jelzin, zeigte sich nachmals, war am Sonntagabend (18. August) aus Kasachstan in seine Datsche 30 km bei Moskau zurückgekehrt; am Montagmorgen weckte ihn um sechs der Anruf eines Leibwächters mit der Nachricht des Putsches. Nachdem er einen Aufruf verfaßt und auf einem in der Nachbarschaft requirierten Faxgerät vervielfältigt hatte, fuhr er um halb zehn in seiner Staatslimousine in das sogenannte Weiße Haus, sein Regierungsquartier. KGB-Kräfte, die die Zufahrtsstraße abgeriegelt hatten, griffen nicht ein.

Der heimkehrende Gorbatschow ist glaubwürdig, trotz Shewardnadses bösem Verdacht: »Ich hoffe, er war ein Opfer...« Er sagt, was zu vermuten stand: Sie haben ihn zum Mitmachen aufgefordert, und er hat sich verweigert. Aber seine alte Position ist dahin, einfach, weil die alte Union, die er vertrat, dahin ist. Sie ist vollständig kompromittiert: nicht ein einziger Vertreter der Unionspolitik, weder ein Minister noch ein Parlamentarier, noch ein Parteifunktionär, hat sich zu Jelzin geschlagen, wie Rostropowitsch, der in Paris ein Flugzeug nahm und Dienstag abend, vor der entscheidenden Nacht, im Weißen Haus ankam – mit seinem Cello? Alle Leute, die Gorbatschow um sich scharte, sind in den Putsch verwickelt, nur diejenigen seiner alten Mitstreiter sind es nicht, die sich von ihm abgelöst hatten: Jakowlew und Shewardnadse. Eine Szene am Rand der Kundgebung: Shewardnadse und Pawlow, der Moskauer Oberbürgermeister, ein kleiner, stämmiger Mann mit vorspringender Nase, liegen sich in den Armen. Dann schreien alle auf Jelzins Kommando »Ura!« Ich rufe, als wir in Woltersdorf ankommen und die junge Generation dort vorfinden, auch: »Ura!«

Freitag (23. August)
Stephan Hermlin hat den Staatsstreichsversuch als »Konterrevolution« bezeichnet. Der Terminus bekundet die Illusion, Gorbatschows Reformpolitik sei eine Revolution gewesen. Richtig ist: sie hat revolutionäre Bedingungen schaffen helfen. Eben dagegen richtete sich, unter schlichtem Beiseiteschieben des Oberhaupts durch dessen gesamten Apparat, der Staatsstreich. Dessen Abwehr, die Niederlage des Zentralapparats, gibt nun die Möglichkeit einer Revolution. Das Land, das seine Randstaaten vor anderthalb Jahren in die Freiheit entließ, geht daran, sich selbst zu befreien. Die Türen des Zentralkomitees sind schon versiegelt.

Sonnabend (24. August)
Dsershinskis monströses Denkmal vor der Lubljanka gestürzt, die beiden am Donnerstag von Gorbatschow ernannten Minister wieder abberufen, statt dessen, zweifellos auf Druck der russischen Führung, zwei andere ernannt. KGB-Chef wird Bakatin, der von Gorbatschow im Winter entfernte Innenminister, und der Fliegergeneral Schaposchnikow, der sich Jasows Befehlen widersetzte, wird der Nachfolger des Mannes, von dem Oberst Ruzkoj vor dem Abflug am Mittwoch nachmittag auf die Krim erklärte: »Marschall Jasow ist ein Lump und Verräter.«

Das alles war gestern. Heute abend: Gorbatschow legt sein Amt als KP-Generalsekretär nieder und fordert das Zentralkomitee auf, sich aufzulösen; als Präsident beschlagnahmt er das Parteivermögen, das den staatlichen Behörden mit der Maßgabe übergeben wird, die Mitarbeiter sozial sicherzustellen. Mit alledem vollzieht er Jelzins Maßnahmen nur nach. Dessen Ministerpräsident Silajew soll Unionsministerpräsident werden; Pawlow, den bisherigen Inhaber dieses Amtes, sah man vor dem Untersuchungsrichter; er erklärte, der Meinung gewesen zu sein, daß bei Janajews Machtergreifung alles mit rechten Dingen zugegangen sei. Gorbatschow hat diesen dicklichen Experten, von dem der Gedanke kam, die Währung durch Einziehung der Hundertrubelscheine zu stabilisieren (was die Wirtschaftsmafia natürlich rechtzeitig erfuhr), vor einigen Monaten ernannt und mag froh gewesen sein, daß es ihm gelungen war, einen so unzulänglichen – und folglich ungefährlichen – Mann gefunden zu haben. Das Problem des Präsidenten: daß er keinen Widerspruch mehr ertrug und Leute, die ihm unterlegen waren, in ihren Ergebenheitsbekundungen für glaubwürdig hielt, *weil* sie ihm unterlegen waren.

Am Morgen vor der großen Trauerkundgebung ernennt er die drei Toten des Mittwochmorgens postum zu Helden der Sowjetunion. Koexistenz der Religionen: An zweien der

Särge schwenkt Patriarch Alexej das Weihrauchfaß, der dritte wird nach jüdischem Ritus ausgesegnet. Es sind die letzten Helden dieses Staates. Auch die *Prawda* ist verboten, die Lichter im Redaktionsgebäude erloschen. Nach vierundachtzig Jahren endet der Staat Lenins und Stalins. Ein großes »Uff!« geht durch die Weltgeschichte. Darüber, daß er so friedlich endete – beinahe so friedlich wie die DDR. Indessen: die Weltgeschichte geht weiter. Und verzeichnet fortan auch Gennadij Janajew in ihren Annalen. Ohne seine originelle Idee vom letzten Sonntag wäre er nie in die Geschichtsbücher gekommen. Wo mag er den Koffer abgestellt haben, den er an jenem Tag Gorbatschow abknöpfte? Er enthielt die Codes für die Atomraketen. Hat er ihn mitgenommen bei seinem Entweichen? Und hat er auf der Flucht mal hineingesehen? Wir werden auch das wohl erfahren. So wie das Faktum, daß der gewaltige Dsershinski den vereinigten Tauen mehrerer Lastwagen standhielt. Es bedurfte zweier Krupp-Kräne, um ihn vom Sockel zu heben.

Friedrich und Iljitsch

Zwei Berliner Monumente

Friedrich II. hat seine Privatgrabstätte endlich gefunden, Wladimir Iljitsch Lenin steht sie erst noch bevor. In beiden Fällen markiert der Weg vom Mausoleum zum Privatbegräbnis den des Untergangs der von beiden geprägten Staatsgebilde. Aber müssen deshalb auch die Denkmäler zerstört, beschmiert, versetzt werden? Jetzt, da sich kein gegenwärtiger Machtanspruch mehr an die Gestalten heftet, kann man sie endlich als sie selbst ins Auge fassen, mit dem geschichtlichen Blick, der aus dem Abstand sieht und um dessen Preis weiß.

Richtet man den dergestalt befreiten Blick auf die granitene Hochfigur inmitten des Leninplatzes, so wird man bemerken: sie ist leider von Tomski und nicht von Rauch. Immerhin ist sie wesentlich kompetenter als die bronzene Riesenbriefmarke, mit der Lew Kerbel sich an der Greifswalder Straße mit Ernst Thälmann den Beifall des Politbüros verdiente, nachdem dieses sich über den angemessen in sich gekehrten Ausdruck heftig erschrocken hatte, den das Stand- respektive Sitzbild von Marx und Engels unter der Hand eines deutschen Bildhauers angenommen hatte. Tomskis Hermenmonster (das Ganze ist eine gigantisch aufgeplusterte Herme) ist die in sich, nämlich gegenüber ihren eigenen Maßstäben, stimmige Realisierung eines Kunstbegriffs, den man imperativ-agitatorisch, deklamatorisch-pathetisch nennen kann – ein gefundenes Fressen für Kunsthistoriker und Stadtwanderer, für Experten und Flaneure. Es ist hinter seinem eigenen ausgedehnten Rücken nicht ohne realistischen Gehalt und zeigt sich *stante pede* als die monumentale Veranschaulichung der im roten Granit steckengebliebenen Revolution.

Aber etwas so Seltsames und Bezeichnendes wirft man doch nicht einfach auf den Mist, bloß weil der Mann im Kurs gefallen ist! Nach dem Zweiten Weltkrieg und der Auflösung Preußens war der Kurswert Friedrichs II. bei Null; der war eben nicht nur der Flötenspieler und tolerante Indifferentist, sondern auch der skrupellose Kriegsanzettler gewesen, gewohnt, den Staat mit seiner eigenen Person in einer Weise zu identifizieren, der es nicht darauf ankam, wenn beide zugrunde gingen. Das hatten die Deutschen, und nicht nur sie, gerade in einer andern Dimension erlebt.

Die großen Gestalten sind widersprüchlich in sich selbst; die Geschichte stellt, je nach dem Punkt, an den sie gerade gekommen ist, bald diese, bald jene ihrer Seiten, die helle oder die dunkle, ins Licht. Stalin stellte den Lenin-Nimbus skrupellos in den Dienst seiner Politik. Aber Gorbatschows Reformpolitik wäre ohne die Berufung auf Lenin als den Gegen-Stalin nicht möglich gewesen; sie vollzog sich im Rückblick auf ihn. In dem reaktionären Preußen von 1840 vollzog sich die Grundsteinlegung des Friedrich-Denkmals als ein Bekenntnis zu Aufklärung und Toleranz. Aber die Nazis – und vor ihnen Wilhelm II. – ließen den Friedrich-Nimbus hemmungslos für sich arbeiten. Darum war es begreiflich, daß man das Reiterstandbild nach dem Krieg von den Linden entfernte; klug war es keineswegs. Schon weil der Abbau teuer war und der zwiefache Wiederaufbau – erst in Sanssouci, dann Unter den Linden – erst recht. Auch Abbau, Transport, Lagerung des Lenin-Granits würden eine Stange Geld kosten. Und man würde, anders als damals Unter den Linden, die ohne das Rauch-Denkmal gebaut worden waren, eine architektonische Lücke erzeugen: der Leninplatz ist, man mag das Hermann Henselmann danken oder nicht, auf das Monument hin gebaut.

Wie will man die Lücke füllen, ohne abermals Millionen auszugeben – für einen Springbrunnen, für ein neues Monument, vielleicht eine skulpturale Symbolisierung des segensreichen Wirkens der Vereinten Nationen?* Wenn man Aufwand und Ertrag der Abrißunternehmung ins Verhältnis setzt, wird man bemerken: es lohnt nicht. Zumal ihr etwas merkwürdig Opportunistisches anhaftet; weil die Moskauer ihre Swerdlows und Dsershinskis stürmen, müssen das die Berliner nun auch tun. Die Berliner? Nicht die Berliner tun es, sondern die Berliner Verwaltung. Was in Moskau oder Leningrad – pardon: Sankt Peterburg als unmittelbar symbolische Handlung, als der spontane Ausdruck einer revolutionär aufgewühlten Volksseele plausibel ist, findet in Berlin keinen vergleichbaren Anhalt. Wir haben Lenin, der 1895 in der Königlichen Bibliothek zu Berlin einige in Rußland verbotene Bücher las, seit fast zwei Jahren hinter uns.

Darum sollte unser Blick frei genug sein, das monströse Standbild als das Denk-Zeichen einer überwundenen Epoche zu ertragen. Es erinnert in mehr als einer Hinsicht an das Barbarossa-Denkmal auf dem Kyffhäuser – und wer wollte sich unterfangen, das zu sprengen oder zu zerlegen? Natürlich: zum Kyffhäuser kommen nur Touristen, aber am Leninplatz wohnen Menschen. Wie wäre einem zumute, wenn man morgens das Fenster aufmachte und sähe immer nur – Lenin? Aber auch, wenn man die Anwohner dergestalt in Betracht zieht (oder haben sie sich längst an den Anblick gewöhnt?), bleibt es bei der Frage nach dem Verhältnis von Kosten und Nutzen.

Oder vielleicht Schaden? Steht, ein Lenindenkmal einzuziehen, einer Stadt an, in der einst ein Kriegs- und Eroberungszug gegen den bolschewistischen Staat ins Werk gesetzt wurde, der unter der Vorgabe, mit Lenins Erbe aufzuräumen, die Versklavung und Vernichtung eines ganzen Volkes betrieb? Wenn die Moskauer die Standbilder der kommunistischen Führer vom Sockel stürzen, so ist das ihre Sache. Wir

---

* Der Platz, auf dem das Denkmal steht, war vor dem Abriß in Platz der Vereinten Nationen umbenannt worden.

sind nicht das Sowjetvolk; unser Verhältnis zu der Geschichte, die sich mit Lenins Namen verbindet, ist anderer Art.

Zuletzt können wir den Blick Brechts geltend machen, dem man 1954 vorwarf, in ein Theater einzuziehen, dessen Innenräume von dem Neubarock der wilhelminischen Ära geprägt waren. Warum er, lautete die avancierte Frage, nichts gegen diese schreckliche Architektur unternähme? Wenn er die Figuren abschlagen lasse, meinte der neue Hausherr, so ergäbe das bloß Löcher; also lasse er sie am Ort. Sogar der Preußenadler über der Proszeniumsloge blieb erhalten; er wurde nur durchgestrichen. Denkmäler kann man nicht durchstreichen; man kann sie anders aufheben. Vielleicht findet sich ein deutscher Dichter, der uns einen Vers auf das Denkmal macht; den könnte man auf eine Tafel schreiben und dem Monument zur Seite stellen. Wie immer der Spruch ausfällt: Der verbleibende Lenin wäre ein guter Wächter gegen seine Wiederkehr.

September 1991

Postskriptum

Der Abriß ist teuer geworden; eine Firma nach der andern biß sich die Zähne ihrer Sägen an dem betonverstärkten Granit aus. Das Monument war *aere perennius* errichtet, dauerhafter als Erz; es war ganz offenbar *im Hinblick auf seinen Abriß* erbaut worden, mit Materialien, dazu bestimmt, jeder Attacke zu trotzen. Statt der angekündigten acht Tage dauerte das Unternehmen ebenso viele Wochen; was es kostete, blieb verborgen; es wird weit über eine Million Mark gewesen sein. Es waren die Unkosten eines riesigen Happenings, das sich im Widerspiel von Abrißkolonnen, Polizisten, Demonstranten und Kamaraleuten begab; sein Höhepunkt war auch der

Höhepunkt des Denkmals: der Abbau von Lenins Haupt, das, vom Hals getrennt, an aus der Schädeldecke herauswachsenden Halterungen, auf die Ladefläche eines Schwerlasters niederging. Der von seiner martialischen Basis befreite Kopf erfuhr eine seltsame Verwandlung; im Stande der Ohnmacht wuchs ihm eine Würde zu, die den Aufwand beinahe wert war. Durch die öffentliche Exekution wurde aus dem Ordensgründer und Kirchenhaupt auf einmal der Märtyrer, geschunden, beiseite gelegt, von übermäßiger Größe, ein seltsam christliches Haupt. Hinter der mühsam beräumten Plattform öffnet sich nun der Blick auf den begrünten Trümmerberg, der nach dem Krieg ein unbehebbares Baudenkmal umwuchs: den Luftschutzbunker von Friedrichshain. Wird ein Springbrunnen die Fläche besetzen? Leerstellen sind gefährlich; da es an Geld ersichtlich nicht fehlt, sollte ein weiser Senat nicht säumen.

Staatsräume im Innern Berlins

Ein Streifzug

Schwarzer Vogel

Schon als Berlin Stadt wurde, bestand es aus zwei Städten. Die eine lag auf einer Insel und hieß, nach der bekannten Stadt am Rhein, Cölln; die andere, größere war die ursprüngliche Ansiedlung und nannte sich Berlin. Die beiden Städte vertrugen sich gut und waren durch eine Brücke verbunden, die man »die lange« nannte; auf ihr bauten sie zusammen ein Rathaus. Wieder, wie vor siebenhundert und noch vor fünfhundert Jahren, besteht Berlin aus zwei Städten. Aber es geschah, was wir noch vor zwei Jahren für unmöglich hielten: die Trennmauern sind geschleift und alle Verbindungen wiederhergestellt. Die Mauern fielen, weil sie überflüssig geworden waren. Nachdem zwei leitende sowjetische Politiker zu der Einsicht gekommen waren, daß es für die Sowjetunion besser sei, ein in bekräftigten Grenzen vereinigtes Deutschland zum Freund denn ein Vierteldeutschland als das Ebenbild der eigenen brüchigen Beschaffenheit zum Bruder zu haben, hatte sich die 1961, im zwölften Jahr der neuen Stadtteilung, aufgerichtete Mauer erübrigt.

Als sie gefallen war, zeigte sich: die Teilung der Stadt funktionierte auch ohne sie. Nachdem man sich allseits stürmisch in die Arme gefallen war, bemerkte man, daß hier zwei Städte mit zwei Stadtvölkern entstanden waren, die eine die ehemalige Inselstadt, die andere die ehemalige Hauptstadt der DDR. Die Wahrnehmung griff um sich, als der Trabbidunst der ersten Begegnung verflogen war; ein aus seiner Inselseligkeit gerissener Witzbold meinte, West-Berlin entdecke auf einmal, daß es an die dritte Welt grenze. Das Wort war euphemistisch; West-Berlin entdeckte, daß es in der zweiten Welt lag. Deren wissenschaftlich genaue Bestimmung hatte, im Anschluß an Lenin, 1982 Hans Magnus Enzensberger vorgenommen; er nannte den Resozismus – das war sein Kurzwort für jenen Sozialabsolutismus, der die eurasische Platte von der Wartburg bis zum Gelben Meer eingenommen hatte – »das höchste Stadium der Unterentwicklung«.

In der alten DDR hatte diese Unterentwicklung eine besondere Höhe erreicht; man war nach außen hin, in den Westhandelsbeziehungen, ein Entwicklungsland und nach innen ein hochsubventionierter Kultur- und Wohlfahrtsstaat. Sicherheit in jeder Beziehung – als Sicherheit des Staates vor seinen Bürgern und als Sicherheit des Bürgers vor den Anforderungen der Ökonomie – war die Losung; sie steigerte sich in späteren Jahren zu dem Wort Geborgenheit. Niemand hat sie beredter beschrieben als jener Zwickauer Metallarbeiter, den *Der Spiegel* befragte, warum er keine Freude darüber zeige, daß er nun Meister bei VW sei. Der Befragte sagte, er könne sich darüber nicht freuen, da seine Kollegen fast alle noch in der Luft hingen, und fügte hinzu: »Früher umgab uns ein Mantel der Sicherheit.« Er bemerkte nicht den Doppelsinn der Aussage.

Von der Höhe der Unterentwicklung ins Tal der Ahnungsvollen hinabgestiegen ist das Stadtvolk *der* Teilstadt, die schon lange war, was die ganze Stadt nun wieder werden soll: eine Hauptstadt. Ihre paradoxe Struktur ließ sich in den Satz fassen, daß sie die einzige Stadt der Welt sei, deren Zentrum an der Peripherie liege. Das ist vorüber, das Zentrum liegt wieder im Zentrum. Die Bewohner der Nachbarstadt bemerken es staunend, und damit sie sich nicht allzu verloren vorkommen in dem neuen Zentrum, das das alte Zentrum ist, hat man auf einigen hervorgehobenen Gebäuden schwarz-rot-goldene Fahnen gehißt. Aber nicht die alte und neue Nationalflagge weht dort, die 1957, nachdem die rheinische Republik die Konföderationsangebote des östlichen Nachbarn charakterfest abgewiesen hatte, auf dem Gebiet der DDR mit den Symbolen des sozialistischen Ständestaats versehen worden war und das Werkzeug nun wieder abgeworfen hatte. Sondern ein schwarzer Vogel ist diesen Häusern aufs Dach gesetzt – wer hat ihn ausgebrütet? Und was bedeutet er? Ist es der Stander des Bundespräsidenten? Ist es die Bundeskriegsflagge? Ich ziehe ein vierundzwanzigbändiges Taschenlexikon, Mannheim 1987, zu Rate – kein Wort von dieser Fahne. Ein imaginärer Gerichtsvollzieher scheint einen schwarzen Kuckuck auf das leuchtende Schwarz-Rot-Gold gesetzt zu haben.

Denn es stellt sich heraus: die so markierten Gebäude sind stillgelegt. Sie sind, nebst vielen andern, dazu ausersehen, auch in Zukunft wieder dem Staat zu dienen, sei es dem Parlament, sei es der Regierung und den Ministerien des neuen Bundes, den wir miteinander geschlossen haben. Ein breites Buch mit vielen Bildern listet alle auf, und es zeigt sich: es fehlt nicht an Raum, wie manche glaubten; er ist in Hülle und Fülle zuhanden. Die alte Hauptstadt hat vorgesorgt für die neue; deren Organe brauchen nur zuzugreifen. »Das hätte ich nie gedacht«, sagte am Abend jenes Junitages, da sich die Abgeordneten in Bonn zum Realvollzug der deutschen Einheit durchrangen, ein Jüngling im Trabbi dem Fernsehen, das ihn befragte: »Das hätte ich nie gedacht, daß die Hauptstadt der DDR einmal die Hauptstadt von ganz Deutschland würde.«

Der Reichstag

Weder östlich noch westlich jener Demarkationslinie, als deren monumentale Durchgangsstation das Brandenburger Tor vor zweihundert Jahren gebaut wurde, fehlt es an Raum für den neuen Staat und seine Diener. Schon Hans Poelzig plante 1929 im Innern des fast halbkreisförmigen Bogens, den

Ein weites Feld (Blick vom Potsdamer Platz auf Reichstag und Charitégebäude, März 1990).

die Spree nordwestlich des Reichstags schlägt, eine radial orientierte Bebauung mit Staatsgebäuden der nachmals so beliebten freistehenden Blockform. Und in der Tat: zwischen Reichstag und Kongreßhalle ist nördlich des Tiergartens eine Menge Platz. Stadtplaner demonstrieren, daß die ganze Lübecker Altstadt dort hineinpaßt.

Nicht an Raum fehlt es; fehlt es manchmal am richtigen Blick? Es gibt Stimmen, die den alten Reichstag von Paul Wallot aus einer Mischung ästhetischer und politisch-historischer Gründe für ungeeignet zur Tagungsstätte des Bundestags erklären. Aber wenn man dem mächtigen, seine Umgebung beherrschenden Bau diese Funktion versagte und an anderem Ort einen neuen Plenarsaal baute, müßte man Wallots Gemäuer sofort abtragen. Denn man kann diesen nicht nur imposanten, sondern, seit der Abtragung der mißglückten Kuppel, auf seine historisierende Weise auch schönen, ja originellen Bau nicht als Museum in der Gegend stehen lassen; dazu ist er zu präsent. Daß der von 1894 bis zum Februar 1933 dort tagende Reichstag, für den dieses Haus unter beständiger Störung des Architekten durch den Monarchen errichtet wurde, in der deutschen Geschichte keine Fortune hatte, liegt auf der Hand. Immerhin mußte das Haus erst angezündet werden, ehe die Nazidiktatur zum Zuge kommen konnte; Hitler hat dort keine Mehrheit gewonnen. Die Siegesflagge der Roten Armee im Mai 1945 auf einem der Ecktürme war ein historisches Mißverständnis: der Bau war ja seit Februar 1933 zerstört.

Sein Aufbau in den sechziger Jahren hat die innere Gestalt stark und nachteilig verändert; die äußere Form mit den vier Ecktürmen und der durch die Sorgfalt des plastischen Dekors gemilderten Monumentalität der freistehenden Fronten ist durch den Wegfall der Kuppel zu seiner architektonischen Qualität freigesetzt worden. Um die Berliner Kuppeln des 19. Jahrhunderts stand es allemal prekär, angefangen von dem klarsinnigen, aber erdrückenden Gebilde, das Stüler um 1850 der Westseite des Schlosses aufsetzte. Vierzig Jahre später mißriet Wallot der aus Stahl und Glas gefügte Aufputz des Reichstagsgebäudes fast ebensosehr wie Raschdorf die Domaufbauten – Imponierkonstruktionen von ambitiöser Häßlichkeit. Der Wiederaufbau des Doms hat das glücklicherweise berichtigt. Ludwig Hoffmanns Kuppel auf dem Turm des neuen Stadthauses hielt sich von solchen Auswüchsen frei und gedieh zu der ebenso matten wie reinlichen Bekrönung eines Bauwerks von gedankenleerer Monumentalität. Erst Hermann Henselmann, dessen Städtebau wenig später in jene gigantomane Destruktivität ausartete, die der unmittelbare Ausdruck monopolsozialistischer Hybris war, gelang Ende der fünfziger Jahre mit den beiden Türmen am Frankfurter Tor die Anknüpfung an die Berliner Tradition des 18. Jahrhunderts, die ihre Kuppelbauten am Gendarmenmarkt und im Charlottenburger Schloß aufgerichtet hatte.

Wenn man einen ungefähr gleichzeitig mit dem Reichstag entstandenen bürgerlichen Repräsentationsbau wie den Brüsseler Justizpalast in Betracht zieht, bemerkt man, wie eine konservative, aber durchaus originelle Solidität Wallot davor bewahrt hat, in das Fahrwasser eines architektonischen Imperialismus zu geraten, der gewiß die avanciertere Ausdrucksform gewesen wäre. Sein ausladender Bau war die Bekundung richtiger Ambitionen: das Parlamentsgebäude als monumentale Verkörperung der Idee der Volkssouveränität mit den historisierenden Mitteln einer freistehenden Palastarchitektur. Hinter das Brandenburger Tor setzte der Architekt das Gegenschloß einer uneingelösten Demokratie – eben dies bemerkte und bekämpfte der Kaiser.

Der Bundestag hat sich inzwischen zu dem Haus bekannt; zugleich macht er Miene, den Umbau bis ins nächste Jahrhundert zu ziehen. Wie gut alte Bauten ihm anstehen, zeigte sich schon an dem Bonner Wasserwerk, das einen soviel prägnanteren Tagungsort abgab als sein moderner Vorgänger. Und einen glücklicheren dazu: Nicht die deutsche Spaltung, sondern die deutsche Einheit wurde in dem zugleich alten und neuen Bau beschlossen. Auch Wallots alter Reichstag, Bollwerk eines Parlamentarismus, der hundert Jahre brauchte, um den deutschen Nationalstaat wesentlich zu bestimmen, wird ein zugleich altes und neues Gebäude sein; es wird das Spannungsfeld zwischen Geschichte und Gegenwart sinnvoll bekunden.

Staatsgebäude der Nazizeit

Aber wo bringt man alle jene Funktionen unter, für die der alte Bau keinen Raum hat? Die von der Dokumentation der Bundesbauverwaltung in mehreren Varianten erwogene Frage ist, in welchem Umfang man zur Verfügung stehende Altbauten zu Funktionsgebäuden für Ausschüsse, Fraktionen, Abgeordnetenbüros, Verwaltung, Gastronomie umbilden oder aber Neubauten errichten soll. Der Kostenpunkt spricht für die ausschließliche Heranziehung der östlich des Wallotbaus an der Westseite der Innenstadt zur Verfügung stehenden Gebäude. Das ist die Variante A; gegen sie spricht nicht nur die starke räumliche Aufsplitterung, auch ästhetische Erwägungen tun dies im engeren und im weiteren Sinn. Das in Berlin ansässige Parlament des neuen deutschen Bundes hat Anspruch auf neue Häuser, so wie der deutsche Reichstag von 1871 diesen Anspruch hatte und wahrnam. Die neue Staatsgewalt sollte sich nicht nur in alten Gemäuern darstellen; sie sollte sich vor allem nicht in anrüchigen alten Gemäuern darstellen. Sie sollte vermeiden, in Gebäuden Fuß zu fassen, die in der Nazizeit für die Regierungsbedürfnisse des Hitlerstaats errichtet wurden. Der architektonisch-stilistische wie der politisch-historische Aspekt sprechen hier gegen eine Umfunktionierung zu neuem Staatsdienst.

Es war – im umfassenden Sinn des Wortes – fatal genug, daß sich die Zentralbehörde der Sozialistischen Einheitspartei in den sechziger Jahren in einem Gebäude niederließ, in dem der Zweite Weltkrieg finanzpolitisch vorbereitet worden war, in dem 1934-38 unter dem Bauherrn Hjalmar Schacht für die Reichsbank errichteten Haus hinter der Werderstraße, das eine Variante von Plan A, obschon mit Bedenken wegen der weiten Entfernung, als Funktionsgebäude des Bundestags in Betracht zieht. Obschon es im Sommer 1990 kurze Zeit als Haus der Parlamentarier gedient hat, sollte es dafür nicht in Frage kommen. Was nicht bedeutet, daß man hier nicht Behörden des Bundes unterbringen könnte, möglichst mit Reaktivierung des Festsaals, der in den fünfziger Jahren, als das Haus das Berliner Stadtkontor und das Finanzministerium der DDR beherbergte, ein öffentlicher Konzertsaal war. Es ist wichtig, daß die Bollwerke untergegangener Bürokratien sich als offene Häuser bekunden. Außerordentlich sinnvoll berührt die von dem Gartenarchitekten Gottfriedsen angeregte bauliche Freigabe der vor dem Haus liegenden Rasenfläche. Es wäre sehr wünschenswert, wenn ein anmutiges zeitgenössisches Gebäude vor der die Allmacht der Büros bekundenden Fassade von 1938 Platz nähme.

Ähnlich wie mit der Reichsbank Hjalmar Schachts, die zum »Haus des Zentralkomitees« avancierte, verhält es sich mit dem trostlosen Gebäudekomplex in der alten Dorotheen-, der jetzigen Clara-Zetkin-Straße, der 1937 unter dem Ministerpräsidenten Göring als Teil des Preußisches Innenministeriums errichtet wurde und nachmals die Wirkungsstätte des Justizministeriums der DDR war. Die Regierungsinstitutionen der DDR hatten einen eigentümlichen Hang, sich in Häusern einzunisten, die sowohl von ihrer Architektur wie von ihrer einstigen Nutzung her denkbar ungeeignet zu Staatsgebäuden waren. Man sehe, man umgehe zwischen Glinka- und Mauerstraße jene düstere Zwingburg, zu der das Ministerium des Innern der DDR zwei Verwaltungsgebäude der Deutschen Bank vereinigte; eine merkwürdige Vorstellung, daß der neue deutsche Parlamentarismus hier Fuß fassen könnte. Nicht nur architektonische Bedenken tun sich gegen dies Vorhaben auf; auch und gerade dies ist ein Ort, an dem der Zweite Weltkrieg finanzpolitisch vorbereitet und geführt wurde. Er ist durch seine ministerielle Nachnutzung nicht ins Ehrbare entrückt.

Es wäre ein guter Gedanke, wenn man diese Polizeifestung, zu der sich in den achtziger Jahren ein heller Neubau gesellte, welcher den Eindruck des Gefängnisses mit den Mitteln neuerer Architektur herzustellen wußte – wenn man diesen ganzen großen furchteinflößenden Komplex einer möglichst heiteren kommerziellen Nutzung, durch ein Warenhaus etwa, freigäbe. Die Häuser belegen exzellente Grundstücke, aus deren Verkauf man einen hohen Erlös zugunsten von Neubauten des Bundestags erzielen könnte. Ob Warenhaus oder Bankhaus (was für freundlich-gediegene Architekturen neuerdings im Auftrag von Banken entstehen, kann man in vielen westdeutschen Städten und auch im westlichen Berlin bemerken) – qualifizierte Neubauten nichtstaatlichen Charakters gehören an die Stelle der trüben Zitadellen untergegangener Mächte.

Die Reihe läßt sich fortsetzen. Auch das Gebäude, das Goebbels 1938 zwischen Mauerstraße und Wilhelmsplatz für den starken Raumbedarf des Reichsministeriums für Volksaufklärung und Propaganda errichten ließ, ist, nach Herkunft und Architektur, mit spitzen Fingern anzufassen. Kaum zu glauben, daß sich hier neben andern Institutionen das Presseamt der DDR-Regierung festsetzte, das ähnliche Funktionen wie die Vorgängerbehörde ausübte. Das Absurde ist das Bezeichnende – für eine Staats-, eine Parteigesinnung, die der Gleichschaltung des Medienapparats den antifaschistischen und antikapitalistischen Inhalt substituierte und damit das Nötige ein für allemal getan zu haben glaubte, unfähig zu begreifen, daß in Hitlers Staat der kapitalistische Inhalt erst durch die totalitäre Form eine so verbrecherische Sprengkraft gewonnen hatte. Die deutschen Kommunisten, die so tapfer

Berlin, Mauerstraße: Haus II des Innenministeriums der DDR, vormals Verwaltungsgebäude der Deutschen Bank (erbaut 1891, wiederaufgebaut 1953).

und opferreich gegen Hitler gekämpft hatten, waren auf diesem Feld um so weniger zu Einsichten bereit, als Gleichschaltung und Partei-Monopolismus ja keine Erfindung des Nazistaates gewesen waren; die Urheberrechte dafür lagen im Lande Lenins und Stalins. Andererseits bot gerade die Tatsache, daß der Nationalsozialismus sich einen Rückhalt im Volk hatte verschaffen können, ihnen Grund und Vorwand für eine Regierungsweise, die die Herrschaft der Minderheit über die Mehrheit mit analogen Mitteln sicherstellte. So schloß sich an und in diesen überkommenen Bauwerken der Kreislauf des Unheils.

Von den Nazis nicht nur genutzt, sondern auch gebaut, mit architektonischen Mitteln, denen die kompetente Veranschaulichung eines brutalistisch-imperialistischen Staatskonzepts gelang, ist auch das Haus, in dem die Bürokratie Günter Mittags die Wirtschaft der DDR zugrunde plante. Am gleichen Ort verwaltet die ominöse Treuhand nun die Erbstücke. Göring hat den monströsen Komplex 1936 als Reichsluftfahrtministerium errichten lassen; von hier aus wurde der Bombenterror gegen Rotterdam und Coventry ins Werk gesetzt, der als Vernichtung der deutschen Städte zurückschlug. Es ist prekär genug, daß herrschende Raumnot das merkwürdigerweise unzerstörte Gebäude nach dem Krieg und nun wieder einer zentralen Regierungsnutzung zuführte. Dem Deutschen Bundestag sollte man die makabre Trutzburg ersparen und sich schon jetzt Gedanken machen, wie das Gelände nichtstaatlichen Nutzern zu übereignen wäre, wenn der Auftrag der Treuhand einmal abgelaufen sein wird. Daß das eintritt, ist allerdings unwahrscheinlich; es widerspräche dem Parkinsonschen Gesetz, das seine systemübergreifende Wirksamkeit schon beim Untergang der DDR erwiesen hat.

Berlin, Wilhelmstraße: die Mauer unter Denkmalschutz. Dahinter die Rückfront des Reichsluftfahrtministeriums von 1938, nachmals Haus der Ministerien der DDR, heute als Detlef-Rohwedder-Haus Sitz der Treuhand-Zentralverwaltung.

Alte und neue Staatshäuser

Der ästhetische Vorbehalt gegenüber der neuen Nutzung alter Gebäude hat zwei Seiten, eine stilistisch-architektonische, die die im engeren Sinn ästhetische ist, und eine historisch-politische, die auf vergangene Funktionen sieht. Wenn beide Seiten negativ ausschlagen, Gestalt *und* Geschichte, verbietet sich die Nutzung im Dienst staatsrepräsentativer Funktionen. Schließt man jene Gebäude, die in den Nazijahren für wesentliche Instanzen des Hitlerreiches gebaut worden sind, und dazu den dreiteiligen Komplex des DDR-Innenministeriums von der Nutzung im Dienst des Deutschen Bundestags aus, so bleiben in der näheren Umgebung des Reichstags noch zahlreiche qualifizierte Häuser übrig. Ein ausgesprochen interessanter, ja schöner Bau aus der Zeit des Historismus ist das neubarocke Palais, das der Berliner Architekt August Busse, der seit 1889 für die Staatsbauten des Deutschen Reiches verantwortlich war, um 1890 in der Luisenstraße für das Reichspatentamt baute. Es liegt nahe am Reichstag, noch näher an Wallots noblem Reichstagspräsidentenpalais und verdient in der Raumplanung des Bundestags eine hervorgehobene Stelle.

Vorzüglich für Parlamentszwecke geeignet ist auch die 1840 von Ludwig Hesse in der Luisenstraße errichtete Tierarzneischule, eine Dreiflügelanlage, die in neueren Dokumentationen als Staatsgebäude nicht mehr auftaucht. Der Bau, der zu DDR-Zeiten wechselnde Verwaltungsfunktionen aufnahm, ist im Besitz der Humboldt-Universität; vielleicht läßt er sich gegen das Gebäude des DDR-Justizministeriums eintauschen. So wünschenswert, wie es wäre, daß *dort* Studenten ein- und ausgingen, so erfreulich wäre es, wenn der Deutsche Bundestag eines der schönsten Gebäude des biedermeierlichen Berlin zur Nutzung erhielte; er gewänne damit einen Gegenakzent zu der Massivität des Wallotbaus. Auf dem Pachtwege könnte er sich das neben der Tierarzneischule gelegene medizinische Vereinsgebäude von 1914 zueignen, das, seit 1975 von der Akademie der Künste der DDR genutzt, in den Besitz der Fraunhofer-Gesellschaft übergegangen ist. Hinter der grau verputzten Fassade verbirgt sich ein generöser Bau mit manch anmutigem klassizistischen Detail.

In größerer Nähe zum Reichstag liegt der sich mit einer schönen Klinkerfassade zur Zetkinstraße öffnende Bau, der 1891 von der Reichspost errichtet und seit 1960 von Kultur- und Kulturverwaltungsinstitutionen der DDR genutzt wurde. Die sechsachsige Front mit den markanten Rundbogenfenstern läßt die Tiefenerstreckung des Gebäudes nicht ahnen; es ist, wie auch die monumental disponierte Kammer der Technik am Westende der Zetkinstraße, in allen Planungsvarianten mit Recht für den Bundestag in Betracht gezogen.

Zwei dort gleichfalls erscheinende Ministeriums-Neubauten der 1960er Jahre, die sich mit breiten Fronten zu den Linden öffnen, können es an architektonischer Qualität mit diesen älteren Gebäuden nicht aufnehmen. Sie sind weder abstoßend noch gehaltvoll – Stahlbetonbauten mit vorgehängter Fassade, wie sie zu dieser Zeit überall in deutschen Landen errichtet wurden – und liegen nah genug am Reichstag, um der Bundestagsnutzung nahezuliegen. Wenn spätere Zeiten einmal imstande sind, diese exponierten Grundstücke mit einer qualifizierten Architektur zu besetzen – um so besser für den Deutschen Bund. Der eine dieser Bauten, das ehemalige Volksbildungsministerium, umgreift die Ecke Unter den Linden/Grotewohlstraße und geht in der letzteren, der alten Wilhelmstraße, deren Namen eine geschichtsverstörte Bezirksversammlung nicht wiederherzustellen gewagt hat (sie heißt jetzt Toleranzstraße), in einen gediegenen Bau über, der um 1880 für das Preußische Cultusministerium errichtet wurde. In dieser nüchtern-strengen Architektur, die es zu ihrer Zeit mit den barocken Palais der Wilhelmstraße aufzunehmen hatte, wären Institutionen des deutschen Parlaments gut aufgehoben.

Dem Bauwerk schräg gegenüber liegen jene hochragenden Wohnblocks, mit denen die Baupolitik der SED in der zweiten Hälfte der achtziger Jahre die Westseite der Grotewohlstraße gegen den Tiergarten hin abriegelte. Das war ein bewußter Verstoß gegen die städtebauliche Tradition des Geländes, die von niedrigen Palaisbauten des frühen 18. Jahrhunderts bestimmt gewesen war; das Bismarck-Reich hatte diese nach 1871 zu Sitzen der Reichsregierung umfunktioniert. Wer gegen das Vorhaben, das nach mehr als einer Seite eine Applanierung der Geschichte bedeutete, protestierte, bekam damals zu hören: Nicht einmal von West-Berliner Seite sei Einspruch laut geworden.

Die Ausflüchte der Unsouveränität liegen ebenso hinter uns wie die Zeiten, da städtebauliche Planungen der Öffentlichkeit erst vorgelegt wurden, als alles schon festgeschrieben war. Vor uns liegt diese hochgetürmte Wohnsiedlung mit ihrer Riegelfunktion zwischen der Friedrichstadt und dem Tiergarten. Sie wird so schnell nicht zu beheben sein; um so wichtiger ist es, den Pariser Platz zu seiten des Brandenburger Tors in seiner alten, historischen Gestalt, die von barocken und klassizistischen Palais gebildet wurde, so weit wie möglich wiederherzustellen. Der eminente Langhans-Bau fordert eine seinem architektonischen Rang gemäße Umgebung; auch die qualifizierteste zeitgenössische Architektur würde sie in dem hier geforderten Umfang nicht leisten können. Sie müßte sich von den Vorgängerbauten entweder deutlich abheben oder in einen spielerisch-zitierenden Umgang mit der Überlieferung fallen – beides würde ins Leere führen. Daß bei der Nutzung der Grundstücke nicht nur an die Botschaften und Akademien, die hier früher zur Stelle waren, sondern auch an die Raumbedürfnisse des Deutschen Bundestags zu denken ist, liegt zutage.

Am Brandenburger Tor (Januar 1992). Links hinter Bäumen der Reichstag.

Blick der Mitte

Wo hat Berlin seine Mitte? Die Antworten werden verschieden ausfallen, je nach Lage und Leben des einzelnen. Es gibt eingezogene Orte, an denen sich die Erfahrung der Stadt sonderlich verdichtet (der Umkreis der Sophienkirche ist ein solcher Ort), und es gibt Brennpunkte ihres architektonischen Daseins, an denen sich ihre Geschichte für alle bildhaft darstellt. Ein solcher Ort ist die von Fürstenmacht und Bürgerkultur geprägte Stelle, an der im vorigen Jahrhundert noch ein Festungsgraben verlief, jener Ort, wo man »im Kastanienwäldchen« zwischen Schinkels Wache und dem Ministerpalais des Freiherrn von Stein, zwischen dem Zeughaus und dem Palais des Prinzen Heinrich steht, das Wilhelm von Humboldt zur Universität umschuf. Singakademie und Opernhaus liegen nahebei – nirgendwo sonst, auch nicht am Gendarmenmarkt, konzentriert sich das geschichtliche Leben der Stadt mit der sanften Gewalt einer so bedeutenden wie prunklosen Architektur so wie hier.

Tritt man vor das Wachgebäude, von dem die Wache inzwischen abgezogen ist, so geht der Blick nach Westen auf das bronzene Friedrich-Denkmal; im Hintergrund erscheint das Brandenburger Tor. Und nach der andern Seite? Die Schmalseite eines vertikal strukturierten Sperriegels tut sich dort auf, der Anfang der sechziger Jahre eines der ersten Beispiele modernen Bauens in der DDR-Hauptstadt gab – Befreiungsschlag gegen die Last eines staatsverfügten Konservatismus, dem man sich in der Stalinallee gebeugt hatte. Nun schüttelte die Zunft die anbefohlene Erbebezogenheit ab, um, was von dem alten Berlin übriggeblieben war, endgültig in Klump zu hauen. Sie befand sich in edlem Wettstreit mit ihren Westberliner Kollegen; der wesentliche Unterschied der Situation: daß die einen presseöffentlich kritisiert werden konnten und die andern nicht, wirkte sich auf die Baugesinnung und in vieler

Hinsicht auch auf die Bauergebnisse so wenig aus wie die Verschiedenheit der politischen Entscheidungsstruktur.

Der Alexanderplatz ist schrecklich, Peter Hacks hat ihm ein zuständiges Gedicht gewidmet, es handelt von einem Kind, dem die Streichhölzlein fehlen, und mündet in die Verse:

> – Reibeflächlein hab ich schon,
> Schwefelfädlein hab ich schon,
> Bömbchen liegt schon unterm Alex,
> Fehlt mir nur das Streichhölzlein.

Der Alexanderplatz ist schrecklich, aber ist der Ernst-Reuter-Platz, der ihm vorausging, besser? Anstatt die Folgerungen aus dem Vorlauf zu ziehen, den die westlichen Architekten gewonnen hatten, verlegte man sich auf die gesteigerte Nachahmung ihrer Fehler. Dabei hatten es die Architekten des inneren Berlin mit dem empfindlichsten Teil der schwer zerstörten Stadt zu tun. Unter der machtvollen Anleitung der Partei taten sie alles, was in ihren Kräften stand, um ihn im Laufe eines Jahrzehnts baulich zugrunde zu richten.

Daß es immer *noch* schlimmer hätte kommen können, ist dabei kein Trost. Es fehlte nicht viel, daß der monströse Fernsehturm, dessen als ein riesiger Schlagbaum in den Himmel ragender Mast ein angemessenes Bild des Ganzen bot – daß dieser die innerstädtische Silhouette erbarmungslos majorisierende Sendeturm nach der Losung »Völker, hört die Signale!« an die Stelle des Schlosses getreten wäre. Nur mit List gelang es, diesen von dem Architekten Henselmann 1959 bezeichneten und von dem Parteichef Ulbricht 1964 akzeptierten Standort an den Bahnhof Alexanderplatz zu verrücken. Auch dort tritt er aus jedem kommensurablen Verhältnis zu seiner Umgebung – Ausdruck einer funktionalistischen Aggressivität, die sich in den Betonspitzen der Fußbebauung schmerzhaft wiederholt. Das entwarf damals ein nicht unbegabter Graphiker; die verspätete Befreiung zu dem, was man für modern hielt und was in der versperrten Nachbarschaft den

Ton angab, zeitigte auf dem ältesten Boden der Stadt hybride Verirrungen. Wenn heute von Abrissen die Rede ist, so sollte der des Fernsehturms an hervorragender Stelle stehen; wie nichts anderes belastet das monströse Gebilde alle künftige Stadtgestaltung.

Aber natürlich: das Bauwerk, das recht eigentlich für den Fernblick der Westberliner errichtet wurde, als ein Herrschaftssignal in die abgeriegelte Nachbarstadt – dieses 365-m-Monstrum, die himmelragende Betonsäule, ist nutzbar und wird genutzt, wie auf seine Weise Görings Reichsluftfahrtministerium, in das gerade die neue Zentralbehörde eingezogen ist. So werden wir auf den Abriß dieser Bauwerke noch eine Weile warten müssen. Wird der des Außenministeriums vorangehen? Es wäre nicht schade um diesen städtebaulichen Riegel an sensibelster Stelle, dicht an der Schloßbrücke; es wäre ein deutlicher ästhetischer Gewinn. Allerdings: wenn man in einer Lage, die von Raumnot und Geldmangel bestimmt ist, ans Abreißen geht, sollte man auf Prioritäten achten. Der Fernsehturm ist nicht nutzbarer als das Außenministerium mit seinen 682 Büro- und 16 Sitzungsräumen. Und er ist die *noch* größere städtebauliche Kalamität.

Anders als mit dem Außenministerium steht es mit dem gleichzeitig entstandenen Staatsratsgebäude von 1964. Das eingebaute Barockportal (es ist die Eosander-Replik eines Schlüterschen Schloßportals mit Skulpturen von Permoser) hat dem Bauwerk Maß und Form gegeben; es hat seine Höhe bestimmt, die mit der des Ihneschen Marstalls harmoniert, und eine Fassadengestalt induziert, die ganz auf die Hervorhebung des barocken Einsprengsels angelegt ist. Noch wenn man jenes Portal, von dem aus Karl Liebknecht am Nachmittag des 9. November 1918 die Massen auf »die freie sozialistische Republik Deutschland« einschwor*, an seine ange-

---

* Es gab zwei Ausrufungen an diesem Tag, die erste hatte am Mittag aus einem Fenster des Reichstags Philipp Scheidemann mit den Worten vorgenommen: »Es lebe die deutsche Republik!«

Berlin, Unter den Linden, Blick nach Osten: Links die Neue Wache, überragt von der Laterne der neuen Domkuppel und dem Fernsehturm; rechts das Zeughaus (1706) und der Palast der Republik (1976). Ganz rechts das Kronprinzen-

stammte Stelle setzen könnte, wäre das Staatsratsgebäude mit einer dann einheitlichen Fassade dem Platz nicht sonderlich im Wege – architektonische Reminiszenz an ein Neu- und Kleinpreußen, das friedlicher unterging als sein ausgedehnter Vorfahr. Peter Conradis Vorschlag, dort in Zukunft den Bundesrat anzusiedeln, verdient sorgfältige Prüfung. Den Repräsentationsort eines verwichenen Staatszentralismus zum Organ des Föderalismus umzubilden ergäbe eine sinnreiche Umwidmung.

Volkshaus

Außer von diesen beiden Staatshäusern aus DDR-Zeiten, von dem Marstall und dem von hinten alles überragenden Betonturm wird der Schloßplatz noch von einem andern Bauwerk bestimmt, jenem weiß-golden hingebreiteten Gebilde, von dem zur Zeit mehr als von andern die Rede ist: dem Palast der Republik. Er bietet sich dem nach Osten gewandten Blick in bewußtem Gegensatz zu der üppigen Formensprache des Doms als ein breit hingelagerter Abschluß dar, der dem Auge nichts verbirgt, als was ihm verborgen zu werden verdient: jene von Betonrechtecken eingefaßte Freifläche, auf der einmal die halbe Stadt Berlin stand.

Anfang des Jahres 1989 habe ich die von diesen und einigen andern Bauwerken gebildeten Staatsräume einmal als Staats*träume* zu deuten versucht; die Passage, die den Architekturfortschritt von Ulbricht zu Honecker psychoanalytisch interpretierte, lief an der Wachsamkeit der Instanzen auf. Solche Hürden stehen heute nicht mehr zu befürchten. Aber es gibt andere Denkbarrieren. Es fällt auf, daß jene, die über die Zukunft des Gebäudes in öffentlicher Rede befinden, Menschen, Bürger, wir können nun sagen: Mitbürger, sind, die das Haus weder bezahlt noch benutzt haben. Darin unterscheiden sie sich wesentlich von den Bewohnern jener Zonen, die mit dem Wort ehemalig apostrophiert werden, als müsse man sich des Präteritums fortgesetzt versichern: den Bewohnern Ost-Berlins und der übrigen DDR. Die haben schwer geblecht für den ausladenden Bau, der zur Zeit seiner Aufrichtung mit Recht *Ballast der Republik* hieß; ein jeder, vom Säugling bis zum Greis, hat damals im Mittel weit über hundert Mark für ihn aufbringen müssen. Sie haben sich schadlos gehalten, indem sie das Haus, das, als es fertig war, sich als ein offenes Haus zeigte, weidlich genutzt haben: seine vielen guten und billigen Restaurants, den großen Konzert- und Veranstaltungssaal, das kleine Theater und nicht zuletzt das mit weißem sibirischen Marmor ausgeschlagene Foyer mit der nicht uninteressanten Bilderversammlung und dem vielfach nutzbaren Musikpodium.

»Ich bin entsetzt«, sagt mir eine sechzigjährige Postbotin, die, allein und mit ihren Kollegen, dort oft hingegangen war: »Ich bin entsetzt, daß das alles auf einmal Mist gewesen sein soll.« Der Satz verdient, genau gehört zu werden; er drückt das Empfinden aus, daß, indem man den Leuten einen Ort des Vergnügens nimmt, ihnen auch das vormals dort erlebte Vergnügen streitig gemacht wird. Gelebte Vergangenheit wird ihnen an einer als positiv, ja festlich empfundenen Stelle entzogen – an einem Ort, der, anders als das Lindenpalais der Regierung, anders als der milliardenteure Gewerkschaftspalast an der Jannowitzbrücke oder gar das ZK-Gebäude des Bauherrn Hjalmar Schacht, ein ihnen offenstehender Ort war, dessen sporadische politische Instrumentalisierung sie so kalt ließ wie abends im Fernsehen die Aktuelle Kamera.

Diejenigen, die jetzt über das Schicksal des Baus verfügen, haben eine völlig andere Perspektive auf ihn als die, welche mit ihm lebten, nachdem er von ihren Steuern bezahlt worden war. Dieser westliche Blickwinkel, der sich das Bauwerk als Erbmasse zueignet, um nach Belieben damit zu verfahren, ist ähnlich abstrakt wie die Perspektive, die die sowjetische Kontrollkommission und die SED-Führung 1950 gegenüber dem

Hohenzollernschloß bekundeten. Es war die Perspektive des Siegers. Wir wissen, daß die sowjetische Besatzungsmacht Schinkels Neue Wache in der Nachkriegszeit vor dem Vandalismus der Honecker-FDJ gerettet hat. Den Schloßabriß hat sie, obschon sie auch nach der Gründung der DDR noch die wesentliche Macht in Händen hatte, nicht verhindert; hat sie ihn, im Jahr nach der Gründung der Bonner Republik, womöglich angeregt? Man mißverstand den lange vor seiner Zerbombung zu einem Museum gewordenen Schlüterschen Schloßbau als ein Machtzentrum des niedergeworfenen Reiches und setzte, womöglich auf Stalins unmittelbares Geheiß, die Machtgebärde des Abrisses dagegen.

»Ich bin entsetzt, daß das alles auf einmal Mist gewesen sein soll.« Die, mit Asbestunterstützung, den Palast der Republik dazu erklären, kannten das Haus nur aus den Fernsehübertragungen staatsoffizieller Tagungen, sei es der Volkskammer, sei es der alle fünf Jahre im großen Saal sich versammelnden SED-Parteitage. Die täglichen Benutzer merkten von dem im dritten Stock des Hauses gelegenen Theaterchen sehr viel mehr als von dem in einem hermetisch abgeriegelten Seitentrakt untergebrachten Parlament. Daß dieses den Ort seiner spärlichen Tagungen in dem Seitenteil eines Volksvergnügungshauses hatte, bezeichnete nur zu genau den Stellenwert der Volksvertretung im sozialistischen Staat. Dieser änderte sich dramatisch im November 1989; Millionen verfolgten es mit atemloser Spannung vor den Fernsehapparaten. Seit dieser Zeit wurde hier Politik nicht mehr gespielt, sondern gemacht; vor aller Augen schüttelte das alte Parlament die Vormundschaft der Partei-Junta ab und machte wenige Wochen später seine Stühle frei für eine neue, aus Parteiwahlen hervorgegangene Volksvertretung. Wenn man dem Haus eine politische Bedeutung beimißt, dann ist es diese; sie hat den Weg zur deutschen Einheit geebnet. Im Verlaufe einer einzigartigen politischen Bewegung wurde der versperrte Seitentrakt zum Ort der Emanzipation des Volkes von den Zwän-

Berlin, Unter den Linden: Blick auf den kaiserlichen Dom von 1896 mit den Kuppeln von 1976, den Fernsehturm (1969) und den Palast der Republik (1976). Ganz rechts das Denkmal des Freiherrn vom Stein.

gen einer versteinerten Monopolherrschaft. Das ist der besondere historische Sinn, der sich, des Denkmalschutzes würdig und ihn herausfordernd, an diesen Ort heftet.

Variante

Nur ein Faktum gäbe es, das diese beiden Aspekte – den der Popularität und den der Historizität – zu überbieten vermöchte. Das wäre die Wiedererrichtung des Schlüterbaus. Der Abriß des Palastes wäre ein schwerwiegender Fehler. Aber wenn dieser Fehler Raum schafft, den schlimmeren Fehler von 1950 zu beheben, so ist er hinzunehmen. Was hätten die Pariser gemacht, wenn der Louvre 1940 zerstört worden wäre und die deutsche Besatzungsmacht den Abriß der Ruine verfügt hätte? Sie hätten dasselbe getan, was die Warschauer in den sechziger und siebziger Jahren mit dem Königsschloß und die Budapester mit dem Burgschloß Maria Theresias taten: sie hätten ihn neu erstehen lassen, als ein unverzichtbares Denkmal städtischer Kulturidentität.

Deren bauliche Erneuerung hängt nicht davon ab, ob der alte Bau auch aus den alten Steinen besteht. (Übrigens gibt es von diesen noch eine Menge, und Kenner wissen zu sagen, daß die meisten von ihnen, als ein hebbarer und schwerlich verdorbener Schatz, in einigen Berliner Seen versenkt seien, zu denen die Lastkähne damals ihren Weg nahmen.) Die Authentizität von Bauwerken haftet primär an der Form, nicht am Stoff, sie ist der Gestalt einbegriffen, wie der Entwurf des Architekten sie vorgibt, und erst in zweiter Linie der materialen Realisierung, die sich zu jenem verhält wie die Klangerscheinung eines Musikstücks zu dem Notentext des Komponisten. Von vielen alten Radierungen gibt es noch die Druckplatten. Wenn man von diesen originalen Formen – es ist der Teil des Werkes, an den der Urheber selbst mit Hand angelegt hat – neue Abdrucke aufs Papier bringt, so haben diese nicht die Aura des zeitgenössischen Abzugs; dennoch sind sie eine getreue Realisierung des in die Kupferplatte eingeätzten Formwillens. Das Verhältnis eines Architekturentwurfs zu seiner Bau-Verwirklichung ist ähnlich beschaffen. Dem Entwurf, als der eigenhändigen und ursprünglichen Bekundung des Formgedankens, kommt die primäre, seiner Realisierung die sekundäre Authentizität zu. Darum kann es nur unter dem Gesichtspunkt der historischen, nicht der ästhetischen Echtheit Einwände gegen einen Neubau nach alten Plänen geben. Geschichte zu reproduzieren ist ein Neubau untauglich. Aber er ist in der Lage, große Architektur wieder herzustellen. Übrigens gibt es schon einen barocken Wiederholungsbau in der Stadt: die sogenannte Kommode zu seiten der Lindenoper. Friedrich II. ließ sie 1775 nach einem Entwurf Fischer von Erlachs bauen, der 1725 für die Wiener Hofburg entstanden war; es gab und gibt dieselbe Architektur als Michaelertrakt in Wien und als Königliche Bibliothek in Berlin. Man mag das ortsfremde Barock kritisieren, aber wer möchte das Bauwerk missen?

Der Neubau des Schlüterschlosses ist eine Möglichkeit, nicht mehr, in einer Stadt, die von dem Projekt der Moderne zwischen 1890 und 1970 mit wechselnden Mitteln um ihr ästhetisches Selbstbewußtsein, ihren baukünstlerischen Rang gebracht wurde. Diese Möglichkeit in politisch-pejorativem Sinn mit Schlagworten wie »nostalgisch« oder »restaurativ« zu belegen deutet auf eine Architekturauffassung, die vorab in machtpolitischen, machtgeschichtlichen Kategorien denkt und sich dabei dann noch in der historischen Ortung vertut. Denn Schlüters und Eosanders Schloß war eben kein Reichsbau. Die akulturelle Perspektive kommt merkwürdig bekannt vor; es ist eben jene, die 1950 den Abriß des Bauwerks begründete. So wenig die Wiedererrichtung der Dresdner Frauenkirche eine Erneuerung der lutherischen Orthodoxie mit den Mitteln der Architektur wäre, so wenig würde die Wiedererrichtung des Schlüterschlosses eine Restauration des preußischen Staatsgedankens signalisieren. Hier wie dort wäre nicht mehr und nicht weniger geleistet als die Wiedergewinnung eines Kunstwerks, um das der Hitlerkrieg uns gebracht hat. Eben weil der preußische Staat unwiderruflich dahin ist und ein neues Deutschland sich neu verbunden hat, wäre man, wenn man es wollte, dazu frei, Schlüters und Eosanders Schloß wieder zu errichten. Aber man muß es nicht. Es steht ja schon etwas da.

Geschichtsmuseen

Von den beiden Hauptvarianten, die die Bundesbauverwaltung im Februar 1991 für den Raumbedarf des Bundestags vorgelegt hat, ist Variante B, die in mehreren Spielarten die Nutzung von Altbauten mit der Errichtung von Neubauten verknüpft, inzwischen allgemein für die richtige erkannt. Drei Untervarianten erproben zu beiden Seiten des Bogens, den die Spree nordwestlich des Reichstags schlägt, verschiedene Flächenkonzepte für Neubauten im Dienst von Parlament und Regierung. Variante B 1 zeigt auf der westlichen Seite des inneren Bogenareals ein Konglomerat runder, zackiger und gezahnter Bauflächen. Was ist dort geplant – das neue Bundeskanzleramt? Ein Komplex mit Fraktionssälen und Abgeordnetenbüros? Nichts davon; dort ist ein Museum vorgesehen, das Deutsche Historische Museum. Schon wetteifern große westdeutsche Zeitungen in satirischen Kommentaren. Aber man hat das Festhalten an dem teuren Bau, der ein musealer Ersatz für die real abhanden gekommene Geschichte sein sollte und nun von der real sich wieder einstellenden Geschichte überholt worden ist, als Symptom ernstzunehmen; es zeugt davon, wie schwer es dem westdeutschen (und Westberliner) Bewußtsein fällt, den Tatbestand der deutschen Einheit geistig zu realisieren. Das gesellschaftliche Sein, fand Karl Marx heraus, bestimmt das Bewußtsein. In einem Prozeß des Nachhinkens bestimmt das gesellschaftliche Sein das Bewußtsein oft noch, wenn es gar nicht mehr da ist. Das ergibt dann ein hinkendes Bewußtsein; es ist im Osten und im Westen des neuen Staates anzutreffen und eine völlig begreifliche Erscheinung. Man darf sie nur nicht auf sich beruhen lassen.

Das Deutsche Historische Museum sollte das Gegenstück zu jenem Museum für deutsche Geschichte bilden, das sich Unter den Linden im alten Zeughaus, dem kostbarsten erhaltenen Bau des barocken Berlin, Anfang der fünfziger Jahre unter den Auspizien historischer Aufklärung und politischer Apologie eingerichtet hatte. Schon sitzt die Direktion des in der Innenfläche des Spreebogens geplanten Geschichtsmuseums ebendort, in Blondels und Schlüters Arsenal, diesem nicht nur großartig-schönen und wahrhaft historischen, sondern überdies riesengroßen Bauwerk, zu dem noch mehrere Magazingebäude gehören. Was braucht es in einer Stadt zwei Museen für *eine* Geschichte – für eine Geschichte, die, ob es nun schon alle begreifen oder nicht, wieder eins geworden ist? Das Fortschreiben des Vorhabens gleicht dem Festhalten am Jäger 90, diesem ausladenden Kriegswerkzeug, dem inzwischen der Krieg abhanden gekommen ist, dem es zugedacht war: der kalte Krieg der beiden Weltsysteme. Den beiden Geschichtsmuseen der beiden deutschen Staaten ist inzwischen die deutsche Spaltung abhanden gekommen. Oder rechnet man mit ihrem Wiederaufleben? Dann und nur dann hätte es Sinn, den Bau in den Sand zu setzen.*

Das Bundeskanzleramt

Der Spreebogen umschließt ein großes, weitgehend unbestelltes Areal; hier könnte ein großer Regierungs- und Parlamentsbezirk entstehen. Die Konzentration der Staatsgebäude

---

* Am 22. Januar 1992 sind der Berliner Senat und Bundeskanzler Kohl übereingekommen, das Deutsche Historische Museum definitiv im Zeughaus Unter den Linden anzusiedeln und auf den Neubau im Spreebogen zu verzichten.

auf einer großenteils wasserumgebenen Großfläche käme den Bedürfnissen der Sicherheitsinspektoren nur zu sehr entgegen; sie widerspräche den Ansprüchen lebendiger Urbanität, die sich auch und gerade im alten Berlin in einer lebendigen Durchmischung der Bauten und Funktionen bewährte: solcher der Staats- und der Stadtregierung, der Kirchen und der Kultur und eines in Geschäften, Restaurants, Vergnügungsstätten und Wohnhäusern pulsierenden städtischen Lebens. Schon hört man den Einwand, daß es den Touristen aus aller Welt nicht zuzumuten sei, bei ihrem Gang durch die Innenstadt vor dem Eingang eines Gebäudes zuweilen Polizisten anzutreffen. Das Argument ist seltsam stadtfremd; als ob es den Wien-Besucher störe, wenn er vor den Amtssitzen des Bundespräsidenten oder des Bundeskanzlers Uniformierte wahrnimmt. Es müssen ja keine Grenadiere mit aufgepflanztem Bajonett sein. Aber selbst die in ihren Schilderhäuschen haben die Szene der alten Städte eher belebt als beeinträchtigt. So wird es jetzt mit den gelegentlich niederrauschenden Staatshubschraubern sein – Elementen eines Hauptstadttheaters, das, um demokratisch verwurzelt zu bleiben, für alle da sein muß.

In der Innenfläche des Spreebogens, nahe am Wallotbau, wäre Raum für alle zentralen Institutionen der deutschen Republik. Aber die Ballung würde auf Ghettoisierung hinauslaufen; darum hat der Gedanke viel für sich, dem künftigen Bundeskanzleramt einen Platz in der inneren Stadt einzuräumen. Jener Hauptplatz, den der Palast der Republik besetzt hält, ist am wenigsten dafür geeignet. Setzte man die Machtzentrale des neuen Staates an die Stelle, auf der einst das Machtzentrum der preußischen Monarchie stand, so hieße das die politische Funktion des Ortes restituieren; die neue Staatszentrale würde sich einer historischen Kontinuität unterstellen, die ihr fern liegt. Die »moderne« Lösung an dieser Stelle wäre die *funktional restaurative*; sie würde durch das Festhalten an dem gegenwärtigen Bauwerk ebenso vermieden wie durch den Neubau des Schlosses. Denn dieses wäre eben kein Machtort, sondern ein Museum, und nichts als das.

Aber wohin dann mit dem Bundeskanzler in der inneren Stadt? Er verdient einen schönen, ruhigen Ort zum Regieren; wenn er sich wohlfühlt bei uns, werden wir alle was davon haben. Daß er das hochragende Stadthaus am Molkenmarkt nicht bekommt, muß ihn nicht grämen; der Bau paßte mehr zu Willi Stoph. Er stammt von einem Stadtbaurat, der Berlin mit vielen großartigen Schul- und Krankenhausbauten bedacht hat – die Aufgabe, die ihm die Stadt an dieser Stelle übertrug, überstieg seine Kräfte. Ludwig Hoffmanns Stadthaus in seiner düster und trocken auftrumpfenden Machtgebärde, die sich in kolossalen Säulenordnungen über einem nicht enden wollenden Rustikasockel bekundet, ist ein eher erschreckendes als anmutendes Bauwerk, von einer ambitiösen Einfallslosigkeit, die durch die Nähe des Roten Rathauses um so schmerzhafter wird; es ist ein ungemütliches Haus an einem ungemütlichen Ort. Als Nebensitz der Berliner Stadtregierung wäre es symbolisch entschärft und seiner ursprünglichen Bestimmung zugeführt; als Sitz der Bundesregierung oder einer ihrer Institutionen wüchse ihm eine falsche Bedeutsamkeit zu.

Wohin mit dem Kanzler? Ein ebenso ansehnliches wie geräumiges Provisorium steht nordöstlich vom Spreebogen, nahe der Charité, bereit. Dort gibt es neben dem Naturkundemuseum den außerordentlich schönen, von einer langen, wohlgegliederten Reihe von Rundbogenfenstern bestimmten Bau der einstigen Geologischen Landesanstalt aus dem Jahre 1878 und unweit davon die große Anlage der ehemaligen militärärztlichen Akademie, deren barockisierende Palastfronten von jener souverän historisierenden Eleganz sind, die ihre Stunde nach dem Ende des Jugendstils hatte. Wenn die Regierung des neuen Bundes auf dem Gebiet der alten, unzerstörten Friedrich-Wilhelm-Stadt eine Zeitlang in die Nähe der Medizin rückte, so wäre das ein Vorgang von freundlicher

Symbolkraft. Denn was kann, was darf Regierung anderes sein als das Unternehmen, prophylaktisch und therapeutisch gegen die Gebresten eines gesellschaftlichen Körpers anzugehen, dessen gesundes Eigenleben nicht in die Zuständigkeit der Obrigkeit fällt.

Aber so günstig diese Baulichkeiten für ein Provisorium sind – der dauernde Ort des Bundeskanzleramtes muß an zentraler Stelle gesucht werden. Es ist nicht schwer, ihn zu finden. Schinkels Bauakademie, der kostbar-schöne Ziegelbau von 1836, der einen wichtigen Platz in der europäischen Architekturgeschichte des 19. Jahrhunderts einnimmt, wäre der rechte Ort – ein edles, geräumiges Haus, bar allen Prunkes, von substantieller Modernität, in wunderbarer Lage. Der Abriß des Außenministeriums, dem die gut erhaltene Schinkel-Ruine 1960 zum Entsetzen aller Kundigen weichen mußte, wird Gelegenheit geben, den hochbedeutsamen Bau, dessen Fassadenteile vielfach geborgen wurden, an der alten Stelle am Spreearm neu zu errichten. Sie liegt nicht weit von dem Palais Unter den Linden (dem ehemaligen Kronprinzenpalais), das in die Nutzung durch das Bundeskanzleramt einbezogen werden könnte; ein schöner Garten würde beide Baulichkeiten miteinander verbinden. Das so entstehende Ensemble würde es mit den berühmten Regierungszentralen anderer europäischer Staaten aufnehmen können. Es ergäbe sich ein architektonischer Komplex in ebenso zentraler wie geschützter Lage, an historisch gewichtiger, aber durch keinen falschen Traditionsbezug belasteter Stelle.*

Staatsgebäude im Innern Berlins – es hat sie seit dem achtzehnten und dann verstärkt im Laufe des neunzehnten Jahrhunderts in dem Bereich westlich des Schlosses gegeben, in

---

* Nachdem im Januar 1992 Bundeskanzler Kohl den für den Bau des Deutschen Historischen Museums im Spreebogen vorgesehenen Platz als geeignete Stelle für den Neubau des Bundeskanzleramts befunden hat, entschied Bundespräsident v. Weizsäcker Anfang Februar, seinen Amtssitz von dem im Tiergarten befindlichen Schloß Bellevue in das Palais Unter den Linden zu verlegen.

Das Prinzessinnenpalais von 1733 (in den sechziger Jahren als Operncafé wiedererrichtet); dahinter das Kronprinzenpalais und das Außenministerium der DDR. Rechts die Spitzen der beiden Türme von Schinkels Friedrichswerderscher Kirche

einer locker verstreuten, mit andern gewichtigen Nutzungen organisch verknüpften Weise, wie sie der Metropole ansteht. Die Frage ihrer neuen Ansiedlung ist, wie sich zeigt, keine bloß funktionale. Sie ist eine historische und im weitesten Sinn politische, verquickt mit den Fehlern, Verbrechen, Irrtümern alter und neuer Geschichte, wie sie sich in der bestehenden Stadtgestalt abbilden, und andererseits mit den standhaltenden Überlieferungen, die diese prägen. Jede Betrachtungsweise, die, ob bewußt oder unbewußt, ein Besitzergreifen von außen darstellt, ein Denken, Reden, Planen über die hinweg, die vor Ort mit den Ergebnissen einer fühllos auftrumpfenden Baugesinnung, aber auch mit den Zeugnissen gelingender Bewahrung und Erneuerung lebten, würde die Fehler einer Vergangenheit erneuern, an denen wir alle tragen. Zügige Planung tut not, einen Hauptstadtanspruch einzulösen, der umfassend verbürgt ist. Aber Veränderung hat immer eine Zone des Provisoriums zu durchschreiten. Übereilung würde alles verderben. Und nur gemeinsam ist das rechte Maß zu finden.

16. Oktober 1991

Berlin, Niederkirchnerstraße: Bauarbeiten am Gebäude des alten Preußischen Abgeordnetenhauses von 1899 (Januar 1992). Vor dem Gebäude verlief bis 1990 die Mauer.

Vom Volksstaat

Lenins Realisierung

I

Man kann in der Geschichte der DDR zwei Phasen erkennen. Die erste war von der Aneignung der Gesellschaft durch die Partei des Monopols bestimmt. Ihre Legitimation war historisch; sie ergab sich aus der Katastrophe des Hitlerfaschismus. Die Macht lag in den Händen der Opfer, die die Sieger geworden waren; sie kamen aus den Konzentrationslagern und aus dem Exil; vor allem kamen sie von den Schlachtfeldern zwischen Wolga und Spree.

Diese Legitimation erschöpfte sich in dem Maß, wie sie in Anspruch genommen wurde. Es begann die zweite Phase in der Geschichte der DDR; sie bestand in der Aneignung des Staates durch die Gesellschaft. Gemäß dem Martin Walserschen Diktum, daß Literatur immer beteiligt sei bei der Inthronisierung der jeweils neuesten geschichtlichen Kraft, hatte die erste Phase erheblichen künstlerisch-intellektuellen Zulauf, nicht nur am Ende der vierziger Jahre, als viele bedeutende Remigranten ins Land kamen, sondern bis tief in die fünfziger Jahre hinein; Peter Hacks und Wolf Biermann sind nur zwei Namen. Die zweite Phase hatte erhebliche Abgänge. Ein- und Abwanderung Hans Mayers, der 1948 kam und 1963 ging, bezeichnen beide Phasen.

Deren Wechsel hängt auch mit der Befriedung der Situation durch die Abschnürung der Territorien zusammen. (Im Sommer 1961 hatten die Amerikaner noch bei Franz Josef Strauß angefragt, welche Atombombenziele er im Fall einer erneuten Berlin-Blockade in der DDR empfehlen würde.) Die Mauer hatte für das westliche Deutschland den Vorteil, jene linken Kräfte freizusetzen, die durch die unmittelbare Nähe des SED-Regimes blockiert gewesen waren. Auch für die DDR hatte die Grenze die Folge, daß die Berufung auf den Feind vor den Toren von nachlassender Wirkung war; man hatte das Tor ja zugemacht. Die Feindberufung wurde vollends unkräftig mit der diplomatischen Anerkennung der DDR; von da an war jede innenpolitische Konfrontation, die die SED-Führung vom Zaun brach, mit dem Stigma innerer Unglaubwürdigkeit geschlagen. Der Monopolstaat konnte nur noch aus der Position der Defensive agieren; sie fiel von Fall zu Fall drastisch aus. Mit der Reformpolitik Gorbatschows und der Orientierung – der Okzidentierung – der Bundesrepublik auf die Vereinigung Westeuropas verschwand der letzte Rest möglicher Feindberufung; damit war der sozialistische Staat am Ende seiner Legitimierungskonstruktion.

Die entscheidende Zäsur zwischen beiden Phasen bildete das Jahr 1971 mit Ulbrichts Sturz, dem Machtantritt Honeckers. Folgte dem Staatsgründer der Staatsverschleuderer? Es ist verblüffend, wie genau, das zu Ändernde geändert, Honecker die Rolle annahm und durchführte, die immer wieder den Nachfolgern der Gründerkönige beschieden war: dem 15. Louis nach dem 14. Louis in Frankreich, Wilhelm II. nach Wilhelm I. im Deutschen Reich, Friedrich Wilhelm III. nach Friedrich II. in Preußen.

Staatsfreunde aus katholischer Landschaft wie Peter Hacks oder Hans Mayer kennzeichnen die erste Phase als positiv (konstruktiv), die zweite als negativ (destruktiv). Ein anderes Bild bietet die Geschichte vom Esel und vom Hund, die Ende der siebziger Jahre in der DDR umging. Der Hund fragt den Esel, ob er mit in den Westen gehe, der Esel verneint: »All die Jahre habe ich die Karre den Berg hoch gezogen, und nun, da es bergab geht, soll ich weglaufen?« Allerdings läuft es sich, die abwärts drückende Karre im Rücken, nicht unbedingt bequemer als auf die schleppende Weise des Anstiegs; es hängt vom Grad des Gefälles ab.

II

In dem Maß, wie der Feind abnahm und der Glauben nachließ, nahm der Sicherheitsapparat zu; die Pressionen verlagerten sich aus dem Offenbaren ins Verdeckte. Dabei verloren sie nicht an Wirkung, aber an Kraft; je umfangreicher das Sicherheitsorgan wurde, um so weniger ernst wurde es genommen. Hing das damit zusammen, daß niemand wußte, *wie* umfangreich es geworden war? Aber das konnte jeder sehen; das Ministerium Erich Mielkes verfehlte nicht, durch den Bau wahrer Trutzburgen in den Bezirksstädten des Landes dessen Bürgern und Besuchern eine deutliche Vorstellung seiner wirklichen Größe zu geben. Man brauchte den Umfang dieser Bauwerke nur zu den Architekturen ins Verhältnis setzen, die die Polizei-Behörden *vor* dem Krieg beansprucht hatten, um eine Vorstellung von der Ausdehnung des Apparats zu gewinnen.

Doch war die Wirkung dieser Zitadellen auf das öffentliche Bewußtsein begrenzt. Sie hatten Ähnlichkeit mit den Festungen, die die großen Feudalherren an der Schwelle zur Neuzeit in oder über den von ihnen unterworfenen Städten errichteten; die auf die Bürgerschaft gerichteten Kanonen haben die Niederlage des Feudalismus verzögert, aber nicht aufgehalten. Das sich massiv demonstrierende Volumen der Mielkeschen Sicherheitsburgen kam nicht gegen den Umstand an, daß die Arbeit der Behörde sich im Verborgenen vollzog. Man übersieht heute leicht, daß das MfS nichts weniger als eine illegale Organisation war (immerhin fungierte eine seiner Hauptchargen als zentraler Verbindungsmann zu den Staatsstellen der Bundesrepublik). Aber es operierte, *als* wäre es das, obschon da kein äußerer oder innerer Feind mehr zu erkennen war. Gegen diese Paradoxie ist das Institut bei allem Aufwand – und wegen dieses Aufwands – nicht angekommen. Ein Geheimapparat, der sich durch gigantische Bauwerke bekundet, macht sich in gewisser Weise lächerlich.

Wobei auch das Umgekehrte galt: Je weniger ernst das Sicherheitsorgan genommen wurde, je weniger der einzelne, namentlich in der Jugend, sich bemüßigt fand, aus seinem Herzen eine Mördergrube zu machen, desto mehr fühlte sich die Behörde veranlaßt, diesem Vorgang durch Wachstum zu begegnen. Es war ein hoffnungsloses Unterfangen.

Wenn Gewalt sich tarnt, bekundet sie damit ihre Schwäche; sie ist unter dem Tarnhelm nur scheinbar – un-scheinbar – die gleiche wie in faßlicher Gestalt. Die Vernebelung verrät ihr schlechtes Gewissen; Völker haben dafür ein feines Gefühl. Darum spielt die Sicherheits-Frage jetzt, wo sie offenliegt, eine viel größere Rolle als vor dem Zusammenbruch des einschlägigen Ministeriums. Der Einfluß der Stasi auf die DDR war nie größer als jetzt, da man sie los ist. Es ist eine Übergangserscheinung.

III

Der Stalinsche Kommunismus war, bei all seiner eschatologisch aufgeheizten Dynamik, die hermetische Staatsform eines hermetischen Ordens. In einer technisch rasant fortschreitenden Welt war das Zugleich von Hermetik und Dynamik nicht aufrechtzuerhalten. Es war am schwierigsten in der DDR aufrechtzuerhalten, deren aus der Nachkriegssituation mit kaltem Krieg und fehlendem Friedensvertrag hervorgehende Entwicklung das Stalinsche Konzept noch überbot: Aufbau des Sozialismus nicht in *einem*, sondern in einem Viertelland. Stalin beschloß die »Schaffung der Grundlagen des Sozialismus« in diesem Viertelland, als der Westen seine die Wiedervereinigung auf der Grundlage einer pluralen Demokratie offerierende Note vom März 1952 abgelehnt und die Gründung der Europäischen Verteidigungsgemeinschaft ins Werk gesetzt hatte, bei anhaltender Nichtanerkennung der Oder-Neiße-Grenze durch die Bundesrepublik. Ulbricht hat, wie ein Zeitzeuge, Valentin Falin, berichtet, Stalin damals vorgeworfen, daß er die Einführung des Sozialismus in Deutschland als außenpolitisches Druckmittel einsetze. Die SED-Führung sagte es nie, aber wußte es immer, daß es um sie geschehen sein würde, wenn die Sowjetunion und die Bundesrepublik sich einmal mit amerikanischer Zustimmung einig würden. Sie wußte zugleich (und sagte es nie), daß es ebenso um sie geschehen wäre, wenn sie, ehe dies einträte, eine Instabilität zuließe, die sich nach dem Gesetz der Kettenreaktion so hätte fortpflanzen können, wie dies im Herbst 1989 geschah. Der Grat, auf dem man wandelte, war um so schmaler, als man niemals eingestehen konnte, wie schmal er war.

War die Mauer einerseits ein Rückzugsgefecht der Partei des Monopols, so war sie andererseits eine Vergegenständlichung jener unsichtbaren Schranke, die die Herrschaft der SED aufgerichtet hatte. Heiner Müller hat sie in der späten Inszenierung seines frühen Stückes *Der Lohndrücker* in das Bild der gläsernen Wand gefaßt, die in dem Betrieb, der die Szene ist, in einem bestimmten Moment zwischen Leitern und Geleiteten aus dem Boden aufwächst. Nachdem diese Wand stand, unternahm es das Mielke-Ministerium, immer mehr Löcher durch sie hindurchzubohren, um zu hören, was dahinter vorging; der Vorgang mußte die Standfestigkeit des Gebildes aushöhlen. Dieser Vorgang war Bestandteil eines Prozesses, der sich, wie das Umlenken im Scheitelpunkt einer Parabel, als die umgekehrte Aneignung darstellte: die des Staates durch die Gesellschaft; der Versuch, ihm durch die Aufblähung des Sicherheitsorgans zu begegnen, trug dazu bei, ihn weiterzutreiben. Denn die Infiltration der Bevölkerung durch die an das Volk, die unbekannte Größe, sich anklammernden Organe war zugleich die Infiltration der Organe durch die Bevölkerung. Lenins an dem Vier-Monate-Regime der Pariser Kommune ausgerichtete Vorstellung eines Staates, in dem die Kluft zwischen Volk und Machtapparaten (Polizei, Bürokratie und Heer) in einem Akt ständiger wechselseitiger Durchdringung aufgehoben sei, realisierte sich in den sozialistischen Staaten mit bürokratischer Folgerichtigkeit. Kann man sich einen volksnäheren Polizeiapparat denken als einen, der über jeden vierten Bürger des Landes eine Akte anlegt? Die Schweiz, ein reiches Land, hat es, auf nichtleninscher Grundlage, nur zu jedem zwölften Bürger gebracht und völlig erfolglos: es gibt die Schweiz immer noch. Es zeigt sich: die bloße Vermehrung des Überwachungsapparats genügt nicht, einen Staat zugrunde zu richten. Hinzukommen muß die sozialabsolutistische Struktur.

Die marxistisch-leninistische Prognose vom Absterben des Staates durch und angesichts seines Aufgehens im Volk ist im real existierenden Sozialismus kenntlich erfüllt worden. Den Resonanzvorgang, der dabei statthatte, hat Monika Zimmermann beschrieben: Jene Agenten, die Mitglieder oppositioneller Gruppen gewesen seien, hätten den Auftrag gehabt, die subversive Arbeit voranzutreiben (vgl. S. 14f. dieses Buches); das habe erkennbare Ergebnisse gezeitigt, »während die heimliche Zuträgerei für die Stasi in ein Faß ohne Boden fiel« (*Neue Zeit*, 2. 11. 1991, S. 25). Man kennt aus der Schwingungslehre die zerstörerische Wirkung von Resonanzen; das schwingende System filtert aus überlagernden Schwingungen seine Eigenfrequenz heraus und kommt auf diese Weise zum Bruchpunkt, wie die Brücke unterm Tritt der Gleichschritt haltenden Kompanie. Der Staat als ein sich durch zu große Volksnähe selbst destruierendes System – just so, nur gleichsam im Weltmaßstab, hatten die Klassiker des Marxismus-Leninismus sich die Sache vorgestellt.

Einen andern Aspekt hat Heiner Müller in der *Lohndrücker*-Inszenierung von 1988 in einem damals atemraubenden Zwischenspiel, »Kentauren« genannt, aufgewiesen, das beschrieb, wie der Sicherheitsapparat die Störungen, zu deren Bekämpfung er da war, selbst produziert, um seine Existenzberechtigung nachzuweisen. »Unsre Menschen sind / wie sie im Buch und in der Zeitung stehn«, bemerkt der Kentaur seines Schreibtischs und zieht die Folgerung: »Das ist das Ende.« Denn:

> ... die Mutter
> Der Ordnung ist die Ordnungswidrigkeit
> Der Vater der Staatssicherheit der Staatsfeind
> Und wenn das Licht in allen Köpfen brennt
> Bleiben wir sitzen auf unserm Bewußtsein.

»Der Staat der keinen Feind hat ist kein Staat mehr«, konstatiert die bestürzte Obrigkeit:

> Ein Königreich für einen Staatsfeind Wer
> Wenn alles hier in Ordnung ist braucht uns.

Die Lösung nimmt die metaphorische Gestalt eines verordneten Verkehrsunfalls an:

> Und unsre Lage fordert jetzt daß einer
> Bei Rot über die nächste Kreuzung fährt.

Einen Vorgang, den Peter Hacks mit artifizieller Distanz idealisiert, entdeckt Müller in seiner katastrophischen Implikation; seine Diagnose hat sich als vollkommen sachgemäß erwiesen. Erst kürzlich entdeckte sich ein junger Berliner Pfarrer, der seit Anfang der achtziger Jahre mit charismatischen Selbstinszenierungen viel Jugendzulauf hatte und seine Anhänger in provokanter Weise auf Oppositionskurs brachte, als – Mitarbeiter des Mielke-Ministeriums.

IV

Das Phänomen der Selbstaufhebung des Staates durch zu große Ausdehnung hat Peter Hacks übersehen, als er 1988 versuchte, die Probleme der DDR in das Bild der Auseinandersetzungen zwischen preußischer Staatsmacht und völkisch-romantischer Opposition nach 1815 zu fassen und, die

Ebene des Gleichnisses verlassend, in die Bemerkung ausbrach: »Das Angenehme am Sozialismus ist, daß wir den Staat nah erleben. Der sozialistische Mensch erwacht in seiner staatlichen Wohnung, schaltet das staatliche Licht ein, frühstückt einige staatliche Semmeln und fährt mit der staatlichen Bahn zu seiner staatlichen Arbeit, während die sozialistischen Kinder sich in den staatlichen Kindergarten oder die staatliche Schule begeben. ... Es ist angesichts dieses Verstaatlichungsgrades sinnlos, in einem neuzeitlichen Gemeinwesen dem Widerspruch zwischen Staat und Gesellschaft länger nachzuspüren. Er hat sich wirklich erledigt.«

»Ich sage nicht«, fügt der Autor in Klammern hinzu, »daß der absolutistische Staat, oder irgend sonst einer, frei genug sei, um vernünftig zu sein; er ist es so wenig wie jedes andere Subjekt. Der Staat, unstreitig, er macht Fehler. Das ist sein Vorzug gegenüber der Gesellschaft. Die Gesellschaft macht keine Fehler, sie ist der Fehler.« (Peter Hacks, *Ascher gegen Jahn*, Berlin 1991, S. 160)

Die ebenso knappe wie tiefgründige Beschreibung gibt die präziseste Fassung des spätstalinistischen Staatsbegriffs, die sich denken läßt. Indem sie das Ganze bestimmt, verrät sie die Gründe seines Scheiterns. Wenn die Verstaatlichung der Gesellschaft einen so hohen Grad erreicht, daß die gesamte Gesellschaft wie *eine* Firma funktioniert (ganz abgesehen von *der* Firma, die *die* Firma hieß und nur ein Teil des Gesamtbetriebs war, dessen dritte Verwaltungsebene), dann entfällt der Unterschied zwischen Staat und Gesellschaft, dann findet im Rahmen ständisch-korporativer Gliederungen eine vollkommene Individualisierung statt. Es gibt nur noch einzelne mit *einem* Gesamtinteresse: dem der Änderung.

In einem Nachsatz verweist Hacks auf eine besondere Seite des Vorgangs: »Allenfalls der wöchentliche Bridgeabend oder der Gruppensex ereignen sich vorerst noch im gesellschaftlichen Bereich. – Die Intimsphäre dann wieder ist eine Entäußerung des Staates; es gibt sie nur in ihm.« Dazu im Widerspruch steht der Umstand, daß der gewaltig aufgeblähte Geheimdienst es ja gerade auf die Ausspähung und Instrumentalisierung der Intimsphäre absah. Der Dramatiker Jochen Berg verweist auf ein Gegenmittel, wenn er (zu Frank M. Raddatz) sagt: »Man kann als Individuum in einer Diktatur nur überleben, wenn man sein Privatleben bis in die Intimität öffentlich macht. Wer Geheimnisse hatte oder etwas verheimlichen wollte, war verloren.« (*Theater der Zeit*, Heft 11/1991, S. 100)

Was Berg hier als quasi poetisches Hilfsmittel gegen die Instrumentalisierung der Intimsphäre durch die Staats-Organe empfiehlt, ähnelt dem Verfahren der Boulevard-Presse. In Wahrheit ist es ihm entgegengesetzt. Denn auch die Massenblätter instrumentalisieren die Intimsphäre; sie tun es nur auf konträre Weise wie Geheimdienste. Veröffentlichung, nicht Internität ist hier das Ziel, plural-konkurrierend, nicht singular-hierarchisch die Organisationsform. Zwei kontrastierende Staatserscheinungen der spätindustriellen Gesellschaft bringen zwei konträr-bezügliche Institute zur Zerstörung der Intimsphäre hervor. Hacks' scheinbar verblendete Bemerkung hat insofern recht, als das publikative System das effizientere ist; das lehrt jeder Blick auf die Titelseiten-Auslage eines Kaufhallenstandes oder Zeitschriftenkioskes. Die tägliche Anweisung des Massenblattes zur zweckdienlichen Ausführung des Beischlafes ist durch ihre Publizität wirkungsvoller als das Geheimdienstfoto einer zu erpressenden Zielperson, das, indem es sie ausspäht, die Intimsphäre als solche bestehen läßt.

V

Das mit Fleiß betriebene Unternehmen, einen erheblichen Teil der völlig verstaatlichten Gesellschaft in eine Verschwörung zugunsten des Staates zu verwickeln, kippt mit Notwendigkeit in die Dissoziation des Gebildes um. Darum erfand

Stalin verzweifelt immer wieder neue Gegner; auf dem Wege der Einbildung versuchte er die Gesellschaft, die er selbst abgeschafft hatte, als feindliches Gegenüber des Staates wiederherzustellen. Das neuere sowjetische Beispiel lehrt: nicht auf dem Wege der Dissidenz, sondern der Mafia stellt die Gesellschaft sich wieder her.

Die Abschirmung nach außen sichert den Dissoziationsvorgang nicht nur ab – sie beschleunigt ihn noch. Wie innerhalb eines disfunktionalen Gebildes auch hocheffiziente Teilbereiche den Untergang des Ganzen vorantreiben, zeigte sich in der Sowjetunion an dem Bereich der Rüstungswissenschaft und -industrie, in der DDR an der Aufklärungs-Abteilung des Mielke-Ministeriums. Die Erfolge, die die Agenten Markus Wolfs in der offenen Gesellschaft der Bundesrepublik erzielten, schlugen als Bumerang auf die DDR zurück. Denn man kann annehmen, daß jeder dieser Außenerfolge nicht nur in seinen Ergebnissen, sondern auch von seinen Voraussetzungen her analysiert wurde, Überlegungen auslösend, wie man inverse Wirkungen im eigenen Bereich verhindern könne. So könnten die Spionageerfolge der DDR in der offenen Gesellschaft des Westens eine der Ursachen dafür sein, daß deren Gegenbild, die »geschlossene Gesellschaft« des Sozialismus (ein Fernsehfilm dieses Titels skandalisierte die SED Ende der siebziger Jahre aufs äußerste), auf dem Wege der Rückkopplung unablässig perfektioniert wurde. Wenn jetzt Münchner Richter erschrocken feststellen, wie tief und mühelos die Agenten Wolfs in westdeutsche Sicherheitsbereiche eindringen konnten, so beschreiben sie die fundamentale Überlegenheit der westdeutschen civil society: es hat ihr nichts ausgemacht.

Am Ende bedarf es gar nicht mehr jener romantischen Opposition, deren Gefährlichkeit den romantischen Staatsfreund beschäftigt. Dann genügt es, daß ein Kapellmeister den Stab hebt, um als ein neuer Prospero – die Insel hieß DDR – den scheinmächtigen Apparat erstarren zu machen.

Dann erweist sich die vollkommene Verstaatlichung der Gesellschaft in ihrer Kehrseite: der Auflösung des Staates in die Gesellschaft. Zuvor ist die Distanz zwischen beiden so gering geworden, daß, wie Günter Mittag rückwirkend beklagte, der Parteistaat der Staatspartei sich außerstande sah, die Blumenpreise zu erhöhen, von den Mieten und Strompreisen ganz zu schweigen. Der Herbst 1989 vollzog den Umschlag des Vorgangs in seine Kenntlichkeit. Damit vollzog er zugleich das Ende des Staates.

Im September 1917 begründete Lenin die Notwendigkeit der Umbenennung der Partei der Bolschewiki aus Sozialdemokratische in Kommunistische Partei mit dem Satz: »Die Demokratie ist eine der Formen des *Staates*. Indes sind wir Marxisten Gegner *jedes* Staates.« Er fügte hinzu: »Das *Leben*, die Revolution hat bei uns schon praktisch... eben diesen neuen ›Staat‹ geschaffen, der kein Staat im eigentlichen Sinne des Wortes ist.« Auf dem evolutionären Weg der totalen Bürokratisierung ist diese Vorgabe mit paradoxer Genauigkeit eingelöst worden. Der Lenin-Stalinsche Überstaat war kein Staat, weil er sein Gegenüber, die Gesellschaft, sich einverleibt hatte. Nur im Kontrast zu ihr kann sich Staat definieren.

Eines Tages kommt der Moment, da dieser Prozeß aus dem verborgenen in den offenbaren Zustand eintritt. Mit dialektischem Sprung wird die Aneignung des Staates durch die Gesellschaft, die sich »im Schoße des Staates«, wie Marx gesagt hätte, vorbereitet hat, manifest. Eines Tages kommt dieser Moment – eines *schönen* Tages, wie ein Witz signalisierte, der den real existierenden Sozialismus in den siebziger Jahren begleitete. Er erzählt von dem Mann, der jeden Morgen den Kopf aus dem Fenster steckt, angelegentlich nachsehend, ob die Sonne scheint. So alle Tage, bis seine Frau ihn fragt, warum er das so inständig tue. Er habe gehört, lautet die Antwort, *eines schönen Tages* breche der ganze Laden zusammen.

Epilog

Ist der Tag dann da und ein schöner Tag gewesen, so ist die Ratlosigkeit groß. Denn die Rückgewinnung jenes Gegenübers von Staat und Gesellschaft, dessen Aufhebung das Wesen des real existierenden Sozialismus war, ist ein Vorgang von mindestens so großen Anforderungen, aber sehr viel weniger Zeit als die vorangegangene Einebnung des Gegensatzes. In so verwickelter Lage ist es tröstlich zu hören: Alle hatten recht. Hatte auch Honecker recht? Gorbatschow, so versichert uns einer, der es wissen muß, Emmanuel Le Roy Ladurie, der Direktor der Pariser Bibliothèque nationale, sei eine Gestalt wie Ludwig XVI., dessen Staat an der Reformfreudigkeit des Oberhaupts zugrunde gegangen sei. »Nur Reformminister« habe dieser Herrscher berufen, eben das habe das Ancien Régime nicht vertragen. »Wäre er ein harter Monarch gewesen, hätte das System vielleicht noch fortgedauert.« (*Der Spiegel*, Nr. 43, S. 282) Goethe war ähnlicher Ansicht und sprach im Blick auf Louis Seize und seine gekrönten Zeitgenossen von dem »Vorgang der Großen, zum Sansculottismus führend«: Friedrich II. habe, die äußeren Formen verachtend, auf einem Feldbett geschlafen, Joseph II. gar auf einer Matratze und Marie Antoinette sich der Etikette entzogen. »Diese Sinnesart geht immer weiter, bis der König von Frankreich sich selbst für einen Mißbrauch hält.«

Erich Honecker hat den vorangehenden Sansculottismus mit Fleiß vermieden. Auf die leeren Schaufenster seines Moskauer Exils blickend, spielte er den Rechthaber; zugleich hätte er gern den Reisepaß des neuen Deutschlands. Das alte Problem seiner Untertanen hat auch ihn ereilt. Ist je ein verwichener Staatslenker subtiler bestraft worden als dieser? Erst muß er wochenlang in der Dachstube eines Pastors wohnen, dann kommt er ins Internat der Sowjetarmee – und zuletzt ist er der DDR-Bürger, dem Gefängnis droht, falls er die schützende Botschaft verläßt.

Wohin läßt das ehemalige Vaterland aller Werktätigen ihn ziehen? Zu Kim Il Sung, seinem Altersgenossen, dem letzten (und noch von Stalin selbst eingesetzten) Regenten jener eurasischen Despotie, die Stalins folgenschwere Erfindung war? Oder in das Land, in dem nach seinem politischen Abgang Willy Brandt und Helmut Kohl jene Rolle spielten, die Lenin und Trotzki mit Hilfe des deutschen Generalstabs in Petrograd nach der Februarrevolution auf sich nahmen: die des Gestalters, des Besetzers eines jäh entstandenen politischen Vakuums? Brandt kam vor Kohl (er zog ihn gewissermaßen nach), aber der letztere hat den Leerraum deutlicher ausgefüllt. Man streitet noch über die glückliche Hand, mit der das geschah; daß sie, in aller obwaltenden Eile, glücklicher war als die Leninsche, erläutert der mit Rücksicht auf den herrschenden Terrorismus und die italienische Justiz im Genfer Exil residierende Chef eines der größten italienischen Konzerne. »Ihr habt zwar eine leere Kiste gekauft«, erklärt Carlo De Benedetti dem Hamburger Korrespondenten, »aber es ist eine wunderbare Kiste. Jetzt müßt ihr nur investieren.«

Die Sorge vor der DDR als einem künftigen deutschen Mezzogiorno kann er nicht teilen: Die Deutschen seien »aus Tradition in der Lage, wirtschaftliche Probleme zu lösen«. Und die neuen Länder seien »der beste Teil Deutschlands, im Sinne von industrieller Tradition«. Dort sei »die deutsche Industrie entstanden, dort liegt ihr historischer Kern«. Mit einem Wort: »Die Westdeutschen haben die Gelegenheit für den billigsten Take-over der Welt genutzt. Sie haben über 16 Millionen Deutsche einkassiert, ohne sich damit Sprach- und kulturelle Probleme einzuhandeln.«

Haben wir *keine* Verständigungsschwierigkeiten? Gibt es keine kulturellen Probleme? Hat De Benedetti noch nichts vom Büchnerpreis gehört? Weiß er nicht, daß die Deutsche Staatsoper auf einen Schlag vier Baritone eingebüßt hat? Und daß dem Berliner Ensemble fünf Intendanten ins Haus stehen? Ganz abgesehen davon, daß die Autoren der DDR 1976 versäumt haben, »nach der Biermann-Ausbürgerung Dampf [zu] machen und sich an die Spitze einer Revolution [zu] stellen«. (Sarah Kirsch im *Tagesspiegel*, 16. 11. 1991) Und das sind die kleineren Probleme. Aber vielleicht sehen sich alle diese Dinge von Genf aus nicht so dramatisch an. Ein vergleichender Pole hatte unlängst eine knappe Formel für die deutsche Situation zur Hand, er sagte: »Lage gut, Stimmung miserabel.«

Aber die Lage ist nicht gut. Die Zahl der Arbeitslosen ist weit höher, als es die offiziellen Zahlen ausweisen, und es kommen am Ende des Jahres noch viele Tausende dazu. Andererseits unterbietet die Wirklichkeit in all ihrer drückenden Problematik die Prognosen der Fachleute und die Befürchtungen der Laien aus dem Sommer der großen Operation erheblich. Die Unternehmung war und ist riesig: zwei nach viereinhalb Jahrzehnten gegensinniger Entwicklung vollkommen differierende Landesteile in kürzester Frist miteinander zu verheften. Wenn man das Ausmaß des Vorgangs bedenkt, ist es nicht nur ein schlechtes Zeichen, daß die seelische Überforderung sich, aufs Ganze gesehen, von dem es immer wieder erschreckende Ausnahmen gibt, stärker geltend macht als die materielle Bedrückung. Noch jetzt höre ich alteingesessene Berlinerinnen, wenn sie nachts über die Linden gehen, sagen: »Daß Deutschland wieder eins ist, kann ich noch kaum fassen!« Es wird noch eine Weile dauern, bis wir es wirklich begreifen.

November 1991

Zwischenzeiten der Geschichte

November-Reminiszenzen

I

Es gibt Zwischenzeiten der Welt-, der Nationalgeschichte, die manchmal nur Tage, manchmal Wochen oder Monate dauern. An ihrem Anfang scheint alles anders zu werden, als es ist; an ihrem Ende scheint wieder alles, wie es war. Daß die Änderung anhält, indem sie sich potenziert, ist ein seltener Fall, und um so mehr, wenn die Richtung ins Freie weist. Für Berlin begab er sich zwischen dem 4. und 9. November 1989. Die Fünf-Tage-Spanne korrespondiert auf eigentümliche Weise mit den sechs Tagen zwischen dem 11. und dem 17. Juni 1953. Damals stand ein Dekret am Anfang; es verfügte die Zurücknahme der brachialen Sowjetisierung, die in der DDR im Sommer 1952 nach dem Beitritt der Bundesrepublik zur Europäischen Verteidigungsgemeinschaft eingesetzt hatte, und bedeutete die politische Entmachtung Walter Ulbrichts durch die sowjetische Führung. Das Auftreten jenes Teils des Volkes, der in dem Dekret merkwürdigerweise vergessen worden war, der durch eine krasse Normenerhöhung erbitterten Arbeiterschaft, bewirkte eine Woche später die personalpolitische Rück-Wende; Anfang Juli konnte sich Ulbricht seines Machtrückhalts wieder sicher fühlen.

Im November 1989 verliefen die Dinge gleichsam spiegelbildlich. Am 4. November war in Berlin das Volk auf den Plan getreten, in anderer Weise, unter andern Voraussetzungen als damals im Juni. Und fünf Tage später folgte das Dekret, das die Veränderungen nicht nur beschleunigte, sondern, wie sich zeigte, unumkehrbar machte: die Grenzöffnung. Es ist leicht, im nachhinein zu sagen: es war alles vorherbestimmt. Erich

Honecker und Wolf Biermann sind dieser Meinung, zwei alte Kontrahenten, die, wie sich zeigt, nicht nur differieren. Sie würden sich über das Wesen jenes Novembers um so schneller einig werden, als beide keine Rolle darin spielten. Schon daraus folgt: es konnte keine Volksbewegung sein; es war, so Biermann, ein »Notverkauf der Russen«. Der Unterschied zwischen beiden Interpreten: der »fröhliche Volksredner« (Marcel Reich-Ranicki), dem Alt-Vorsitzenden an Freiheit der Rede von jeher überlegen, sagt es geradeheraus, während dieser (er wohnt ja noch in dem treulosen Land) es mehr durchblicken läßt, in der Art: Nun könne doch jeder lesen, was zwei gewisse Herren bei einem Strandspaziergang am Schwarzen Meer miteinander ausgemacht hätten. Bei Eduard Shewardnadse findet er schwarz auf weiß, was ihm von jeher schwante. Aber auch ohne Bücherhilfe weiß er ganz genau, wer ihn in Leipzig im Regen stehen ließ, als alles so trefflich vorbereitet war und die Panzer des MfS schon aus den Verliesen unter dem Konsument-Kaufhaus aufgefahren waren.

Wolf Biermann weiß es auch, und er deutet an, wie man den Gang der Geschichte hätte ändern können. Ganz einfach: ein paar Stasi-Leute erschlagen. Ein paar Funktionäre lynchen. Ein bißchen Ungarn 1956 – dann wäre das Ganze anders gelaufen. Dann hätte der Zwergenkönig seine Kampfwagen anrollen lassen können, dann hätte niemand den Marschall Jasow hindern können, das Gleiche zu tun, dann wäre alles beim alten geblieben. Und der fröhliche Sänger hätte seinen Widersacher behalten, der sein Halt war: den irregeleiteten Sozialismus, der der real existierende war. Nicht die Kesselschlacht von Stalingrad, die General Shukow, mit lebhafter Unterstützung von seiten Adolf Hitlers, gegen Stalin durchsetzte, hat ihm, wie Heiner Müller meint, seine Struktur gegeben. Sie zeigte vielmehr, daß es tödlich ist, im Kessel zu verharren. Es war Lenin, zu dessen letzten politischen Handlungen die Durchsetzung des staatlichen Außenhandelsmonopols in der Sowjetunion gehörte: die Abriegelung der einheimischen Wirtschaft. Einriegelung, »der gefrorene Kessel« (Heiner Müller) war die Grundbefindlichkeit des Sowjetstaates. Dem hermetischen Orden der Berufsrevolutionäre entsprach der hermetische Staat der absoluten Bürokratie.

So wenig wie der verbannte Parteiorganisator wird der geschätzte Sänger es der deutschen demokratischen Revolution vergeben, daß sie ohne ihn auskam. Will er nachträglich beweisen, daß sie mit ihm nicht hätte gelingen können? Das Wesen jenes 4. November war die politische Reife des Volkes. Die Überlegenheit der Versammlung war so groß, daß einer der Redner – es war Christoph Hein – vor den Fünfhunderttausend ein Wort für den entmachteten Autokraten einlegen konnte. Ernest Mandel, der den Pariser Demonstrations-Mai von 1968 erlebt hatte, war damals in Berlin und fand den Witz, den politischen Humor der Losungen jener Zeit noch überboten. Das Niveau, auf dem sich die Machtverlagerung vollzog, hing auch damit zusammen, daß es, in der Sprache des Sängers, »wohlgenährte Untertanen« waren, die hier – nicht auf die Barrikade gingen, auf die er sie vermutlich geführt hätte. Es war kein darbendes und frierendes Volk, das auf seiner politischen Mündigkeit bestand; der Wille zur Staatsaneignung kam nicht aus leiblicher Not.

Die Souveränität dieser Versammlung, die sich selbst für souverän erklärte, war die Folge einer jahrzehntelangen Selbsterziehung des Volkes durch die Erfahrung und die Verhältnisse. Der 17. Juni gehörte zu den Elementen dieses Lernprozesses. Jener wahrscheinlich zufällige Fehler im Text des Zurücknahme-Dekrets vom 11. Juni* 1953 hatte das Volk damals in einer Weise mobilisiert, die die Sowjetarmee dazu brachte, mit Gewalt zu zeigen, wer Herr im Hause sei. Dazu hatte es eines Tages, eigentlich nur einiger Stunden bedurft; sehr viel länger brauchte es drei Jahre später in Ungarn. Dort ging im November 1956 eine andere Zwischenzeit der Welt-

---

* Siehe S. 139f. dieses Bandes.

geschichte zu Ende. Sie hatte acht Monate gedauert: von Chruschtschows Februar-Parteitag mit der epochalen Absage an Stalin bis zu dem zweiten Einmarsch der Shukow-Armee am 1. November. Lernen Völker aus der Geschichte? Jene halbe Million, die sich am 4. November auf dem Alexanderplatz versammelte, der wie für diese Versammlung geschaffen war, trug Erfahrungen in sich, die ihre Haltung prägten: Gewalt durfte keine Chance haben. Auch der wortberauschteste Agitator hätte sie ihr nicht einreden können.

Daß Gewalt nichts nütze, hatte auch die Gegenseite gelernt. Sie hatte es noch in Prag nicht begriffen, wo sich 1968 eine andere große Zwischenzeit der Geschichte zugetragen hatte. Der Gewaltlosigkeit der Akteure war die Gewalttätigkeit der Großmacht entgegengetreten, mit unabsehbarem Schaden auch für diese selbst. Als Andropow 1982 die Macht im Staat übernahm, war abzusehen, daß der Lernprozeß einsetzen werde. Daß dieser unter Gorbatschow und Shewardnadse bis zu der Absage an Gewalt als politisches Instrument schlechthin gehen werde, war damals *nicht* abzusehen.

II

Nicht nur bei Erich Honecker, auch bei Wolf Biermann hat diese Erscheinung Verwirrung ausgelöst. Bringen die blutigen Exzesse einiger verstörter und verführter Jugendlicher in der DDR-Provinz das Weltbild wieder ins Gleichgewicht? Das seien, wird uns von dem Darmstädter Büchnerpreis-Podium suggeriert, die gleichen Leute, die im Winter 1989/90 versäumt hätten, die Funktionäre zu lynchen. »Totgeschlagen wurde kein einziger Folterknecht, kein Schießbefehler, kein Menschengroßhändler, kein Denunziant, kein Milliardendieb. Das, was sie sich an Aggressionen gegen ihre Unterdrücker nicht trauten, lassen diese Feiglinge jetzt an den Schwächsten aus, an Vietnamesen...« (*Die Zeit*, Nr. 44, S. 74).

Wenn so der Betrachter aus einem fernen Erdteil spräche, der da und dort etwas aufgeschnappt hat und nun die Begebenheiten und Verhältnisse durcheinanderbringt, würde man ihn in Ruhe darüber aufklären, daß die Souveränität jener Demonstranten, die im Herbst 1989 in Dresden und Leipzig und vielen anderen Städten und dann in Berlin auf den Plan traten, sich auch darin bewährte, daß sie den seit langem in und um Fußballstadien virulenten Prügelknaben der sozialistischen Gesellschaft keine Chance der Mitwirkung gaben. Daß sie sich *nun* regen und in einer Situation, da ganze Bevölkerungsteile sich durch eine jähe Drehung der Geschichte auf dem eigenen Boden wie ins Aus-Land oder doch in eine bunte Grauzone zwischen Aus- und Inland versetzt fühlen, das Gefühl der Heimatlosigkeit um so aggressiver bekunden, ist schlimm, aber nicht erstaunlich. Randgruppen, die sich schon in der alten Gesellschaft so sehr als Ausgesetzte gebärdeten, werden das in der neuen Leere, die sie umgibt, erst recht tun.

So würde man zu einem entfernten Betrachter sprechen, dem der Begriff davon fehlt, daß es »das Volk« ebensowenig wie »die Jugend« oder »die Intellektuellen« oder »die Westbürger«, »die Ostbürger« gibt, sondern immer bestimmte Leute in einer konkreten Situation. Aber was sagt man einem, der nah genug lebt, um alles dies selbst zu wissen? Zu den habituellen Denkfehlern des Kommunismus, der auch den mutigsten und gescheitesten Anhängern jener alten Lehre von der Erlösung der Menschheit durch die Gewalt des Guten und der Guten anhaftet, gehört die Unterscheidung zwischen gutem und bösem Terror. Guter Terror, das ist Unrecht, das gegen die bösen Leute geht, die die starken Leute sind, die Ausbeuter und Machthaber. Böser Terror, das ist Unrecht gegen die Schwachen, die die Guten sind. Wenn der letztere verübt wird, dann liegt das offenbar daran, daß der erstere versäumt worden ist. Und dann ist es das einfachste zu sagen, daß es die gleichen sind, die das eine verüben und das andre unterließen.

Es ist das alte Denken, das, als ein innerlich unberichtigtes, so schließt und sich dabei aus der Wirklichkeit schließt. Es ist darum so verwirrt und zündelsinnig, weil es sich auf dem historischen Rückzug befindet. An und in Jugoslawien zeigt sich in europäischem Maßstab, wie schwer dieser Rückzug fällt, wie heftig die Versuche sein können, ihn aufzuhalten. Es wäre naiv anzunehmen, daß eine Welt, der die Klammer der großen Gewalt auf einmal abhanden kommt, eine befriedete Welt sein könne. Daß sie das keineswegs ist, ändert jedoch nichts an dem Faktum einer weltpolitischen Denk- und Empfindensveränderung, die die Kategorien von Gewalt und Gegengewalt zu entkräften begonnen hat. Nicht der Wille zum Guten und Vernünftigen ist dabei die ausschlaggebende Kraft, sondern der Zwang von Verhältnissen, deren Vernetzungsdichte überall zunimmt.

Diesen Zwang der Verhältnisse institutionell zu organisieren und jener Vernetzung und Verwicklung der Erdgesellschaft, die in der technisch-ökonomischen und der ökologisch-sozialen Entwicklung liegt, das politische Korrelat zu schaffen, ist eine Aufgabe von geschichtlicher Tragweite. Wie wenig sie über den Rand des eigenen westeuropäischen Netzwerks hinaus noch begriffen ist, zeigt die politische Apathie, mit der das westliche Bündnis jenen südosteuropäischen Machthabern begegnet, die die Bürger ihres eigenen Staates mit Bombenflugzeugen und Kriegsschiffen bekämpfen. Aber trotz aller geschehenden und noch zu erwartenden Rückschläge ist der neue Gang der Weltuhr unverkennbar.

Die Entwertung des Denkens in Feind- und Gewaltkategorien und in den gnostisch-emphatischen Weltheilungskonzepten, denen jene entsprangen, ist das Resultat einer Epochenerfahrung. Das Ende des Honecker-Regimes gehört zu den signifikantesten Begebenheiten auf dem Weg dieser Weltumstellung, von ähnlicher Wirkung, aber konträrer Bedeutung wie das Geschichtsereignis der Französischen Revolution. Viele – und vieles – mußten zusammenkommen, damit diese

Begebenheit eintrat. Die Faktoren zu sondern ist die Aufgabe des Historikers. Sie gegeneinander auszuspielen mag Sangeshelden und Exil-Sekretäre beschäftigen.

Zweihundert Jahre ist es her, daß man, wenn man genau hinsah, auf dem Titelkupfer eines Wiener Operntextbuchs den in die mystische Grube versenkten Jüngling erblickte, dessen Blick gläubig-unverwandt auf den fünfzackigen Flammenstern gerichtet ist, der von der Höhe des Gewölbes herniederhängt. Das Pentagramm hing dort für Welt- und Ich-Heilung durch einen Verein weiser Männer, dem man nur fraglos zu folgen brauchte, um an das Ziel der Erleuchtung und auf den Weg zur vollkommenen Gesellschaft zu gelangen. In mancherlei Farben in mancherlei Fahnen ist der fünfzackige Stern während zweier Jahrhunderte aufgegangen; am Ende der Frist zeigt er sich als verblassender. Eine Gestalt von konkreter Humanität hat Auftrieb, die mit den Ritualen der Erleuchtung nichts anfangen kann und ihnen überfordert den Rücken kehrt; sie heißt in der Oper Papageno.

Papageno, der inzwischen viel erlebt und gelernt hat, ist der Anti-FDJler schlechthin. Die Oper, die ihm nicht besonders wohl will, arbeitet seine Gegenposition doch mit aller Intensität heraus; ihr säkularer Erfolg beruht just darauf, daß sie außer den miteinander kämpfenden Systemen der matriarchalischen und patriarchalischen Vernunft noch *die dritte Stimme* ertönen läßt, die sich von beiden abhebt. Soll man die völlig neuartige Form der Staatsentmachtung, die sich vor unsern Augen abspielte, als *den Aufstand Papagenos* bestimmen? Man hätte damit das Novum bezeichnet, das sich mit der Erscheinung verbindet. Und hätte zugleich eine Chiffre für die Hilflosigkeit nach dem Sieg.

November 1991

Nachweise

Marx und Parkinson oder Preußens Verwandlungen, in: *Merkur*, Nr. 499, September 1990.
Die Schwierigkeit zu siegen, in: *Wochenpost*, Nr. 36, 7. September 1990.
Vom Einbringen, in: *Wochenpost*, Nr. 1 und 2, 3. und 10. Januar 1991.
Kulturaustausch, in: *Neue Deutsche Literatur*, Januar 1991.
Wir Wilden, unveröffentlicht.
Jugendfragen, in: *Blätter für deutsche und internationale Politik*, Dezember 1990.
In der Utopie bestehen, in: *Neue Zeit*, 22. Dezember 1990; *Frankfurter Allgemeine Zeitung*, 23. Februar 1991.
Ambivalenz der Übergänge, unter dem Titel *Deutsche Einheit und rheinische Ferne* in: *Merkur*, Nr. 504, März 1991.
Dumme Geschichten, in: *Neue Sammlung*, April 1991.
Die Kunst des Grundkredits, geschrieben für den Katalog der Ausstellung *Staatskünstler – Harlekin – Kritiker?* im Kunstforum der Grundkreditbank Berlin vom 13. März bis 28. April 1991, zuerst veröffentlicht in: *Sinn und Form*, Juli 1991.
Konspiration mit der Vormacht, in: *Die Zeit*, 3. Oktober 1991.
Die Deutschen und die Nation, in: *Merkur*, Nr. 509, August 1991.
Preußens Begräbnis, in: *Neue Deutsche Literatur*, November 1991.
Das Rußlandhaus oder Die Notbremse der Zentralbürokraten, in: *Constructiv*, Oktober 1991.
Friedrich und Iljitsch, in: *Der Tagesspiegel*, 17. September 1991.
Staatsräume im Innern Berlins, geschrieben für das *Stadtforum Berlin*, Tagung am 19. Oktober 1991, veröffentlicht in: *Neue Zeit*, 22. Oktober, 29. Oktober, 5. November 1991.
Vom Volksstaat, in: *Merkur*, Februar 1992.
Zwischenzeiten der Geschichte, in: *Der Tagesspiegel*, 28. November 1991.
12 Abbildungen nach Aufnahmen des Verfassers (Januar/März 1992).

Philosophie
in der edition suhrkamp

Adorno, Theodor W.: Eingriffe. Neun kritische Modelle. es 10
- Gesellschaftstheorie und Kulturkritik. es 772
- Jargon der Eigentlichkeit. Zur deutschen Ideologie. es 91
- Ohne Leitbild. Parva Aesthetica. es 201
- Stichworte. Kritische Modelle 2. es 347

Allegorie und Melancholie. Herausgegeben von Willem van Reijen. es 1704

Benhabib, Seyla: Selbst und Kontext. Geschlecht, Gemeinschaft und Postmoderne in der zeitgenössischen Ethik. es 1725

Benjamin, Walter: Das Passagen-Werk. 2 Bde. Herausgegeben von Rolf Tiedemann. es 1200
- Zur Kritik der Gewalt und andere Aufsätze. Mit einem Nachwort von Herbert Marcuse. es 103

Bloch, Ernst: Abschied von der Utopie? Vorträge. Herausgegeben und mit einem Nachwort versehen von Hanna Gekle. es 1046
- Kampf, nicht Krieg. Politische Schriften 1917-1919. Herausgegeben von Martin Korol. es 1167

Böhme, Gernot: Anthropologie in pragmatischer Hinsicht. Darmstädter Vorlesungen. es 1301
- Für eine ökologische Naturästhetik. es 1556
- Natürlich Natur. Über Natur im Zeitalter ihrer technischen Reproduzierbarkeit. es 1680

Böhme, Hartmut: Natur und Subjekt. Versuche zur Geschichte der Verdrängung. es 1470

Bourdieu, Pierre: Die politische Ontologie Martin Heideggers. Aus dem Französischen von Bernd Schwibs. es 1514

Bubner, Rüdiger: Ästhetische Erfahrung. es 1564
- Dialektik als Topik. es 1591

Butler, Judith: Das Unbehagen der Geschlechter. Aus dem Amerikanischen von Kathrina Menke. es 1722

Deleuze, Gilles: Die Logik des Sinns. Aus dem Französischen von Bernhard Dieckmann. es 1707
- Verhandlungen. Aus dem Französischen von Gustav Roßler. es 1778

Denken, das an der Zeit ist. Herausgegeben von Florian Rötzer. es 1406

Derrida, Jacques: Das andere Kap. Die aufgeschobene Demokratie. Zwei Essays. Aus dem Französischen von Alexander Garcia Düttmann. es 1769
- Gesetzeskraft. Aus dem Französischen von Alexander G. Düttmann. es 1645

Doehlemann, Martin: Langeweile? Deutung eines verbreiteten Phänomens. es 1641

Philosophie
in der edition suhrkamp

Euchner, Walter: Egoismus und Gemeinwohl. Studien zur Geschichte der bürgerlichen Philosophie. es 614

Ewald, François: Der Vorsorgestaat. Aus dem Französischen von Hermann Kocyba. Mit einem Nachwort von Ulrich Beck. es 1676

Feyerabend, Paul: Erkenntnis für freie Menschen. Veränderte Ausgabe. es 1011

– Wissenschaft als Kunst. es 1231

Versuchungen 1. Aufsätze zur Philosophie Paul Feyerabends. Herausgegeben von Hans Peter Duerr. es 1044

Versuchungen 2. Aufsätze zur Philosophie Paul Feyerabends. Herausgegeben von Hans Peter Duerr. es 1068

Foucault, Michel: Raymond Roussel. Übersetzt von Renate Hörisch-Helligrath. es 1559

Denken und Existenz bei Michel Foucault. Herausgegeben von Wilhelm Schmid. es 1657

Spiele der Wahrheit. Michel Foucaults Denken. Herausgegeben von François Ewald und Bernhard Waldenfels. Übersetzt von Hans-Dieter Gondeck. es 1640

Die Frage nach dem Subjekt. Herausgegeben von Manfred Frank, Gérard Raulet und Willem van Reijen. es 1430

Frank, Manfred: Einführung in die frühromantische Ästhetik. es 1563

– Gott im Exil. Vorlesungen über die Neue Mythologie. II. Teil. es 1506

– Die Grenzen der Verständigung. es 1481

– Der kommende Gott. Vorlesungen über die Neue Mythologie. I. Teil. es 1142

– Motive der Moderne. es 1456

– Die Unhintergehbarkeit von Individualität. Reflexionen über Subjekt, Person und Individuum aus Anlaß ihrer ›postmodernen‹ Toterklärung. es 1377

– Was ist Neostrukturalismus? es 1203

Fraser, Nancy: Widerspenstige Praktiken. Macht, Diskurs, Geschlecht. es 1726

Geist gegen den Zeitgeist. Erinnern an Adorno. Herausgegeben von Josef Früchtl und Marina Calloni. es 1630

Die gesellschaftliche Orientierung des wissenschaftlichen Fortschritts. Gernot Böhme, Wolfgang van den Daele, Rainer Hohlfeld, Wolfgang Krohn, Wolf Schäfer, Tilman Spengler. es 877

Gewalt und Gerechtigkeit. Derrida liest Benjamin. Herausgegeben von Anselm Haverkamp. es 1706

Goodman, Paul: Die Tatsachen des Lebens. Ausgewählte Schriften und Essays. es 1359

Philosophie
in der edition suhrkamp

Habermas, Jürgen: Technik und Wissenschaft als Ideologie. es 287

Henrich, Dieter: Hegel im Kontext. es 510

– Konzepte. Essays zur Philosophie in der Zeit. es 1400

– Eine Republik Deutschland. Reflexionen auf dem Weg aus der deutschen Teilung. es 1658

Hörisch, Jochen: Die Wut des Verstehens. es 1485

Individuum und Praxis. Positionen der »Budapester Schule«. Beiträge von Georg Lukács, Agnes Heller, Mihály Vajda, György Márkus, Maria Márkus, Andras Hegedüs und Ferenc Fehér. es 545

Irigaray, Luce: Speculum. Spiegel des anderen Geschlechts. Aus dem Französischen übersetzt von Xenia Rajewsky, Gabriele Ricke, Gerburg Treusch-Dieter und Regine Othmer. es 946

Kaltenmark, Max: Lao-tzu und der Taoismus. Aus dem Französischen von Manfred Porkert. es 1055

Lacoue-Labarthe, Philippe: Die Nachahmung der Modernen. Aus dem Französischen von Thomas Schestag. es 1708

Laing, Ronald D.: Phänomenologie der Erfahrung. Aus dem Englischen übersetzt von Klaus Figge und Waltraud Stein. es 314

Lange, Dietrich: Wider Sinn und Bedeutung. es 1512

Macho, Thomas H.: Todesmetaphern. Vom Reden über den Tod. es 1419

Marcuse, Herbert: Ideen zu einer kritischen Theorie der Gesellschaft. es 300

– Konterrevolution und Revolte. Unter Mitwirkung von Alfred Schmidt übersetzt von Rolf und Renate Wiggershaus. Autorisierte Übersetzung. es 591

– Kultur und Gesellschaft 1. es 101

– Kultur und Gesellschaft 2. es 135

– Versuch über die Befreiung. Übersetzt von Helmut Reinicke und Alfred Schmidt. es 329

Maruyama, Masao: Denken in Japan. Eingeleitet und aus dem Japanischen übertragen von Wolfgang Schamoni und Wolfgang Seifert. es 1398

Reitemeyer, Ursula: Erwachende Sinnlichkeit. Ludwig Feuerbachs Entwurf einer Philosophie der Zukunft. es 1417

Ritter, Joachim: Hegel und die Französische Revolution. es 114

Rosset, Clément: Das Reale. Traktat über den Schwach-Sinn. Aus dem Französischen von Renate Hörisch-Heligrath. es 1442

Russell, Bertrand: Probleme der Philosophie. Aus dem Englischen übersetzt und mit einem Nachwort versehen von Eberhard Bubser. es 207

Philosophie
in der edition suhrkamp

Sandkühler, Hans Jörg: Die Wirklichkeit des Wissens. es 1679

Sebeok, Thomas A. / Jean Umiker-Sebeok: »Du kennst meine Methode.« Charles S. Peirce und Sherlock Holmes. Aus dem Amerikanischen von Achim Eschbach. es 1121

Serres, Michel: Der Hermaphrodit. Aus dem Französischen von Reinhard Kaiser. es 1552

– Der Naturvertrag. es 1665

Simmel, Georg: Schriften zur Philosophie und Soziologie der Geschlechter. Herausgegeben und eingeleitet von Heinz-Jürgen Dahme und Klaus Christian Köhnke. es 1333

Sloterdijk, Peter: Der Denker auf der Bühne. Nietzsches Materialismus. es 1353

– Eurotaoismus. Zur Kritik der politischen Kinetik. es 1450

– Kopernikanische Mobilmachung und ptolemäische Abrüstung. Ästhetischer Versuch. es 1375

– Kritik der zynischen Vernunft. 2 Bde. es 1099

– Versprechen auf Deutsch. Rede über das eigene Land. es 1631

– Weltfremdheit. es 1781

– Zur Welt kommen – Zur Sprache kommen. Frankfurter Vorlesungen. es 1505

Peter Sloterdijks ›Kritik der zynischen Vernunft‹. es 1297

Sohn-Rethel, Alfred: Soziologische Theorie der Erkenntnis. Mit einem Vorwort von Jochen Hörisch. es 1218

– Warenform und Denkform. Mit zwei Anhängen. es 904

Strasser, Peter: Philosophie der Wirklichkeitssuche. es 1518

– Die verspielte Aufklärung. es 1342

Tugendhat, Ernst: Ethik und Politik. es 1714

Die unvollendete Vernunft: Moderne versus Postmoderne. Herausgegeben von Dietmar Kamper und Willem van Reijen. es 1358

Vernant, Jean-Pierre: Die Entstehung des griechischen Denkens. Aus dem Französischen von Edmund Jacoby. es 1150

Veyne, Paul: Foucault: Die Revolutionierung der Geschichte. Aus dem Französischen von Gustav Roßler. es 1702

Von der Verantwortung des Wissens. Positionen der neueren Philosophie der Wissenschaft. Herausgegeben von Paul Good. Mit Beiträgen von Paul K. Feyerabend, Hans-Georg Gadamer, Kurt Hübner, Stephen Toulmin und Paul Good. es 1122

Vor der Jahrtausendwende: Berichte zur Lage der Zukunft. 2 Bände. Herausgegeben von Peter Sloterdijk. es 1550